Comptabilisez vos succès

Le guide à la rédaction de cas

Merci de prendre note qu'une partie importante
des profits générés par la vente de ce volume sera versée
dans un Fonds de dotation géré par Fondation Desjardins.

L'objectif premier de ce Fonds sera d'aider des étudiants en précarité financière. La motivation démontrée dans la poursuite d'études universitaires, ainsi que la persévérance scolaire, feront partie des critères de sélection.

La compétence est liée au respect de l'enseignement,

dans l'éthique professionnelle.

AB + Publications

Comptabilisez vos succès

Le guide à la rédaction de cas

par

Sylvie Deslauriers

PhD, MSc, FCPA auditrice, CPA (FL), CMA (É.-U.)

professeure en sciences comptables

Université du Québec à Trois-Rivières

AB + Publications

Comptabilisez vos succès
Le guide à la rédaction de cas

par Sylvie Deslauriers
PhD, MSc, FCPA auditrice, CPA (FL), CMA (É.-U.)

St-Alban, Québec
Canada

info@ABplusPublications.com
www.ABplusPublications.com

ISBN 978-1-928067-19-1

Dépôt légal : 2022
Bibliothèque et Archives Canada
Bibliothèque et Archives nationales du Québec

Autres volumes de Sylvie Deslauriers :

Attitudes d'Entrepreneur

Votre argent : Chaque décision compte (Comptabilité pour tous)

Comment réussir ses études en comptabilité

Comptabilisez vos succès Longs cas – Rôle en Certification

Comptabilisez vos succès Longs cas – Rôle en Gestion de la performance

Trucs payants pour enseigner les cas

PRÉFACE

Mes salutations à tous,

La résolution de cas multidisciplinaires comptables est un sujet qui me passionne depuis de nombreuses années, depuis mes études de baccalauréat en fait. Chaque étude de cas présente un nouveau défi par son contexte et son approche. C'est à la fois un peu épeurant et excitant, mais toujours intéressant!

Les idées présentées dans ce volume sont le fruit de plus de trente-cinq ans d'expérience dans la résolution de cas; expérience issue de l'enseignement universitaire, de la consultation offerte à des bureaux d'experts-comptables et de la correction d'examens comptables professionnels. Au fil des années, j'ai participé à plus de 180 centres de correction nationaux, canadiens et américains. Un record, je crois.

Mon objectif est de faciliter votre apprentissage par le développement d'une démarche pratique structurée, et à cette fin, mes propos sont abondamment illustrés par des exemples. Il m'a fallu plus de dix ans d'enseignement, d'échanges avec les étudiants et candidats rencontrés sur mon chemin, d'accumulation de notes et de trucs, de questionnements, d'analyses, d'essais et erreurs, pour aboutir à l'écriture synthétisée de la première édition du présent volume en 2000.[1]

La lecture, la rédaction et l'analyse de cas font l'objet des Parties 1 à 6 du présent volume.

Dès les premières années de ma carrière de professeure, considérant mon vécu personnel, je me suis intéressée à l'apprentissage. Comment lire, Comment étudier, Comment comprendre, Comment identifier ses forces et faiblesses, Comment évaluer la progression de son apprentissage, Comment retenir les notions apprises et Comment y avoir accès au moment opportun. Cela m'a amené à développer et peaufiner au fil du temps deux outils : **Suivi des résultats** et **Fiches-Info**. Lorsque j'ai commencé à les intégrer dans mon enseignement, dans les années 80-90, c'était une approche inédite en résolution d'études de cas. Ces outils d'apprentissage font définitivement partie de mon enseignement, de mes notes de cours et de mes écrits.

Il faut dire que pendant de longues années, la correction de cas se faisait par pointage où une bonne idée valait ½, 1, 1½, plus rarement 2 points. J'expliquais alors comment effectuer le **Suivi des résultats** à la main, sur une feuille de papier comptable à plusieurs colonnes; feuille quadrillée vert pâle, 11 X 17. (Je ne suis pas sûre que les personnes de votre génération aient une idée de ce dont je parle!). À cette époque, je suggérais d'effectuer le suivi sujet par sujet.

---

1 Dans sa première version, le volume s'est mérité un Prix dans le cadre des Prix du ministre de l'Éducation en 2003.

PRÉFACE (suite)

Avec l'arrivée de la correction par compétences professionnelles à l'examen canadien CA-CPA 2003, le suivi de l'apprentissage et des résultats s'est étendu aux compétences. Comme il est nécessaire de réussir un minimum de compétences (occasions d'évaluation) par catégorie ou domaine, ce suivi est particulièrement précieux. J'ai « enseigné » comment monter un fichier **Suivi des résultats** et « expliqué » en classe son fonctionnement extrêmement souvent; en aidant de nombreux candidats à le compléter aussi. Cela faisait partie intégrante de l'introduction du premier cours dispensé à chacun des groupes d'étudiants rencontrés au cours de ma carrière.

L'analyse de la performance et le **Suivi des résultats** font respectivement l'objet des Parties 7 et 8 du présent volume.

Personnellement, je peux dire que j'ai obtenu de bons résultats dans mes études universitaires, ainsi qu'aux examens professionnels, à la condition d'y mettre du temps. Je suis certaine que plusieurs parmi vous vont se reconnaître si je vous dis que je ne pouvais pas uniquement me fier sur l'écoute en classe pour réussir. Sans faire les exercices et les problèmes suggérés, sans relire plus d'une fois mes notes de cours, autrement dit sans étudier, je ne réussissais pas! J'ai donc constamment cherché à trouver des trucs pour mieux comprendre et retenir la matière.[2] J'ai, entre autres crée un outil d'apprentissage que j'appelle **Fiches-Info**.

Bien que je suggère la création de Fiches-Info depuis de nombreuses années, il faut dire que l'arrivée des normes comptables internationales (IFRS) en 2011 a provoqué une expansion importante des sujets au programme. De mon avis, la construction de **Fiches-Info** devenait alors d'autant plus essentielle à la compréhension des concepts, ainsi que leur mémorisation. J'ai enseigné cette technique d'apprentissage de nombreuses fois, en concomitance avec l'enseignement d'études de cas.

Les **Fiches-Info** font l'objet des Parties 9 et 10 du présent volume.

La résolution et l'analyse de cas vous permettent d'appliquer vos connaissances et d'exercer votre jugement en diverses circonstances, dans la bonification indéniable de toute formation en comptabilité. À ce titre, je vous souhaite tout simplement d'apprécier la résolution de vos études de cas.

Je suis heureuse de partager avec vous la somme de mon travail,
dans l'accomplissement de votre propre réussite.

Sylvie Deslauriers

PhD, MSc, FCPA auditrice, CPA (FL), CMA (É.-U.)

2 Deslauriers, Sylvie, *Comment réussir ses études en comptabilité*, AB + Publications, 2016.

TABLE DES MATIÈRES

TABLE DES MATIÈRES (suite)

Partie 1
Lire et annoter un cas

Identifier les paramètres du cas
Effectuer une lecture active
Annoter un cas avec efficience

« Une erreur? Un problème?
Une faiblesse? Une incohérence?
UN SIGNAL! »

Partie 1
Lire et annoter un cas

La lecture active et organisée d'une étude de cas est une étape cruciale dans tout processus de simulation ou d'examen. Une compréhension adéquate des informations et indices fournis vous aidera à planifier votre solution, puis résoudre ce qui vous est demandé avec succès. *Partons sur de bonnes bases.* En général, une lecture annotée exige environ 20 % du temps alloué à un cas. Par exemple, la lecture et la planification devraient prendre environ 18 minutes pour une simulation de 90 minutes.[3]

Identifier les paramètres du cas

Une étude de cas, c'est une mise en situation ou un scénario qui demande la résolution de problèmes ou enjeux, dans un environnement donné. Chaque cas se compose d'éléments qui, lorsque réunis ensemble, le rendent unique. Un sujet à analyser ou un calcul à effectuer peut se trouver dans plus d'un cas, mais l'environnement, l'approche et le contenu seront différents de l'un à l'autre. Chaque cas se distingue par l'unicité de ses paramètres : les DEMANDES, le rôle et le contexte.

LES DEMANDES

Il m'apparaît indispensable d'identifier et de comprendre dès que possible les diverses demandes de l'étude de cas afin de diriger ses efforts dans la bonne direction. Cela sert de guide et de cadre de référence tout au long de votre lecture.

LES DEMANDES sont le paramètre clé d'un cas.

Nous y reviendrons régulièrement dans ce volume, puisque la clé de la réussite d'un cas réside essentiellement dans la capacité de répondre adéquatement, et raisonnablement, aux diverses demandes.

➢ Quel est le travail à faire? Quelles sont les problématiques à résoudre?

  Il faut tout d'abord identifier quelles sont les demandes du cas ainsi que les besoins de l'employeur ou du client, pour ensuite déterminer quels sont les différents aspects (ou sujets) importants à discuter ou analyser.

EXEMPLES DE DEMANDES ET D'ASPECTS À DISCUTER

Demande	Exemples d'aspects à discuter
Évaluer les propositions de financement	– Coût – Garantie
Réviser la comptabilisation des stocks	– Détermination du coût d'acquisition
Améliorer les procédures d'approvisionnement	– Point de commande – Autorisation – Responsabilité

DEMANDE → Aspects à discuter

3 Le présent volume contient un grand nombre d'exemples illustrant les idées avancées.
Les demandes du cas sont surlignées en vert alors que les informations clés sont surlignées en jaune.
Les concepts théoriques utilisés dans la résolution du cas seront éventuellement surlignés en orange.

Le rôle

Le rôle à jouer, en tant que Comptable Professionnel Agréé (CPA), se veut le reflet de l'une ou l'autre des nombreuses opportunités offertes à notre profession. Disons que le rôle principal chapeaute l'ensemble du cas, mais qu'il doit essentiellement être considéré dans la perspective individuelle de chacune des demandes. On pourrait même dire que c'est la demande qui fixe le rôle, le temps d'y répondre.

- Quelle est la personnalité que le cas vous demande d'adopter? Quel est l'angle avec lequel les problématiques doivent être abordées?

  Ex.: « Vous venez tout juste d'entrer en poste à titre de chef des services comptables lorsque le directeur général vous invite à son bureau afin de discuter des lacunes du contrôle interne à corriger. »

  Cette phrase spécifie qu'il faut effectuer ses analyses du point de vue d'une personne œuvrant pour l'entité, à l'interne. Le chef des services comptables devra déterminer comment mitiger ou éliminer les lacunes relevées. Lorsqu'il faut considérer l'information reçue, en percevoir la pertinence en fonction du rôle est un indéniable atout. Un auditeur, par exemple, n'envisagerait pas l'utilité des informations sur le contrôle interne de la même manière que le chef des services comptables. Il s'interrogera plutôt sur l'impact des lacunes relevées sur la stratégie d'audit externe.

  Il pourrait certes arriver aussi que l'on demande au chef des services comptables « de se renseigner sur le traitement fiscal du nouveau brevet ». Cela ne fait peut-être pas partie de la tâche habituelle d'un chef comptable, mais lorsque la demande est là, on doit, le temps de la résoudre, agir en tant que fiscaliste.

Le contexte

Chaque scénario de cas présente certaines caractéristiques – en général de trois à cinq pour un court cas – qui tissent la toile de fond. Ce sont les particularités du contexte.

- Quels sont les renseignements de base qu'il faut mettre en relief pour mieux comprendre l'environnement de l'entité à l'étude?

  Ex.: « La direction ne dispose d'aucune information de gestion pour la prise de décisions. »

  Ex.: « L'entreprise se spécialise dans le transport et l'entreposage de produits périssables. »

LES DEMANDES, le rôle et le contexte constituent les paramètres d'un cas.

Effectuer une lecture active

La résolution d'un cas doit se faire dans un temps limité – voire serré –, ce qui est d'autant plus vrai lorsqu'il s'agit de courts cas (60 à 90 minutes). Il est alors indispensable de développer sa capacité de comprendre **rapidement** et **correctement** l'information mise à sa disposition. À cette fin, je propose la lecture d'une étude de cas en trois phases : 1- Lecture de la demande et survol de l'information fournie, 2- Lecture complète et attentive, 3- Relecture du travail à faire (pour mieux planifier la réponse).

1- Lecture de la demande et survol de l'information fournie

Je vous suggère en premier lieu de chercher le(s) paragraphe(s) qui liste(nt) ce qui est demandé; paragraphe(s) qui se trouve(nt) « habituellement » à la fin de la partie « texte » de l'étude de cas, juste avant les annexes. Lisez attentivement **ces phrases qui décrivent et précisent ce qu'il faut faire**. Assurez-vous de bien saisir l'angle d'approche à l'analyse, en fonction du rôle à jouer, car il influence la façon de lire et d'interpréter les informations à venir. Lorsque le cas contient une section « Travail à faire », commencez par lire celle-ci. Personnellement, je numérote les diverses demandes pour fins de référence ultérieure.

Prenons la phrase suivante placée dans le dernier paragraphe d'un cas :

« Le directeur général s'intéresse surtout aux contrôles concernant les transactions à l'étranger puisque ce secteur est en pleine effervescence. »

Cette phrase précise ce qui est attendu du candidat. Dans le strict cadre de cette demande, la situation des transactions effectuées au pays, par exemple, ne serait pas un sujet pertinent. Lire cette phrase au début de la simulation favorise la concentration des efforts de lecture vers l'essentiel. Le candidat portera davantage attention aux informations qui concernent les achats et ventes à l'étranger.

Bien comprendre la demande facilite le filtrage de l'information reçue.

CHAQUE MOT EST IMPORTANT.

Je vous suggère ensuite de survoler « brièvement » le contenu des annexes afin de prendre connaissance du matériel mis à votre disposition. Par exemple, une annexe portant sur une offre de partenariat vous signale d'ores et déjà que cet aspect sera à considérer dans le cadre de votre mandat. De même, la présence d'un « état des résultats non audité » est un indice en soi. Si l'on demande une « analyse des questions de comptabilité importantes », il faudra alors « chercher les erreurs »!

Personnellement, je m'attarde un peu plus sur les états financiers fournis en annexe.
Se faire une idée de la situation financière de l'entité dès le départ
favorise la compréhension du contexte.

Prenez également connaissance des titres et sous-titres du cas, particulièrement ceux des annexes. Relever, par exemple le titre « Délais de livraison des stocks » ou le titre « Préoccupations de la banque », fournit déjà un aperçu des problématiques à régler. Lorsque vous lirez, ailleurs dans le texte, que « la rapidité de livraison est un facteur clé de succès dans le secteur » ou qu'il y a un « retard dans la production des états financiers mensuels », cela retiendra davantage votre attention.

Cette première étape *Lecture de la demande et survol de l'information fournie* n'est pas très longue :
1 à 2 minutes pour un cas de 90 minutes.

Lors du survol des paragraphes du cas – ou plus tard lors de la lecture complète –, il faut relever toute demande, toute question ou tout sujet à traiter. Le texte qui énonce ce que vous devez faire doit absolument attirer votre attention.

PHRASES À RELEVER AU COURS DE LA LECTURE

– phrases qui se terminent par un point d'interrogation, car il faudra vraisemblablement répondre à la question posée.	Ex.: « Me suggérez-vous d'entreprendre des démarches pour faire inscrire ces titres en bourse? Si oui, quels documents dois-je préparer? »
– phrases entre guillemets, car il peut s'agir d'une opinion à commenter ou d'une demande explicite de la part de l'employeur ou du client.	Ex.: « Lors de votre rencontre avec Nicolas, il vous a avoué n'avoir aucune idée du prix qu'il doit offrir à ses frères pour le rachat de leur part. »
– phrases faisant allusion à votre rôle. Les lettres « CPA » doivent attirer l'attention.	Ex.: « Le contrat mentionne qu'un CPA doit produire un rapport d'audit annuel sur... » *Remarque : On peut aussi chercher le nom du client ou du supérieur immédiat dans le texte.*

Dans le cadre du rôle à jouer, la compréhension de la demande facilite la détermination des aspects (ou sujets) à analyser.

2- *Lecture complète et attentive*

Je désire d'emblée vous dire que la lecture d'un cas n'est pas une activité passive ou strictement linéaire. Lire les mots ou jeter un regard sur l'information financière sans voir leur signification, leur impact ou leurs interrelations ne suffit pas. Il faut faire ressortir ce qui caractérise l'entité à l'étude, assimiler ce qui se passe, puis classer l'information afin de pouvoir résoudre adéquatement chaque demande.

Ce n'est pas aussi facile qu'on le croit de déterminer le temps idéal à consacrer à la lecture d'un cas. Il faut bien comprendre les informations qui sont fournies tout en se gardant suffisamment de temps pour résoudre toutes les demandes. Certains candidats lisent trop vite ou commencent à écrire leur réponse avant même d'avoir tout lu. On constate alors des « erreurs de lecture » qui invalident une partie de leur réponse. Un problème à régler n'aura peut-être pas été remarqué, ou encore, la façon de faire de l'entité n'aura pas été bien comprise. Lorsque le contrat d'approvisionnement vient d'être renouvelé, par exemple, il serait inutile de suggérer, en guise de procédure d'audit, de vérifier si un contrat existe. Le « contrat » a été renouvelé! *Regardons plutôt ce qu'il nous permet de confirmer.* Quant au conseiller en gestion, il ne devrait pas se demander s'il faudrait produire à l'interne. Le contrat d'approvisionnement « à l'externe » vient d'être signé! *Regardons plutôt son impact sur les façons de faire.*

En contrepartie, il arrive que certains candidats passent tellement de temps à lire le cas qu'ils n'arrivent pas à le résoudre adéquatement. Ils excellent peut-être aux deux ou trois premières demandes, mais n'arrivent pas à réussir l'étude de cas par manque de profondeur d'analyse dans les dernières.

Il faut, dès les premières simulations, répartir judicieusement le temps entre la lecture et la résolution d'un cas.

POINT DE VUE

Il est important d'identifier les paramètres ou les repères clés d'une étude de cas parce qu'ils teintent la lecture et l'interprétation de toute information lue.

Réussir à saisir les particularités du cas dans les premières minutes est un atout indéniable.

En sachant, par exemple, que « Le directeur de la division est rémunéré en fonction du bénéfice net réalisé uniquement sur les ventes à l'exportation. », vous porterez une attention accrue à tout ce qui peut influer – ou non – sur ce chiffre. Et ce, dès la première ligne du cas. Conjuguée à la demande concernant les contrôles sur les transactions à l'étranger, cette information prend davantage de sens.

En reprenant essentiellement les mêmes informations d'un cas, on obtiendrait une solution différente en changeant tout simplement ses paramètres.

inapproprié / inadéquat	RÉUSSITE
→ discuter des questions résolues par l'auditeur lors d'une visite précédente.	→ discuter de la comptabilisation des différents coûts liés à l'acquisition de l'équipement que l'entreprise vient tout juste d'acheter.
→ vouloir dès que possible commencer la rédaction de la réponse.	→ s'assurer du bien-fondé de toute analyse envisagée.

La lecture d'un cas doit certainement vous permettre d'identifier plus précisément quels sont les aspects (ou sujets) à analyser, compte tenu des diverses demandes. Il faut donc être attentif à toute phrase ou tout indice pouvant contribuer à la précision de ce qui est à faire. Lorsque vous rencontrez plusieurs indices sur le même aspect (ou sujet), relevez-le. Lorsque vous remarquez une incompréhension, une erreur ou une incohérence, il faut le prendre en note. Votre objectif est de terminer la lecture de la dernière ligne du cas en ayant sous la main la liste de tout ce qui peut être analysé dans la réponse.

EXEMPLE

Dans le cadre d'un rôle d'auditeur, le cas pourrait entre autres demander « de répondre aux inquiétudes de Jérôme au sujet de certaines questions d'information financière, puis d'évaluer leur incidence sur l'audit. ». Après avoir lu ce travail à faire, probablement tout au début de la simulation, il faut par la suite chercher, tout au long de la lecture du cas, les aspects (ou sujets) à résoudre à l'égard de ces deux demandes.

Quels sont les aspects (ou sujets) comptables à analyser?

La provision sur promotions pourrait être l'une des questions d'information financière à analyser. Vient ensuite la nécessité de déterminer ce dont il faudra discuter sous ce titre, telles l'estimation de la charge ou la période d'inscription.

Quelle est l'incidence sur l'audit?

On pourra considérer l'incidence du nouveau programme de promotions sur la planification de l'audit, puis élaborer des procédures qui répondent aux risques spécifiques (assertions) qui en découlent. Il faudra, par exemple s'attarder davantage sur deux aspects : l'exactitude du montant estimé et la séparation des périodes.

Ce sont d'abord et avant tout les sujets **nouveaux**, **actuels** ou **futurs**, qui doivent être relevés. En fait, il faut être attentif à tout ce qui est différent ou inhabituel, en particulier dans la période courante. « Qu'est-ce qui est en suspens? » Il faut assurément s'y intéresser, dans le cadre des paramètres de l'étude de cas. En lisant, il faut donc constamment se demander : « Quelles sont les problématiques à résoudre? », « Quelles sont les questions non réglées? », « Qu'est-ce qui ne va pas dans l'entité? », « Quels sont les dilemmes? » ou « Qu'est-ce qui est en mouvement? ».

POINT DE VUE

La lecture d'un cas est un processus qui exige rigueur et concentration, car il ne faut jamais perdre de vue l'un ou l'autre des paramètres de référence.

Par expérience, je peux vous dire qu'il est facile de diverger de ce qui doit être fait. Se demander, par exemple pourquoi l'entreprise a offert d'aussi bonnes promotions sur son nouveau produit ne fait pas nécessairement partie des questions à résoudre. Certes, la question peut être intéressante, mais elle ne se poserait tout simplement pas chez l'auditeur à qui l'on demande de discuter de comptabilité et d'audit.

Dans le cadre du contexte particulier d'un cas, il faut s'en tenir au rôle à jouer, compte tenu du travail à faire.

inapproprié / inadéquat	RÉUSSITE	RÉUSSITE +
→ discuter des améliorations à la gestion des activités en général.	→ discuter d'un certain nombre d'améliorations à apporter au processus de soumission.	→ discuter d'un grand nombre d'améliorations à apporter au processus de soumission.

J'essaie personnellement d'identifier les éléments particuliers au « contexte » du cas de manière à comprendre **l'environnement dans lequel se situe le travail demandé**. Qu'est-ce qui est spécifique à ce type d'entreprises? Qu'est-ce qui est susceptible d'influencer la réponse? Qu'est-ce qui n'est pas là dans tous les cas? Bien que l'on puisse amasser cette information tout au long de la lecture, on remarque qu'elle est généralement placée au début de l'étude de cas, dans la présentation de l'entité faisant l'objet du mandat. Certains candidats surlignent les points ainsi relevés à l'aide d'une couleur différente pendant que d'autres les listent à part afin d'y revenir plus facilement.

inapproprié / inadéquat	RÉUSSITE
→ fournir une conclusion générale qui ne tient pas compte de l'énoncé de mission.	→ réévaluer l'énoncé de mission suite au changement d'orientation recommandé.
→ ne pas tenir compte de la nature inhérente d'un organisme sans but lucratif.	→ considérer que l'obtention d'un bénéfice n'est pas le but premier de l'organisme. → adapter le langage en conséquence. Ex.: « apport » au lieu de « produit »

L'un des objectifs de la lecture, en particulier au début d'une simulation, est de connaître l'entreprise afin de pouvoir mieux intégrer toute analyse à ses particularités. Le fait de noter que l'entité œuvre dans un environnement hautement concurrentiel viendra probablement influencer la stratégie d'établissement du prix de vente, par exemple. Ou encore, prendre en note la politique de l'entreprise de refuser tout projet dont le délai de récupération excède cinq ans servira peut-être de facteur décisionnel lors de la prise de décisions. Ces exemples m'amènent à soulever un point important, soit que les particularités du contexte ainsi relevées sont « régulièrement » utiles, mais pas toujours. Il faut les utiliser à bon escient, lorsque la situation s'y prête, parfois même à plus d'un endroit dans la réponse.

EXEMPLES D'ÉLÉMENTS PARTICULIERS AU CONTEXTE À RELEVER

Éléments à relever	Exemples
Référentiel comptable	– Normes comptables internationales (IFRS) – Normes comptables pour entreprises à capital fermé (NCECF)
Taille de l'entité	– Entreprise familiale, PME, société ouverte, etc.
Mission, Vision	– « Devenir le leader de la nouveauté dans le domaine de l'aéronautique. »
Secteur d'activité	– Technologie, vente au détail, fabrication sur mesure, etc.
Dates importantes	– Date actuelle, date de fin d'exercice, date butoir pour une demande de subvention, etc.
Forces (FO), Faiblesses (FA), Opportunités (OP) et Menaces (ME) **Facteurs clés de succès (FCS)**	– FO : coûts fixes maintenus à un bas niveau – FA : système informatique désuet – OP : développement du marché asiatique – ME : approvisionnement en bois de plus en plus difficile
Risques et contraintes	– Limites d'expansion du territoire d'exploitation actuel
Objectifs, besoins, partis pris et comportements des parties prenantes	– Améliorer la performance de la division Entretien – Aversion marquée au risque
Pratiques et politiques de l'entité	– Rendement minimal de 9 % exigé sur tout nouveau projet

Les problèmes ou enjeux « moins explicites »

Certains candidats se demandent s'il y a des demandes « cachées » qu'ils se doivent de trouver et de résoudre. Pas vraiment. Dans un cas, les demandes sont habituellement directes et explicites. Leur présentation ou leur description ne laisse aucun doute quant au fait qu'elles doivent être répondues. Il faut par contre être conscient qu'un cas **peut** contenir des problèmes ou enjeux un peu « moins explicites » (ou « indirects »). Voici ce qui caractérise ce genre de circonstances :

- *Les problèmes ou enjeux « moins explicites » se situent dans le cadre des paramètres du cas.* Ils ne sont peut-être pas aussi évidents à identifier que ceux qui sont explicites, mais **ils font assurément partie de ce qui est demandé**. Supposons, par exemple, que le travail à faire est de déterminer la valeur d'exploitation d'une entreprise à partir des flux de trésorerie futurs. Supposons aussi que l'on doive estimer les résultats (bénéfices) futurs parce que l'entité a l'obligation, disons de remettre 10 % de ce montant à l'inventeur d'un brevet. Bien qu'elle ne soit pas **expressément demandée**, cette étape du calcul des résultats futurs est indispensable, dans le cadre de la demande **explicite** d'estimer les flux futurs servant au calcul de la valeur d'exploitation. À moins que ce soit requis autre part, il ne serait pas approprié, par exemple de décider de donner des conseils en gestion à l'acheteur sous prétexte qu'il « n'a aucune expérience dans le domaine ». À elle seule, cette information ne justifierait pas la présence d'une telle discussion.

résultat
↓
flux
↓
valeur
(demande)

En d'autres termes, il est approprié, voire indispensable, de soigneusement déterminer ce qui est nécessaire à la résolution des diverses demandes d'un cas.

Il est parfois nécessaire d'aller au-delà de ce qui est directement visible.

- *Le cas offre toujours des indices permettant l'identification d'un problème ou enjeu « moins explicite ».* Et, la plupart du temps, compte tenu de leur nature, les indices sont dispersés à différents endroits dans l'étude de cas. Par exemple, advenant la situation où il faut mettre en doute la continuité de l'exploitation de l'entité, il y aura assurément plusieurs informations pointant dans cette direction. La trésorerie sera déficitaire, l'état des résultats présentera des pertes depuis deux ans ou l'on indiquera que les fournisseurs exigent le paiement des marchandises sur livraison. En fait, à un moment donné, il faut prendre conscience de **l'existence d'un trait commun entre différents indices**. Lorsqu'on s'en rend compte, je vous suggère de revenir en arrière pour relire certaines parties du cas afin de compléter l'évaluation de la situation, pour un portrait global. Certaines informations, présentées de manière générale au début du cas, pourraient maintenant gagner en pertinence. C'est qu'il vous faudra probablement émettre une conclusion claire et justifiée quant à l'existence d'un problème ou enjeu « *moins explicite* », s'il en est.

POINT DE VUE

Gardons à l'esprit que la présence d'un problème ou enjeu « *moins explicite* » tire assurément sa source des données du cas.

Il y a manifestement des indices, et certainement plus d'un!

Le candidat qui s'arrête seulement sur ce qui paraît à première vue risque de ne pas se rendre compte de leur existence.

Gardons également à l'esprit que les problèmes ou enjeux un peu « *moins explicites* » ne sont pas si fréquents; les possibilités étant somme toute assez limitées. Outre la mise en doute de la continuité de l'exploitation mentionnée ci-dessus, l'inefficacité croissante de la chaîne de production, une insuffisance de la trésorerie, la présence d'opérations « louches » ou entre parties liées (apparentées) ainsi qu'un manque d'indépendance de l'auditeur externe en sont des exemples.

Le candidat qui cherche systématiquement les problèmes ou enjeux cachés risque d'inventer des sujets non pertinents.

Tout problème ou enjeu à discuter s'inscrit dans l'une ou l'autre des DEMANDES explicites du cas, dans le cadre du rôle à jouer.

Il faut demeurer à l'affût des indices du cas qui pointent dans la même direction. Il faut les relever, puis les rassembler afin d'identifier ce qui doit être mis en évidence. On peut remarquer, par exemple, que la comptabilisation des nouvelles opérations de la période aboutit toujours sur une augmentation du résultat net. La répétition du sens de l'impact doit attirer l'attention. Il ne sera d'ailleurs pas vraiment surprenant de relier cette constatation à la présence d'un programme de primes fondé sur le résultat ou à l'objectif de la direction d'effectuer un premier appel public à l'épargne (PAPE) d'ici deux ans.

Quoi qu'il en soit, il est important de réaliser que toute discussion doit se faire dans le cadre des DEMANDES de l'étude de cas, compte tenu du rôle à jouer. En ce qui concerne le biais causé par la présence d'un programme de primes, par exemple, l'auditeur externe discutera des implications sur le risque d'audit. Quant au conseiller en gestion, il pourrait vouloir en tenir compte dans la discussion sur les indicateurs clés de performance à privilégier. *A priori*, le fiscaliste ne sera pas vraiment concerné par ce comportement des dirigeants, pourvu que les règles fiscales soient respectées.

L'information financière

Lorsque des données financières – fréquemment des états financiers – sont fournies en annexe au cas, je vous suggère de commencer par examiner cette annexe avant toute autre. Outre le fait de pouvoir prendre connaissance de la situation financière de l'entité à l'étude, cela vous permet d'être au fait de ce qui est particulier ou problématique plus tôt dans la lecture. Il faut apprendre à faire rapidement ressortir les éléments clés. Essayez d'identifier ce qui semble différent d'une entreprise « standard » en vous arrêtant un peu plus longtemps sur les postes inhabituels ou particuliers au secteur d'activité. L'année courante est la première cible de votre examen, quoique la comparaison à l'année précédente soit souvent révélatrice.

QUELS SONT LES PROFILS ET TENDANCES?
EST-CE QUE LA RELATION ENTRE LES POSTES EST PLAUSIBLE?

En ayant déjà considéré l'information financière, la lecture des autres parties du cas sera plus complète. Par exemple, le fait de remarquer que le poste Clients a doublé depuis l'exercice précédent, pendant que les ventes demeurent constantes, vous sensibilise à relever tout indice concernant l'existence de créances douteuses. Lisez et assimilez en tenant compte des paramètres du cas. Si vous savez, par exemple, que l'entreprise a besoin de liquidités pour réaliser un projet d'investissement, vous porterez attention à la présence de placements à l'actif et à la structure actuelle du financement non courant (à long terme). Finalement, pour que les observations soient diversifiées, on peut jeter un bref coup d'œil, dans le cadre constant des DEMANDES, à chacune des catégories d'analyse financière suivantes : rentabilité, trésorerie, activités et endettement.

POINT DE VUE

J'insiste sur le conseil suivant, soit de s'en tenir à ce qui est utile pour l'étude de cas en cours. Le caractère unique de chacune d'elle exige une réaction qui lui est propre. Certains candidats vont « forcer » la note en calculant automatiquement deux ou trois ratios financiers dès qu'ils voient des états financiers. Ou encore, ils présentent une analyse FFOM à tous les coups.

Se poser des questions? OUI

Adopter systématiquement le même comportement pour tous les cas? NON

EXEMPLES D'ÉLÉMENTS DE L'INFORMATION FINANCIÈRE À RELEVER

Éléments à relever	Exemples
Renseignements de base	– Non audité; projet; projections, période cible, etc.
Postes les plus importants (en termes de variations ou en pourcentage)	– Les retours sur ventes sont très élevés. – Les stocks composent 54 % de l'actif courant (à court terme).
Postes les plus risqués (ceux dont les avantages futurs sont plus incertains ou qui exigent une estimation de la situation)	– Les frais de développement inscrits à l'actif augmentent régulièrement et l'entité n'a offert aucun nouveau produit depuis trois ans. – La provision pour garanties a diminué de moitié.
Éléments inhabituels	– Poste « À recevoir » ou « Dû à » des parties liées (apparentées) qui augmente d'année en année.
Incohérences, partis pris et contradictions	– La charge d'intérêts a diminué, mais le passif non courant (à long terme) a augmenté. – Aucune dépréciation sur l'immobilisation n'est inscrite, car le propriétaire est « sûr de louer les locaux vacants d'ici trois mois ». Toutefois, le taux de vacances d'immeubles semblables est très élevé. IAS 36 3063
Dérogations aux normes, règlements, lois, principes et politiques.	– La moyenne des produits annuels de l'organisme sans but lucratif des deux derniers exercices excède 500 000 $. On remarque qu'une acquisition importante d'équipements est inscrite en charges. 4433
Ratios clés (particulièrement ceux qui intéressent un créancier ou la direction)	– Les liquidités ont grandement diminué. – Le ratio d'endettement est tout près de la limite maximale permise par la banque.

Étant donné le temps limité d'un cas, il arrive fort souvent – malgré de bonnes intentions – que la lecture s'accélère avec le passage du temps. Les premiers paragraphes sont ainsi lus avec davantage de minutie alors qu'on passe un peu trop vite sur les derniers. Par expérience, je peux vous dire que des informations importantes se trouvent couramment vers la fin du texte d'un cas. En ayant hâte de commencer à rédiger sa réponse – surtout si votre collègue d'à côté tape déjà frénétiquement sur son clavier – un candidat pourrait manquer une information pourtant vitale.

Certaines études de cas contiennent parfois une annexe liée spécifiquement à l'une ou l'autre des demandes, telle la page décrivant les deux modes de financement envisagés. Dans ces circonstances, il est tentant de ne pas lire cette annexe pour y revenir lors de la résolution de la question consistant à « déterminer lequel des deux privilégier ». D'une part, les informations ainsi mises de côté peuvent contenir des éléments utiles à plus d'un endroit. D'autre part, l'un des objectifs de la lecture consiste à comprendre ce qui se passe dans l'entité à l'étude. Personnellement, je recommande la lecture entière du cas avant sa planification, puis sa résolution. Nous y reviendrons ci-après, mais sachez qu'une annotation appropriée à l'étape de la lecture favorise grandement la rédaction efficace de la réponse.

Il est important de lier les divers éléments d'information entre eux, pour une analyse complète et juste de la situation. Savoir intégrer.

inapproprié / inadéquat	RÉUSSITE	RÉUSSITE +
→ omettre des données importantes ou contredire les informations fournies.	→ intégrer les données pertinentes de façon à effectuer un calcul raisonnable.	→ intégrer les données pertinentes de façon à effectuer un calcul exhaustif.

Je désire finalement vous suggérer de porter attention à la présentation du texte. On vous fournit l'information par produit, par division ou par pays? Les chiffres sont exprimés en kilogrammes, heures ou mètres carrés? On fait plusieurs fois référence à la date ou à l'année? Ce sont des indices en soi qui risquent d'influencer votre façon de répondre à la simulation.

Soyez constamment à l'affût de ce que le cas annonce.

N'hésitez pas à relever les répétitions, similarités, contradictions et synchronismes.

3- Relecture du travail à faire

Juste avant de passer à la planification de votre réponse, objet de la Partie 2, je vous suggère de relire chacune des demandes une autre fois. Après avoir pris connaissance de l'ensemble des informations du cas, ces demandes vous paraîtront plus claires.

INDICES ↘ **RÔLE** ↓ **CONTEXTE** ↙

DEMANDES

↓

ASPECTS/SUJETS PERTINENTS

Annoter un cas avec efficience

Je désire maintenant vous sensibiliser à l'utilité d'annoter un cas. Bien que j'en fasse une section distincte, il faut dire que la majorité des annotations sont écrites sur le texte du cas – ou très brièvement sur une page à part – au fil de la lecture. Dans la mesure où la contrainte de temps vous empêche évidemment de lire tout le texte deux fois, et encore moins de penser à le résumer, annoter un cas avec efficience facilite grandement la planification et la rédaction de votre réponse. Puisque des informations pertinentes apparaissent tout au long de l'étude de cas, une lecture méthodique est nécessaire pour arriver à bien saisir ce qui se passe. Plus le cas est long, plus les annotations sont utiles. Et finalement, avantage non négligeable, lire et annoter un cas vous aide à rester concentré sur votre tâche.

Les annotations servent à classer l'information et permettre un repérage rapide de celle-ci.

POINT DE VUE

Il y a de nombreuses façons d'annoter une étude de cas. On peut surligner le texte, parfois avec différentes couleurs, ou tout simplement souligner ou entourer les mots importants. On peut aussi faire un peu de tout cela. Le nombre et l'ampleur des annotations varient d'une personne à l'autre; certains candidats ayant besoin d'écrire davantage que d'autres. Je vous invite à faire l'expérience d'essayer diverses façons de faire afin de découvrir ce qui convient le mieux à votre personnalité. Pour ma part, je prends parfois des notes à la main, sur une feuille de brouillon. J'y résume, par exemple les informations concernant une situation difficile à saisir, ou encore, j'y dessine un schéma qui se transpose difficilement à l'écran.

Quoi qu'il en soit, sachez que ce qui est écrit sur le cas lui-même ne fait pas partie de la réponse et ne sera donc pas considéré dans son évaluation.

Voici ce qu'il faut envisager pour une annotation efficiente du texte d'un cas :

- ***Mettre en évidence les particularités du contexte.*** Il faut certes les relever et les comprendre, mais aussi se rappeler d'y faire référence ou de les utiliser en cours de rédaction. Il est possible de réécrire brièvement ces informations à titre de Notes de lecture ou de les signaler différemment afin de pouvoir rapidement y jeter un coup d'œil. C'est un rappel efficace de leur existence.
- ***Faire ressortir ce qui explique ou clarifie l'une ou l'autre des demandes.*** Personnellement, puisque cela constitue le cœur du cas, je signale ce qui est demandé d'une manière distincte, toujours à l'aide d'un surligneur vert. D'ailleurs, puisque je relis ces informations plus d'une fois, il m'arrive aussi d'entourer certains mots-clés, ou encore, de recopier l'essentiel de ce qui est demandé sur la première page de ma solution. Cela est particulièrement utile lorsque le travail à faire est inhabituel, que l'analyse requise est complexe ou que la structure de réponse est difficile à cerner.

COMPRÉHENSION DE LA DEMANDE

↓

PERTINENCE DE LA RÉPONSE

- ***Identifier les aspects (ou sujets) à traiter.*** J'utilise la marge de gauche exclusivement à cette fin. J'y inscris la demande concernée (ex.: D1, D2...) ainsi que l'aspect à discuter. J'y ajoute, s'il y a lieu, une référence telle que *a), b), c)*... ou ①, ②, ③... afin de signaler les différents aspects à considérer. Je vais inscrire, par exemple « CTB/terrain/dépréciation » (*ou « CTB/T/dépr » en abrégé*). J'indique parfois chacune des étapes d'une demande comme suit : « 1- répartition du prix d'achat et 2- calcul du revenu tiré de la participation » (*ou « 1- $ prix 2- $ rev part » en abrégé*). Lorsqu'un paragraphe contient de l'information utile à plus d'une demande, je le note afin de m'assurer de ne rien oublier (ex.: « filiale CTB/gestion/PCI » ou D2-D4-D5). Et finalement, l'abréviation « R » pour « risque », par exemple, peut figurer aux endroits stratégiques du cas.

Personnalisez **vos** annotations afin qu'elles soient significatives **pour vous**
et que **vous** puissiez facilement **vous** y retrouver.

Il faut dire que le texte de certains cas est structuré d'une manière telle qu'il est aisé de s'y reconnaître. Une simple accolade peut suffire à signaler la présence des informations sur un projet d'investissement, par exemple.

Dans d'autres circonstances, une annexe peut contenir de l'information servant plus d'une demande. Il faut alors y mettre de l'ordre en prenant le temps de relever, à chacun des paragraphes, la demande en question ainsi que l'(les) aspect(s) (ou sujet(s)) à analyser.

POINT DE VUE

Compte tenu de la demande, il m'arrive fréquemment – et je vous encourage à le faire – de pouvoir déterminer l'importance d'un aspect (ou d'un sujet) au fil de la lecture. J'utilise généralement les signes ou abréviations qui suivent :

ASPECT IMPORTANT : « IMP » OU « +++ »
ASPECT DE MOINDRE IMPORTANCE : « +/– »
ASPECT PEU IMPORTANT (NON PERTINENT) : « ≠ IMP », « NP », « – »

Les cas contiennent **TOUJOURS** des aspects (ou sujets) importants.
Ils contiennent **parfois**, mais pas toujours, des aspects (ou sujets) de moindre importance.
Ils contiennent plus rarement des aspects (ou sujets) peu importants.

Selon les besoins, il m'arrive d'ajouter, dans la marge de droite, un bref commentaire, une opinion, un calcul ou un mot-clé. Par exemple, le mot « flux » peut faire référence aux éléments qui influent sur la trésorerie. Quant au symbole « $ », il signale, par exemple les informations à considérer dans la révision du résultat net avant impôts. Ou encore, l'inscription des abréviations « AV » pour « avantage » et « INC » pour « inconvénient » permet d'identifier, dès la lecture, des éléments du contenu de la réponse au travail à faire. En outre, un « wow », un « ? », un « ! », une flèche ou tout autre signe peut être fort révélateur. Je le rappelle, l'utilité des annotations est de vous permettre de classer, pour retracer rapidement l'information recherchée.

- ***Surligner (ou souligner) avec parcimonie les mots-clés.*** Je vous suggère de lire un paragraphe en entier – ou parfois de le séparer en parties – avant d'utiliser votre crayon. Cela permet de prendre un peu de recul afin de se demander ce qui est réellement important parmi l'information fournie. Si vous surlignez au fil de la lecture, tout risque d'être en jaune! Les mots ou expressions à relever – rarement une phrase complète – sont ceux qui permettent de préciser les problématiques ou qui fournissent des indices ou des arguments quant à leur résolution.

EXEMPLE D'ANNOTATION EFFICIENTE

D2 SUBV

Demande extraite d'un cas : « Notre organisme de charité ne sait plus où il en est. Avec la baisse anticipée des subventions de l'État, nous ne savons pas combien de temps l'organisme va pouvoir opérer. Faites vos calculs et n'oubliez pas que vos suggestions seront les bienvenues. »

\# de…

$$

Savoir de « combien de temps » l'organisme dispose est un aspect important. Les calculs devront donc mener à une réponse claire, à savoir le « nombre de » semaines ou de mois pendant lesquels l'organisme peut continuer d'opérer. Les « calculs » seront vraisemblablement des flux de trésorerie, car on réfère à la continuité de l'entité. Ils devront tenir compte du fait que les sommes à recevoir de l'État seront réduites (« baisse anticipée »), peut-être après avoir émis une hypothèse quant à l'ampleur de cette réduction. Finalement, il faudra présenter une liste de « suggestions » afin d'améliorer la situation financière de l'organisme.

relire Note 3, p. 2

On doit répondre à chaque partie de cette demande.

POINT DE VUE

Tout en lisant, il est possible que des idées utiles à la résolution du cas vous viennent à l'esprit. Il est certes alors tentant de commencer l'écriture de la réponse. Je vous suggère fortement de lire le cas au complet de manière à pouvoir évaluer et considérer l'ensemble de l'information disponible dans un même mouvement.

Une analyse débutée trop tôt risque d'être incomplète ou même de devenir inutile lorsqu'on prend en considération les derniers paragraphes du cas.

Si vous craignez d'oublier vos idées, écrivez-les très brièvement sur une page de brouillon ou sur une feuille à part, puis attendez le bon moment pour les développer.

Avec la pratique, vous reconnaîtrez de plus en plus facilement ces mots ou expressions qui doivent attirer votre attention dès la lecture. Par exemple : « nouveau », « jamais », « tous », « récemment », « sans cesse réinvestir », « La directrice croit que… », « écarts inexpliqués », « trois options d'approvisionnement », « le système a été développé par le préposé », « montant estimé de », « information clé », « Elle se questionne sur l'utilité de... », « Il ne sait pas si... », etc.

LIRE
+
COMPRENDRE
↓
ORGANISER

- ***S'assurer de comprendre l'information.*** C'est un point de départ indispensable à la résolution adéquate des demandes. Lorsque ce qui est lu ne paraît pas clair, il faut se trouver des trucs pour réussir à saisir rapidement ce qui se passe, mentalement ou par écrit. On peut, par exemple,
  - Faire l'écriture de journal afin de visualiser la comptabilisation d'une opération complexe.
  - Tracer une ligne de temps lorsque le déroulement des événements doit être considéré.
  - Réconcilier les ajustements apportés aux données financières pour y voir plus clair.
  - Dessiner un diagramme illustrant la circulation des documents comptables dans l'entité.
  - Placer l'information concernant les deux contrats de location dans un tableau comparatif.

POINT DE VUE

Le processus de lecture d'un cas exige une qualité essentielle : **l'objectivité**. Cela signifie qu'il faut lire et comprendre les renseignements fournis en se gardant de leur donner un sens qu'ils n'ont pas. Abstenez-vous d'ajouter des mots au texte.

Il faut prendre connaissance des faits écrits, NOIR SUR BLANC.

Il ne faut pas « lire entre les lignes » ni « spéculer ».

Un client vous mentionne, par exemple, que « Les employés de l'usine de Québec menacent de faire la grève. ». Il ne faut certainement pas présumer, à moins d'informations à cet effet, qu'il en sera de même pour les autres usines de l'entreprise.

Ce qui n'est pas écrit dans un cas n'est pas là ou n'existe pas.

- ***Lier entre elles les diverses informations.*** Il arrive fréquemment qu'un sujet donné soit abordé à plus d'un endroit dans le cas. On remarquera, par exemple, que les prévisions de vente sont présentées à la page 5, puis qu'on y revient à la page 7. Il faut alors trouver le moyen, par une annotation efficace, de lier ces informations afin de constater, par exemple, que deux scénarios se profilent : pessimiste et optimiste. Personnellement, j'inscris la référence de la première information auprès de l'autre, et *vice versa*, afin d'avoir accès à l'ensemble de l'information disponible lorsque viendra le temps de la résolution. La mention 5-2 fera ainsi référence à la page 5, 2e paragraphe. Il m'arrive aussi de recopier rapidement l'information concernée.

POINT DE VUE

Il m'apparaît particulièrement important de faire le lien entre les renseignements de nature qualitative et ceux de nature quantitative. Il arrive trop souvent que l'information financière soit considérée isolément alors qu'elle contribue régulièrement à une meilleure compréhension de ce qui se passe. Il faut donc développer le réflexe de considérer les données financières en interaction avec le reste du texte.

Personnellement, tout au long de la lecture d'un cas, je consulte régulièrement les états financiers afin de compléter ou de valider l'une ou l'autre des informations lues. Par exemple, lorsque je lis que « L'emprunt à terme exige un ratio emprunts/capitaux propres maximal de 1,2:1. », je vais immédiatement prendre connaissance de ce qui en est à l'état de la situation financière (bilan). En fait, dès que je lis dans le texte une information ayant un impact sur l'information financière fournie en annexe, je vais valider ce qui en est pour mieux comprendre.

Remarque : Pour fins d'efficacité, je colle un Post-it ou je plie le coin de la feuille des états financiers.

Q + R
p. 143

Partie 2
Planifier sa réponse

Valider les demandes
Déterminer les aspects (ou sujets) à analyser
Construire la réponse

« Il n'est pas toujours possible de trouver le temps de tout faire,
mais il faut trouver le temps de faire tout ce qui est important. »

Partie 2
Planifier sa réponse

Entre la fin de la lecture d'une étude de cas et le début de la rédaction de la réponse, je vous suggère fortement de vous accorder un moment de réflexion. Que ce soit fait mentalement ou par écrit, il faut s'assurer de planifier adéquatement le temps dont on dispose pour résoudre les différentes demandes. Pour la plupart des simulations, le temps file vite et chaque minute est précieuse. Il m'apparaît donc d'autant plus nécessaire de confirmer l'orientation de la réponse vers ce qui est important, voire pertinent.

Valider les demandes

Lorsque la lecture du texte du cas est terminée, relire la(les) phrase(s) ou le(s) paragraphe(s) expliquant le travail à faire permet de s'assurer que les demandes ont été bien comprises (Partie 1, p. 11). Il est indispensable de saisir correctement les paramètres du cas, car ils guident la rédaction de la réponse. Prenons, par exemple la demande suivante : « Veuillez décrire les implications fiscales des deux propositions de vente. ». Il est clair que l'analyse des « deux » propositions doit absolument faire partie de la réponse. Il faut aussi garder en tête le fait que cette analyse doit être abordée sous un rôle de fiscaliste et essentiellement s'attarder sur les « propositions ». Il ne serait donc pas approprié, par exemple de fournir des conseils en gestion, ou encore, de traiter d'autres aspects fiscaux que ceux demandés.

Autant que faire se peut, il faut disposer de la liste des aspects (ou sujets) à discuter dans la réponse avant de débuter sa rédaction (ex.: coûts périodiques, remboursement du capital). J'ai précédemment expliqué que j'inscris les titres de ce qui doit être analysé au fil de la lecture dans la marge de gauche du cas. Il m'arrive parfois d'en faire la liste sur une page à part afin d'obtenir un portrait complet de ce qu'il y a à faire. Cela est particulièrement utile lorsque les éléments à discuter sont nombreux ou dispersés dans le cas. Étant donné la nécessité constante de répondre aux diverses demandes, il faut s'assurer **d'identifier le plus précisément possible** ce qui doit être discuté ou résolu.

Lorsque le point de départ est erroné ou imprécis,
l'analyse qui suit peut difficilement être appropriée.

EXEMPLE

Supposons que le cas contient la demande suivante : « une évaluation du processus budgétaire, pour ensuite proposer des améliorations ».

Un candidat qui lit trop rapidement, ou qui ne prend pas le temps de préciser ce qui est demandé, pourrait se lancer dans l'évaluation des diverses pratiques de l'entité. Or, la demande précise bel et bien qu'il faut s'en tenir au « processus budgétaire ». Une faiblesse au niveau de la politique d'approvisionnement, par exemple, ne ferait pas partie de la réponse à cette demande-là.

Une fois ceci saisi, le candidat doit s'assurer d'avoir en main la liste des faiblesses ou des lacunes relatives au processus budgétaire lorsqu'il commencera la résolution de cette partie. D'où l'importance d'identifier les faiblesses au fur et à mesure de la lecture de l'étude de cas, par un « F » (ou « P » pour « problème ») dans la marge, par exemple. Personnellement, sachant que je ne pourrai probablement pas parler de toutes les faiblesses relevées, je signalerais leur niveau d'importance, s'il y a lieu.

revoir Partie 1 p. 12

DEMANDE CIBLÉE → RÉPONSE PERTINENTE

Évaluer l'utilité de l'information reçue en fonction des paramètres du cas?
INDISPENSABLE

POINT DE VUE

Par expérience, je peux vous dire que le fait de ne pas identifier de manière adéquate l'(les) aspect(s) (ou sujet(s)) à analyser est l'un des plus grands obstacles à la réussite d'un cas. Une discussion sur une faiblesse du contrôle interne, quelle que soit sa qualité, ne peut remplacer la discussion requise sur le processus budgétaire.

Lorsque l'analyse n'est pas demandée, à quoi sert-elle?

Compte tenu de l'avancement de vos études, vous êtes aptes à discuter d'un grand nombre de sujets. Le défi est de savoir choisir parmi le vaste ensemble de vos connaissances celles qui sont appropriées dans les circonstances.

Compte tenu de la durée limitée pour résoudre un cas,
être sur la bonne voie dès le départ est de première nécessité.

Dans un amalgame d'informations, il est parfois difficile de distinguer ce qu'il faut faire. Quel est le problème à régler? Qu'est-ce qui ne va pas? Quel est l'aspect précis à discuter? Cela n'est pas toujours évident de distinguer un problème des indices qui permettent de le faire ressortir. En d'autres termes, il ne faut pas confondre un problème donné avec la(les) cause(s) de son apparition, ou encore, avec la(les) conséquence(s) de son existence.

Supposons, par exemple, qu'une entreprise offre annuellement un voyage toutes dépenses payées à ses deux meilleurs représentants. Supposons également que l'auditeur externe se soit rendu compte que des ventes ont été inscrites aux livres vers la fin de la période courante pour des marchandises livrées au début de la période suivante. L'inscription anticipée de ces ventes entraînant une surévaluation du résultat net.

Une réaction trop rapide serait de dire que le problème consiste à accorder un bonus sous la forme d'un voyage aux représentants selon les ventes de l'exercice. Or, ce n'est pas vrai. Fondamentalement, il s'agit plutôt d'une déficience du contrôle interne puisque la séparation des opérations entre les périodes n'a pas été correctement établie. Le fait de payer un voyage aux deux meilleurs représentants répond probablement bien à l'objectif de les motiver. Afin de s'assurer d'avoir correctement identifié le problème, il faut se poser la question suivante : « Si l'entreprise cesse d'accorder un voyage aux meilleurs représentants, est-ce que tout est réglé? » NON!, car d'autres erreurs quant à la séparation des opérations entre les périodes peuvent subsister. De même, trouver des erreurs dans le montant des redevances à verser à l'inventeur du produit ne signifie pas que le mode de calcul est erroné. Il faut faire la part des choses!

cause(s) *(ou symptôme(s))*	**PROBLÈME**	conséquence(s)
↓	→	↓
inscription anticipée des ventes	déficience du contrôle interne	surévaluation du résultat net
	↑ ↑ ↑	
	INDICES	

Cet exemple soulève, encore une fois, la nécessité de s'assurer de bien identifier quel est le problème en titre. Un candidat qui croit, à tort, que le problème à régler concerne la manière de récompenser ou de motiver les représentants va naturellement développer sa réponse en ce sens. Il pourrait, par exemple analyser d'autres façons de favoriser la croissance des ventes, pour finalement suggérer celle qui lui paraît la mieux adaptée aux circonstances. D'une part, une telle réponse ne résout pas le problème fondamental de la déficience du contrôle interne. D'autre part, compte tenu des demandes du cas, cette discussion pourrait ne pas être appropriée.

Dans la détermination des aspects (ou sujets) à discuter, considérez également ceci :

➢ ***Il faut tenir compte de la source des informations mises à votre disposition.*** Des notes prises par vous-même ou par votre supérieur immédiat sont d'une plus grande crédibilité que des informations trouvées sur le Web, par exemple. Le client n'a d'ailleurs pas toujours raison lorsqu'il établit des constats. En outre, il faut également considérer la date de l'obtention de l'information; une information plus récente ayant habituellement davantage de poids.

EXEMPLES

Le cas fournit deux annexes contenant des informations pouvant servir à « la préparation des flux de trésorerie futurs de la nouvelle franchise », tel que requis.

L'Annexe I résume l'information publiée dans le document publicitaire du franchiseur en présentant, entre autres les volumes de ventes prévus ainsi que les coûts estimatifs s'y rattachant, pour les trois premières années. Quant à l'Annexe II, elle résume l'information recueillie auprès d'autres franchiseurs ayant récemment démarré le même genre d'entreprise.

Nul doute que la provenance des divers renseignements fournis influera sur la détermination des hypothèses de base aux prévisions.

➢ ***Une même information peut servir plus d'une fois, pour différents aspects (ou sujets).*** Certains candidats lisent un paragraphe, identifient à quelle demande il se rapporte, puis passent au paragraphe suivant sans davantage s'interroger. L'aléa de cette façon de faire est de ne pas bénéficier de la pleine utilité des informations reçues. Lire, par exemple, que « L'entité vise une marge brute standard de 40 %. » permet d'établir la marge budgétée. Cela pourrait également servir d'autres fins tel le calcul de la valeur nette de réalisation des stocks ou la bonification de l'analyse des écarts. Il faut donc se questionner sur l'usage potentiel de l'information reçue, sous l'angle approprié (rôle à jouer) de l'une ou l'autre des diverses demandes.

➢ ***L'identification d'une problématique à analyser peut exiger la considération de plusieurs indices,*** parfois disséminés à différents endroits. Lorsque la lecture d'un cas est terminée, je vous suggère de prendre un peu de recul et d'observer l'information dans son ensemble.

Est-ce qu'il y a des commentaires répétitifs?

Remarque-t-on des situations similaires?

Qu'est-ce qui pointe essentiellement dans la même direction?

À quel résultat devrait-on logiquement s'attendre?

Quels sont les synchronismes?

Y a-t-il des incohérences?

Ce bref moment de réflexion peut vous permettre de faire ressortir la présence d'un problème ou enjeu un peu « moins explicite » ou de faire ressortir une considération englobante importante. Une fraude potentielle, un risque financier particulièrement élevé, une série de mauvaises décisions de gestion ou la négligence professionnelle d'un collègue en sont des exemples.

inapproprié / inadéquat	RÉUSSITE
→ mettre l'accent sur ce que l'entité fait correctement plutôt que sur les éléments à corriger.	→ souligner les éléments à corriger en expliquant pourquoi, pour ensuite suggérer des améliorations.

Déterminer les aspects (ou sujets) à analyser

Personnellement, je suis d'avis qu'il faut répondre – ou tenter de répondre – à toutes les demandes d'une étude de cas. Je vais y revenir plus loin dans ce volume, mais retenez pour l'instant que la meilleure stratégie de réussite d'un cas me semble être de fournir une réponse équilibrée aux diverses demandes. Dans un court cas de 90 minutes, par exemple, il n'est pas rare de relever de cinq à sept demandes. Sept demandes en 70 minutes de rédaction? Cela signifie environ 10 minutes chacune, disons de 8 à 12 minutes, en s'ajustant à leur contenu. Par expérience, je peux vous dire que dans un court cas, vous disposez effectivement d'environ 10 minutes, en moyenne, par demande.

voir Q1 p. 143

Il me paraît préférable de répondre à toutes les demandes d'un cas.

Dans la plupart des études de cas, les demandes sont faciles à trouver; elles sont claires et explicites. Elles se lisent, par exemple comme suit : « vous demande de proposer des améliorations au processus budgétaire », « d'analyser le traitement comptable de l'immobilisation incorporelle », ou encore, « d'établir les procédures d'audit appropriées à l'égard des créances ».

Bien comprendre la demande est une chose; déterminer ce qui compose sa solution en est une autre. De quels aspects (ou sujets) doit-on parler? C'est parfois évident lorsque le cas résume trois problématiques, en trois paragraphes distincts, du processus budgétaire, par exemple. Ou encore, lorsque votre supérieur immédiat pointe de manière évidente la politique d'amortissement de l'actif ou l'assertion critique à auditer.

Il est toutefois fréquent de devoir déterminer quels sont les aspects (ou sujets) d'une demande devant être développés dans la réponse. En d'autres termes, il faut identifier ce qui mérite d'y figurer, en faisant preuve de jugement professionnel. Cela vous permet de démontrer votre capacité à faire ressortir ce qui est important ou critique. Dans un temps limité de rédaction, il faut donc être conscient qu'on ne peut pas traiter de tout. Considérant l'optique de répondre à toutes les demandes, il faut régulièrement « choisir », de manière consciente, les aspects (ou sujets) à traiter pour chacune d'elles. *Priorisons.*

Il faut parfois hiérarchiser les divers aspects (ou sujets) à développer.

Dans le cadre de certaines demandes, il arrive qu'un cas offre au candidat un bon éventail d'aspects à développer. Reprenons la demande ci-dessus « de proposer des améliorations au processus budgétaire ». Supposons que les indices du cas permettent l'identification de six ou sept faiblesses au processus actuel. Pourra-t-on toutes les traiter dans le temps imparti? Probablement pas, alors il faut choisir les trois ou quatre qui le seront. Le nombre d'éléments relevés influence ainsi le nombre d'éléments qui seront discutés.

Disons tout d'abord qu'il est possible que toutes les faiblesses relevées aient à peu près la même importance, ce qui nous exempte alors de faire l'exercice de les classer. Dans ces circonstances, le candidat pourra choisir les sujets pour lesquels il y a davantage à dire ou ceux avec lesquels il se sent le plus à l'aise. Toutefois, compte tenu des habiletés professionnelles à démontrer dans l'analyse d'une demande, il est régulièrement requis d'évaluer l'importance des aspects (ou sujets) faisant partie d'une question à résoudre. Ainsi, lorsque certains aspects sont plus importants que d'autres, le candidat doit s'assurer de les intégrer dans l'analyse de manière appropriée. Il s'agit d'une habileté qu'il faut absolument développer.

Il faut sélectionner, puis classer l'information reçue. Il faut filtrer!

Savoir prendre une décision.

Comme mentionné précédemment, je classe les aspects (ou sujets) en trois catégories au fil de la lecture; classement que je valide à l'étape de la planification de la rédaction. Il y a les aspects importants, les aspects de moindre importance et les aspects peu importants (non pertinents). Par expérience, pour réussir un cas avec succès, je peux vous dire ceci :

Il faut **analyser tous** – ou presque tous (visons la majorité lorsqu'il y en a beaucoup) – **les aspects (ou sujets) importants** d'une demande et, si nécessaire, une partie de ceux de moindre importance.

C'est dans l'analyse de l'information disponible qu'il est possible de déterminer ce qui est important, significatif ou critique, en ne perdant jamais de vue les demandes, dans leur contexte, compte tenu du rôle à jouer. À cette fin, je vous suggère de considérer simultanément les divers critères présentés ci-dessous.

JUGEMENT PROFESSIONNEL

CRITÈRES À CONSIDÉRER DANS L'ÉVALUATION DE L'IMPORTANCE D'UN ASPECT (OU SUJET)

Critères à considérer	Exemples d'évaluation
Demande et rôle à jouer* Truc : Il faut déterminer la principale raison d'être de la demande. À quelles compétences fait-on appel? Sous quel angle doit-on aborder le travail à faire?	– Ne soyez pas surpris que des idées de gestion ou même de fiscalité vous viennent en tête au fil de la lecture d'un cas. C'est fréquent. Or, il n'est pas toujours approprié d'en faire part dans la réponse. Lorsque votre rôle est d'examiner « l'impact des opérations en devises étrangères sur la planification de l'audit », par exemple, il faut s'en tenir à cet aspect.
Particularités du contexte* Partie 1 p. 7 Truc : Il faut se rappeler ce qui caractérise le cas (ex.: taille et secteur d'activité de l'entité, FFOM, FCS, contraintes, parties prenantes, politiques, etc.) Qu'est-ce qui est particulier et qu'on ne retrouve pas dans les autres cas?	– Dans son entreprise personnelle, de petite taille, l'unique propriétaire chapeaute l'inscription des opérations comptables, autorise les achats de plus de 200 $, puis signe tous les chèques. Étant donné le contexte, le concept de la « séparation des fonctions » n'est pas vraiment pertinent. Toutefois, ce le serait, advenant la présence d'un actionnaire silencieux. – L'entreprise est un commerce de détail. La gestion des inventaires est davantage susceptible d'être un sujet important que la gestion des comptes clients.
Ampleur des sommes en jeu Truc : Un élément devient important s'il se situe aux alentours de 5 % à 15 % d'une base de référence : résultat (bénéfice), produits, actif total. Remarque : L'impact sur les parties prenantes est à considérer.	– Il y a des composantes d'une soumission à réévaluer. Trois d'entre elles représentent des sommes de 50 000 $ à 120 000 $. Une quatrième, concernant les rabais et remises sur achats, s'élève à 5 000 $. On peut laisser tomber ce sujet peu important (montant négligeable). – La préparation d'un budget exige la détermination des revenus futurs. L'entreprise commercialise deux produits différents. On fera un calcul plus détaillé pour le produit principal et une simple hypothèse pour le deuxième, qui représente 4 % des produits des activités ordinaires (normales). Remarque : Le fait que les revenus futurs soient un élément important ne signifie pas que toutes les composantes du revenu le soient aussi.

* Bien que les **paramètres du cas** (demandes, rôle et contexte) servent de toile de fond à toute analyse, je crois utile de rappeler leur existence dans l'évaluation de ce qui est important.

CRITÈRES À CONSIDÉRER
DANS L'ÉVALUATION DE L'IMPORTANCE D'UN ASPECT (OU SUJET) (suite)

Critères à considérer	Exemples d'évaluation
Risques et incertitudes Truc : Il faut considérer la nature ou les retombées de l'aspect discuté. Est-ce que cela implique des rentrées ou des sorties de trésorerie importantes? Est-ce que cela risque de changer la recommandation ou la conclusion? Est-ce que cela exige de procéder à des estimations?	– Les deux principaux postes de l'actif sont les suivants : Terrain 1 000 000 $ et Frais de développement reportés 1 000 000 $. *A priori*, le poste Terrain est le moins risqué des deux, et donc moins important, car c'est un actif tangible qui diminue rarement de valeur. Quant aux frais de développement, ils sont par nature plus risqués, car plusieurs estimations doivent être établies : respect des critères d'inscription à l'actif, identification des coûts, estimation de la durée de vie, etc. Naturellement, il en serait autrement si le terrain nécessitait une provision pour décontamination. IAS 38 3064 IAS 37 3110
Situation dans le temps Truc : Il faut regarder l'échéance ou la date limite; plus cette date est imminente, plus le sujet est susceptible d'être important.	– À moins d'une demande explicite à ce sujet, l'auditeur n'a pas à s'occuper d'une opération qui aura lieu au cours de l'exercice suivant. C'est en dehors de son mandat d'auditeur de l'exercice courant. – Le contrat a été renouvelé il y a trois semaines. Il serait inutile de le remettre en question en soulignant les inconvénients ou les risques, par exemple. Il est tout simplement trop tard pour changer quoi que ce soit.
Renseignements disponibles Truc : La nature et la quantité des renseignements disponibles aux fins d'analyse peuvent être un indice en soi. Quelle est l'opinion de l'une ou l'autre des parties prenantes? Quelle est la longueur du texte portant sur un sujet?	– L'Annexe III contient sept sujets. Parmi eux, deux sont signalés par une simple phrase; la probabilité qu'ils soient importants est alors assez faible. Remarque : Plus les informations sur un même sujet sont nombreuses, plus son importance est susceptible de s'accroître. Il faudrait d'excellentes raisons pour laisser tomber un sujet longuement exposé dans l'énoncé d'un cas. Personnellement, je le ferais seulement après avoir bien réfléchi.

POINT DE VUE

La considération des sommes en jeu est sans contredit le critère clé. Toutefois, compte tenu de la problématique en titre ou tout simplement pour vous permettre d'exercer votre jugement professionnel, les cas ne fournissent pas toujours cette information. Dans ces circonstances, le texte renferme certainement des indices qui tracent la voie à suivre. Une phrase telle que « Les membres du conseil d'administration ont relevé avec surprise la hausse du poste Débiteurs. » contient d'ores et déjà un signal quant à l'importance du sujet « Provision pour créances douteuses » et de l'aspect « évaluation » dans la discussion portant sur le risque d'audit, par exemple.

L'ordre de présentation des sujets dans le cas ne correspond pas nécessairement à l'ordre de priorité.

inapproprié / inadéquat	RÉUSSITE
→ s'attarder sur les éléments simples ou évidents, de moindre importance.	→ discuter des aspects importants, quelle que soit leur complexité.
→ accorder la même importance à tout.	→ filtrer l'information, soupeser les sujets, les prioriser, puis résoudre!

Dans l'objectif de pouvoir planifier de manière adéquate sa réponse, il faut apprendre à faire rapidement ressortir les aspects (ou sujets) qui en feront partie. C'est parfois simple comme d'avoir à déterminer « si la subvention est gagnée ou non ». Toutefois, en plusieurs circonstances, il faudra que le candidat choisisse les aspects (ou sujets) qu'il discutera dans sa réponse parmi quelques possibilités. Il le sait à l'avance, il ne pourra pas traiter de tout. Lorsqu'on lui demande « d'élaborer des procédures d'examen », « d'effectuer une analyse FFOM » ou « de proposer des mesures de performance », il doit faire des choix. Retenir ce qui est le plus important ou le plus critique va de soi. Choisir ce sur quoi l'on sait quoi dire aussi.

QUELLES SONT LES PRIORITÉS?
EST-CE CRITIQUE?
QUEL EST L'IMPACT SUR L'(LES) ÉLÉMENT(S) CLÉ(S) DU CAS?

Pour fins d'illustration, regardons un exemple de la détermination des aspects à discuter dans le but de répondre à la demande requérant « de proposer des améliorations au processus budgétaire ». Cette demande est essentiellement qualitative, ce qui rend l'identification des aspects (faiblesses) importants un peu plus difficile. Bien que l'on puisse dénombrer plusieurs faiblesses, le temps limité à cette demande, disons environ 10 minutes, permet l'évaluation d'une partie de celles-ci. *Visons la majorité.*

Le but de la démonstration qui suit est d'illustrer le cheminement décisionnel menant à la détermination des aspects qui pourront et devront être analysés. Vous aurez compris que vous n'avez pas le temps de faire un tableau aussi détaillé, en bonne et due forme de surcroît, pour cette seule demande. Ce cheminement, qui part d'annotations adéquates prises à la lecture du cas, est essentiellement mental.

JUGEMENT PROFESSIONNEL

DÉTERMINATION DES FAIBLESSES À ANALYSER

Faiblesses (F) au processus budgétaire	Importance
– Il n'y a pas de séparation entre les frais fixes et les frais variables.	+++
– La participation des personnes concernées n'est pas sollicitée.	++
– Le budget flexible contient régulièrement des erreurs de calcul.	+
– Les diverses charges ne sont pas classées de la même manière qu'aux états financiers.	+/–
– Le tableur dans lequel est entré le budget est protégé par un mot de passe à sécurité minimale.	–
– L'analyse des écarts entre les chiffres budgétés et les chiffres réels est partielle.	++
– Le budget est fixé pour un an et n'est pas segmenté par période (trimestrielle ou mensuelle).	+/–

Remarque : Les faiblesses relevées (F#1 à F#7) sont présentées dans l'ordre où elles apparaissent dans le cas.

Nonobstant les particularités du cas, examinons les critères à considérer dans le choix des faiblesses à analyser :

- On dénombre **7 faiblesses au processus budgétaire actuel**. D'emblée, disons que je ne devrais pas vous signaler la faiblesse qui n'est pas importante (F#5) puisqu'elle aura vraisemblablement été écartée dès l'étape de la lecture. Il en reste 6. De ce nombre, 2 sont considérées comme étant de moindre importance (+/-) (F#4 et F#7). On pourrait les mettre de côté et y revenir seulement si le temps le permet, ce dont je doute fort, *a priori*. Il en reste 4. Compte tenu de son importance (+++), la première faiblesse (F#1) relevée devrait faire partie de la réponse. Quant aux 3 autres faiblesses, signalées par un ou deux « + », l'objectif serait de toutes les traiter, ou du moins d'arriver à le faire pour 2 d'entre elles. Dans l'équilibre qualité-couverture, l'objectif pourrait être de traiter d'un minimum de 3 faiblesses, au mieux de 4. Parce que le temps est limité, on ne peut pas traiter des 7 faiblesses relevées, mais on doit le faire pour un minimum d'entre elles.

- En ce qui concerne ces faiblesses au processus budgétaire, l'ampleur des sommes en jeu, l'un des critères importants pour évaluer l'importance d'un aspect, ne s'exprime pas en dollar. On doit alors se référer à l'impact, sous-entendu comme étant financier, sur les activités de l'entité. Qu'est-ce qui pourrait amener une prise de décisions erronée? Ne pas séparer les frais fixes des frais variables (F#1) peut entraîner le refus d'une commande unique qui serait autrement rentable pour l'entité, par exemple. Quelles sont les faiblesses qui augmentent le risque d'affaires? Ne pas analyser adéquatement les écarts relevés (F#6) peut retarder la prise en compte des changements de l'environnement. Le coût des matières premières, par exemple, peut s'être accru en raison d'une plus grande rareté des ressources sur le marché. Compte tenu de ce qui précède, en tenant constamment compte des indices du cas, il devient plus facile de comprendre qu'un classement des charges différent de celui utilisé aux états financiers (F#4) soit, pour l'heure, un aspect de moindre importance.

Faire preuve de sens pratique.

Face à un choix, il faut prioriser.

- Il faut également garder en tête les particularités du cas en cours, c'est-à-dire l'environnement dans lequel œuvre l'entité. Pendant sa lecture, le candidat doit être à l'affût de tout indice lui permettant de mieux évaluer les faiblesses qu'il pourrait aborder dans sa réponse. Le secteur d'activité est saisonnier? Cela requiert un budget par trimestre. Le niveau d'activité diffère régulièrement de ce qui est prévu? L'établissement d'un budget flexible continu est à considérer.

Il faut s'adapter aux circonstances uniques de chaque cas.

inapproprié / inadéquat	RÉUSSITE	RÉUSSITE +
→ fournir une analyse inégale ou biaisée dans le sens de la conclusion ou qui n'explique pas pourquoi il s'agit d'un avantage ou d'un risque.	→ effectuer une analyse raisonnable des avantages et des risques les plus importants, suivie d'une conclusion étayée par les faits du cas.	→ effectuer une analyse équilibrée démontrant la compréhension des éléments clés + quelques suggestions afin d'atténuer (mitiger) les risques.

POINT DE VUE

Une mise au point s'avère nécessaire suite à la présentation de l'exemple ci-dessus. Il faut comprendre que les 7 faiblesses relevées à la lecture du cas existent et qu'elles nuisent toutes à divers degrés au bon fonctionnement du processus budgétaire. Vouloir toutes les régler n'est pas une mauvaise chose en soi. Toutefois, dans le cadre de la résolution d'un cas, on doit faire preuve de discernement en prenant du recul face à la situation, pour insister davantage sur ce qui est significatif.

C'est une habileté professionnelle gagnante.

plus important → davantage à dire → profondeur

PEU D'INDICES
↓
PEU À DIRE
↓
ANALYSE SUPERFICIELLE

Lorsqu'il s'agit de questions en comptabilité financière, il arrive que la demande soit claire, mentionnant, par exemple « de régler les deux questions soulevées à l'Annexe I ». On remarque régulièrement cette précision des sujets comptables à discuter dans les courts cas. Il arrive aussi que la demande soit un peu plus générale en requérant, par exemple « d'analyser les questions de comptabilité importantes ». À ce moment-là, le candidat doit déterminer quelles sont les questions (rarement plus de deux dans un court cas) à traiter, pour ensuite identifier quels sont les aspects (ou sujets) problématiques à discuter.

Voici quelques trucs utiles qui vous aideront à déterminer quelles sont les questions comptables à analyser :

- Comme discuté précédemment, l'identification de l'importance des questions soulevées peut se faire tout au long de la lecture du cas. Les critères mentionnés aux pages 20 et 21 ont toujours leur raison d'être où, encore une fois, l'**ampleur des sommes en jeu** est un guide fort utile. On peut d'ailleurs se référer au résultat net ou calculer un seuil de signification préliminaire afin de déterminer ce qui est significatif ou non.

  La considération de l'ampleur des sommes en jeu est un point de départ qu'il faut TOUJOURS UTILISER AVEC DISCERNEMENT.

  Il arrive aussi que des circonstances particulières à l'étude de cas mettent en évidence certaines questions comptables sans qu'elles soient *a priori* d'un montant significatif. Si l'on suppose, pour un instant, que le ratio de liquidité générale (fonds de roulement) soit une clause à respecter en vertu d'un contrat d'emprunt, il faudra alors examiner le **risque** ou l'**impact** de l'une ou l'autre des questions comptables en cours sur cet élément du **contexte**. Si la détermination du taux de conversion d'opérations en devises étrangères fait basculer le ratio d'une situation de respect à une situation de non-respect de cette clause, cela lui donne assurément de l'importance. Et ce, peu importe l'ampleur du résultat net ou le seuil de signification, utilisé en référence.

POINT DE VUE

Il faut faire preuve de vigilance dans la détermination de ce qui est important lorsqu'on examine des données financières. N'élaborez pas sur un sujet en vous basant uniquement sur la présence d'un poste important aux états financiers. Reprenons un exemple avancé dans la Partie 1, soit que le poste Clients puisse avoir doublé depuis l'exercice précédent tandis que les ventes sont demeurées constantes (p. 9). Pendant la lecture du cas, vous devez alors être attentif à tout indice concernant l'existence de créances douteuses. Vous trouverez peut-être de tels indices, mais peut-être pas. Sans indice, il serait inutile de « spéculer » et d'entreprendre une discussion sur l'existence « potentielle » d'une déficience dans le recouvrement des comptes clients, par exemple.

POSTE IMPORTANT ≠ SUJET IMPORTANT

En fait, il est plutôt rare qu'un sujet soit important s'il n'y a pas d'informations qualitatives qui accompagnent son importance quantitative.
L'inverse n'étant toutefois pas vrai.

- Chaque aspect (ou sujet) d'une question comptable doit être évalué distinctement. On peut devoir, par exemple se questionner sur la garantie du nouveau produit sous trois aspects différents : *1-* l'estimation de la charge et de la provision correspondante, *2-* la considération des coûts indirects dans le calcul des déboursés réels et *3-* la présentation de la provision au bilan. Ces trois aspects ne nécessitent pas nécessairement la même profondeur d'analyse. Il faut donc, je le rappelle, évaluer l'importance de chacun des aspects d'une même question, dans le cadre de la **demande** et du **rôle à jouer**. On sait aussi que le traitement comptable (*1-* et *2-*) d'une situation est habituellement plus important que sa présentation aux états financiers (*3-*). Nous reviendrons plus loin sur ce point dans la Partie 3 (p. 37). Retenez pour l'instant que ce ne serait pas une bonne idée de traiter des trois aspects dans un même ensemble.

- La problématique des questions comptables d'importance se crée vraisemblablement suite à l'arrivée de nouvelles informations, dans ce qui a varié au cours de l'exercice courant. L'évaluation de la pertinence des informations s'effectuant donc aussi en fonction de leur **situation dans le temps**. Il ne serait pas utile, par exemple de discuter de la comptabilisation des produits en général, particulièrement lorsque les conditions de vente n'ont pas changé. Il faudrait toutefois analyser le sujet « Acompte sur contrat », tout simplement parce que le cas mentionne le caractère inhabituel d'une opération de l'année courante.

Ce sont essentiellement les circonstances « particulières » et « nouvelles » qui justifient la présence des questions à discuter.

- Finalement, prenez le temps de feuilleter le cas et de prendre en considération la quantité de **renseignements disponibles** sur chacun des sujets. Vous remarquerez rapidement qu'il fournit davantage d'informations sur les sujets plus importants à analyser. C'est normal. Puisque l'un des objectifs de l'apprentissage par étude de cas est de vous permettre d'intégrer vos connaissances dans le contexte d'un scénario créé à cette fin, il vous faut assurément des indices pour le faire! Lorsqu'il n'y a pas ou qu'il y a peu d'informations sur un sujet, l'analyse demeure générale ou théorique, ce qui ne peut faire autrement que d'en réduire la pertinence.

  Remarque : Je vous demande toutefois d'être prudent avec ce critère relatif à la quantité de renseignements disponibles. Ne vous fiez pas uniquement à celui-ci. Validez-le avec l'un ou l'autre des autres critères, avec jugement!

Savoir intégrer.

Construire la réponse

Le canevas de la réponse à un cas est relativement standard. À la suite de la présentation succincte du contenu, *via* un en-tête approprié, les aspects (ou sujets) faisant partie de chaque demande sont analysés en fonction de l'ordre d'importance préalablement établi. Les annexes, présentées par la suite, comprennent les calculs nécessaires à la réponse. Certaines demandes se répondent bien par la création d'un tableau – à l'aide du logiciel de texte *Word* ou du tableur *Excel* – qui facilite la rédaction, par sa structure relevant chacune des parties à répondre. On pense ainsi à la liste des FFOM de l'entité, à l'analyse des ratios ou des écarts, ou encore, aux grandes sections d'un plan de mise en œuvre (qui, quoi, quand, où, combien). Les Notes de lecture, s'il en est, se présentent à la toute fin, et non au début, de la réponse. Prenez note que celles-ci sont rarement lues ou évaluées par le correcteur.

En-tête
Demande #1
Demande #2
...
Annexes
Notes de lecture

L'usage des rubriques – Date, À, De, Objet – est particulièrement efficace lorsqu'il s'agit de commencer la résolution d'une étude de cas. Puisqu'il n'est pas toujours facile de débuter la rédaction d'une réponse, la préparation d'un en-tête est un bon point de départ. Vous rappelez ainsi l'essentiel des paramètres. Il faut, dans un premier temps, s'assurer de bien déterminer la **Date** de la préparation de ce qui est requis de faire, **À** qui votre travail s'adresse (ex.: conseil d'administration, employeur, client, associé, collègue) et le rôle CPA (**De**) qui vous est attribué (ex.: conseiller en gestion, auditeur, contrôleur, fiscaliste). Ces rubriques, généralement remplies au fil de la lecture du cas, dirigent la rédaction. Par exemple, le contenu d'un rapport portant sur l'acquisition d'une entreprise ne sera pas le même si les états financiers du vendeur sont récents ou s'ils datent de quelques mois, si l'on s'adresse au vendeur plutôt qu'à l'acheteur, et si l'on joue un rôle de fiscaliste ou de conseiller en gestion.

Le plan de réponse est indispensable,
car il faut s'assurer de répondre de manière « raisonnable » à chaque demande.

La rubrique **Objet** contient de courtes phrases ou des mots-clés résumant le travail à faire. Je vous suggère de prendre le temps d'écrire l'essentiel de ce qui est demandé en utilisant autant que possible les mêmes mots que ceux énoncés dans le cas. Par exemple, si on demande « d'expliquer les limites de la méthode d'évaluation des coûts », le mot « limites » doit attirer votre attention. Ce sera un rappel efficace d'insister sur « ce qui ne va pas » au lieu de s'attarder sur « ce qui va ». De même, écrire « IMPACT sur le ratio de liquidité générale » vous rappellera de terminer l'analyse de chaque question comptable en mentionnant l'impact sur l'actif ou le passif courant (à court terme), s'il y a lieu.

EXEMPLE DE L'EN-TÊTE D'UNE RÉPONSE

MÉMO

Date : 25 juin 20X2

À : Christian Dulac, associé

De : CPA, contrôleur

Objet : – Comptabilisation des stocks ET du brevet
– Améliorations au processus budgétaire
– Analyse de l'offre d'une commande unique d'un client (quantitatif et qualitatif)
– Fiscalité

diverses demandes

POINT DE VUE

J'insiste fréquemment sur le fait que le contenu d'une réponse découle directement des paramètres du cas (DEMANDES, rôle, contexte). En fait, il est important de réaliser que les informations fournies pourraient servir plusieurs fins. Jusqu'à un certain point, l'auteur d'un cas « choisit » les questions à résoudre en fonction des objectifs d'apprentissage visés. Reprenons l'exemple où le cas porte sur l'acquisition d'une entreprise. À partir des mêmes renseignements de base, la liste des risques et opportunités ne sera pas rédigée de la même façon si l'on adopte le point de vue de l'acheteur ou le point de vue du vendeur. La réalisation de ce fait inhérent à la résolution d'une étude de cas renforce la nécessité :

de bien déterminer ce qu'il y a à faire dès le départ
et
de ne pas le perdre vue jusqu'à la dernière minute de la rédaction de la réponse.

La résolution d'un cas nécessite le plus souvent la présentation d'un rapport, quoique le travail demandé puisse prendre la forme d'une note de service, d'un mémo, d'un compte rendu ou d'une lettre. Lorsqu'il s'agit d'une lettre, par exemple, le candidat peut réagencer les rubriques – Date, À, De, Objet – de manière à montrer qu'il s'adapte à la situation. La date, le nom du destinataire, une très courte adresse ainsi que l'objet de la lettre figurent alors dans l'en-tête de la première page. *Faisons preuve d'adaptabilité.*

POINT DE VUE

Afin de s'assurer de ne rien oublier d'essentiel, il peut être utile de présenter une liste plus complète des aspects (ou sujets) à discuter dans l'Objet. Cela est particulièrement utile lorsqu'il s'agit d'un problème ou enjeu « moins explicite » ou lorsque le mandat est inhabituel. Par la suite, à partir des problématiques déjà identifiées dans l'Objet, il est efficient de les « copier/coller » dans la réponse en tant que titres.
Je souligne toutefois – avec insistance – la nécessité d'être succinct dans la présentation de l'en-tête. Un tel en-tête n'est habituellement pas considéré dans l'évaluation de la réponse. Ne le faites donc pas pour rehausser l'apparence professionnelle de votre texte, mais pour **vous** guider dans la rédaction de la solution.

Tout juste avant de commencer la rédaction de la réponse, j'insiste sur la nécessité de planifier, du moins mentalement, le temps dont vous disposez entre les diverses demandes. En le faisant, vous devez vous questionner sur leur ordonnancement, car il arrive que la réponse à une demande soit un préalable à l'analyse d'une autre. Il est, par exemple, préférable de discuter de la comptabilisation des produits avant de discuter des stocks ou du coût des ventes. En outre, il va de soi que la résolution des questions comptables doit précéder l'analyse de leur incidence sur l'audit; les procédures d'audit à mettre en œuvre devant régulièrement être reliées à l'aspect critique des diverses questions comptables.

EXEMPLE DE LA PLANIFICATION D'UN CAS

Supposons que le temps de la simulation d'un cas est de 80 minutes. Compte tenu du temps de lecture (16 minutes) et de la planification de la rédaction (2 minutes), il reste environ 62 minutes à allouer entre les 6 demandes (D) suivantes :

JUGEMENT PROFESSIONNEL

– Comptabilité (D1 : stocks, D2 : brevet)
– Processus budgétaire (D3)
– Commande unique d'un client (D4 : quantitatif, D5 : qualitatif)
– Fiscalité (D6)

p. 26

Le point de départ serait de dire que l'on dispose d'environ 10 minutes par demande. Toutefois, avant de synchroniser la sonnerie de votre mobile, il faut faire preuve de discernement. La nature de la demande et des aspects à traiter ont de l'influence. Certes, la marge de manœuvre n'est pas très grande dans le sens où il serait inapproprié d'accorder 20 minutes à chacune des deux premières demandes pour ne laisser que 20-22 minutes aux quatre autres.

Par expérience, on sait que les questions comptables requièrent une intégration minimale de la théorie aux particularités du cas. On pourrait croire qu'une profondeur « raisonnable » d'analyse exige un peu plus de temps; 12-13 minutes au lieu de 10 peut-être; plutôt 12 que 13. On sait aussi que l'exécution d'une analyse quantitative requiert un minimum de temps. On allouera peut-être un peu plus de minutes au calcul ou peut-être moins s'il est simple à faire. Mentionnons finalement que l'aspect qualitatif exige régulièrement moins de temps que l'aspect quantitatif.

Une planification efficiente exige l'ajustement aux circonstances

Ce faisant, il faut comprendre que « rien ne se perd rien ne se crée » dans le sens où quelques minutes de plus pour une demande signifient quelques minutes de moins pour d'autres. Il faut donc évaluer dès le départ laquelle des demandes se devra d'être résolue en moins de 10 minutes. La demande Fiscalité, par exemple, pourrait requérir moins de temps, peut-être seulement 6-8 minutes. Pas parce qu'elle est la dernière demande listée – ce ne serait pas une bonne raison –, mais peut-être parce que les aspects à discuter sont plus rapidement résolus.

Admettons aussi qu'il se pourrait que le candidat ne sache tout simplement pas trop quoi dire. Ainsi, au lieu de se « forcer » à utiliser la totalité des 10 minutes allouées à l'une des demandes, il préférera alors ajouter des minutes supplémentaires là où ça compte ou là où il se sent plus à l'aise.

La planification du temps de rédaction entre les différentes problématiques permet *a priori* de s'assurer d'une couverture raisonnable de ce qui est demandé. J'ai très souvent corrigé des réponses qui offraient une excellente analyse des premières demandes, mais qui négligeaient les autres par manque de temps. Il est alors très difficile – voire impossible – d'atteindre le seuil de réussite du cas. Il faut constamment être conscient de la limite de temps inhérente à toute simulation ou tout examen, puis agir en conséquence.

POINT DE VUE

Parmi les diverses informations d'un cas, on remarque parfois la présence d'un commentaire émis par le client. Un actionnaire peut ainsi vous dire : « En premier lieu, il faut calculer le prix de rachat de mes actions. ». C'est probablement sa priorité à lui..., mais ce n'est pas nécessairement la priorité du mandat accordé par le président, votre employeur. Il se peut, par exemple, que les considérations relatives aux franchisés aient priorité sur cette question. Il se peut aussi que l'on doive corriger le résultat net avant de procéder au calcul requis. Certes, il faudra éventuellement répondre à la question de l'actionnaire puisqu'il s'agit de l'une des demandes du cas. Toutefois, l'ordonnancement ou l'interdépendance des sujets à résoudre est essentiellement déterminé par le candidat, compte tenu des paramètres du cas.

Lorsque je planifie ma réponse ou lorsque je m'apprête à résoudre l'une ou l'autre des demandes du cas, j'essaie de prévoir la structure d'analyse en précisant d'abord l'aboutissement de la discussion. En d'autres termes, je m'interroge sur le genre de réponse qui sera le plus approprié. Il n'est pas nécessaire de connaître à l'avance toutes les idées qui seront écrites, mais d'en connaître la direction. Supposons, par exemple, que vous devez répondre à la demande du conseiller financier « à savoir si la division CFE est solvable ». La finalité de l'analyse sera de conclure si « OUI ou NON » l'entité CFE est solvable, et pourquoi.

LECTURE
↓
PLANIFICATION
↓
RÉDACTION

Il est plus facile de rester concentré sur l'essentiel quand on ne perd pas de vue la finalité d'une analyse (recommandation ou conclusion). De même, garder en tête le fait qu'il faut déterminer si le seuil de signification préliminaire doit être révisé est un rappel constant de s'attarder sur ce qui peut justifier ou influer sur une telle révision. Nous reviendrons sur les structures d'analyse à la Partie 9.

POINT DE VUE

En ne déterminant pas adéquatement l'ordonnancement des sujets, le candidat peut passer trop de temps sur des aspects de moindre importance et pas assez sur ce qui est important. Par expérience, je peux d'ailleurs vous dire que les sujets les plus simples ou les plus faciles à analyser figurent rarement parmi les plus importants. Il existe aussi une tendance naturelle à discuter trop longuement des premiers sujets qui sont présentés et pas assez des derniers. Finalement, il faut prendre conscience d'une autre tendance naturelle, soit celle d'accorder davantage de profondeur aux sujets que l'on connaît bien ou que l'on préfère. Ai-je besoin de commenter ce dernier point?

inapproprié / inadéquat	RÉUSSITE
→ ne pas traiter de tous les éléments du travail à faire.	→ gérer judicieusement le temps consacré à chaque demande.
→ focaliser sur un aspect comptable mineur pour conclure qu'il est bien comptabilisé.	→ relever les aspects importants, les analyser, puis conclure sur le traitement comptable approprié.
→ mettre l'accent sur la présentation de l'éventualité en note aux états financiers.	→ mettre l'accent sur le montant à comptabiliser à titre de passif éventuel.

Q + R
p. 143

Partie 3
Rédiger des idées pertinentes

Tenir compte des informations du cas
Intégrer concepts clés et faits du cas
Être méthodique dans la démarche

« Il faut absolument s'imprégner du scénario du cas afin de présenter des idées valables, qui tiennent compte de ses particularités. »

Partie 3
Rédiger des idées pertinentes

Répondre aux diverses demandes d'un employeur ou d'un client est un incontournable pour quiconque désire réussir. Chaque étude de cas propose un scénario unique où le candidat CPA doit faire appel à ses compétences techniques et professionnelles dans l'objectif de résoudre des problématiques spécifiques. Puisque l'employeur ou le client vous engage afin de répondre à ses besoins particuliers, il faut donc se concentrer et lui donner ce qu'il demande.

Est-ce que l'analyse de cet aspect (ou sujet) est utile et demandée par le récipient du rapport?

Il arrive malheureusement que des candidats passent outre, « décident » de ce qui est « bon » pour le client, puis se lancent dans une discussion qui ne s'inscrit pas dans les paramètres du cas (DEMANDES, rôle, contexte). D'autres candidats vont faire l'étalage de leurs connaissances au lieu de cibler et d'utiliser seulement les concepts utiles à la réalisation de leur mandat. Ne perdez jamais de vue que la réussite d'un cas dépend essentiellement de votre capacité à rédiger des idées pertinentes.

Tenir compte des informations du cas

Lorsqu'on s'apprête à rédiger la réponse d'un cas, il est indispensable de tenir compte des informations qualitatives et quantitatives qui vous ont été fournies. Bien que ce soit une évidence, c'est facile de l'oublier. Il faut constamment tenir compte de l'environnement créé par le scénario de l'étude de cas. Il arrive trop souvent que les implications du travail à faire soient comprises ou déterminées au départ, pour être délaissées par la suite. Un candidat peut ainsi être conscient de la nécessité de tenir compte de l'impact du programme de primes (parti pris de la direction) sur la première ou peut-être les deux premières questions demandées, puis de l'oublier pour les suivantes. En perdant de vue cette caractéristique clé au fil de l'avancement de la rédaction, les analyses peuvent s'avérer incomplètes.

CAS UNIQUE
↓
RÉPONSE ADAPTÉE

POINT DE VUE

Il est important de rester concentré et de ne pas diverger en cours de route. Personnellement, je vais régulièrement relire la description de la demande, fournie par l'étude de cas – texte surligné en vert – ou dans l'Objet de l'en-tête.

Lorsqu'un candidat s'apprête à écrire une phrase qui débute par des mots ou des expressions tels que « Oui, mais si… », « Peut-être que… », « Advenant la possibilité de faire ceci… », « Si l'entité pouvait changer cela… », le texte qui suit n'est pas toujours utile. Avant de continuer sur une telle lancée, faites une petite pause pour valider ce qui en est.

Il faut se garder de suivre une voie hypothétique qui ne s'inscrit pas dans l'une ou l'autre des demandes du cas.

inapproprié / inadéquat	RÉUSSITE
→ prendre une décision sur la base d'éléments qualitatifs, malgré le fait qu'il soit demandé de choisir l'option qui maximise les flux de trésorerie de la période.	→ prendre une décision sur la base d'un calcul qui tient compte des répercussions des diverses options envisagées sur les rentrées de fonds de la période, dans un tableau comparatif.

Comme mentionné dans la Partie 2 (p. 28), se demander quel est l'aboutissement de telle ou telle analyse favorise la résolution méthodique des différentes problématiques. Ce faisant, on peut mieux visualiser les différentes étapes ou parties de la réponse, dans l'objectif de maintenir le cap dans la bonne direction. Je vais revenir sur les structures d'analyse à la Partie 9.

Il faut bien comprendre la demande afin d'y répondre le plus précisément possible.

LIEN ENTRE LA DEMANDE ET LE CONTENU DE LA RÉPONSE

Demande	Contenu de la réponse
« Personne dans l'entreprise n'a reçu la tâche d'évaluer la rentabilité de ce nouveau produit. »	– La discussion concerne essentiellement le « nouveau » produit. Il serait inutile d'aller vérifier si les autres produits de l'entreprise sont rentables, par exemple. – Le développement sera essentiellement quantitatif. On devrait définir ce qu'on entend par « rentabilité ». Est-ce la contribution marginale calculée en fonction des coûts standards ou le résultat net de la dernière période? – La discussion doit aboutir sur une conclusion claire : « OUI ou NON le produit est rentable ». aboutissement
« Les membres du conseil d'administration vous demandent de leur présenter, avant la prochaine réunion, un rapport écrit dans lequel vous leur expliquerez les conséquences du nouveau mode de calcul des subventions de l'État (aide gouvernementale) pour leur organisme. Toute suggestion qui minimisera les inconvénients sera considérée. »	1- Particularités du « nouveau » mode de calcul Ex.: Les dépenses hors Canada ne seront dorénavant plus considérées dans le calcul. 2- Conséquences (impact) Ex.: « Puisqu'actuellement 10 % des achats de matériel proviennent du Maine, cela va diminuer la somme à réclamer. Le coût de ce matériel ne sera dorénavant plus considéré aux fins du calcul du déficit subventionné. » 3- Suggestion pour minimiser les inconvénients Ex.: « Effectuer des recherches afin de trouver des fournisseurs canadiens pouvant approvisionner l'organisme avec du matériel de qualité s'y rapprochant à un coût similaire. » aboutissement

Il faut bien lire ces phrases du cas qui expliquent, spécifient et présentent toute demande. Chaque mot est important. Lorsqu'une demande est exprimée en termes généraux, ne soyez pas surpris d'obtenir un peu plus loin dans le texte la clarification nécessaire à sa résolution. Avec l'expérience, vous apprendrez à demeurer constamment dans le cadre des paramètres du cas.

La corrélation entre la demande et le contenu de la réponse va de soi.

Voici des exemples où des idées non pertinentes seraient inutilement présentées.

- La trésorière, Claudia, se demande « comment comptabiliser les dons de charité reçus par l'organisme sans but lucratif ». Le candidat présente plutôt une liste de procédures de contrôle de la trésorerie concernant la réception des dons.
- Marianne, vice-présidente aux finances, demande « d'analyser les moyens de financement ». Le candidat décide que la société n'a pas besoin de financement externe, car elle détient des placements facilement réalisables. Il ne discute donc pas des moyens proposés dans le cas.

inapproprié / inadéquat	RÉUSSITE
→ aborder la question sans tenir compte des particularités du contexte.	→ formuler des recommandations applicables au secteur d'activité.

Savoir utiliser les informations du cas dans l'analyse est essentiel à la réussite de toute simulation. Savoir relever le(s) indice(s) pointant sur la problématique à discuter aussi.

Supposons, par exemple, que le cas émet quelques indices concernant les particularités du montant à recevoir sur un contrat de vente (ex.: contrepartie variable ou autre qu'en trésorerie). Cela mènera le candidat vers une discussion sur la « détermination du prix de transaction à comptabiliser ». En l'absence d'indices, ou encore, si le montant qui sera obtenu est sans équivoque fixé, cette question ne se poserait pas. Ce commentaire me mène à faire ressortir deux éléments fondamentaux. Premièrement, il est important de bien cibler ce qui doit être analysé dès le départ afin de ne pas perdre son temps. Une discussion sur le « recouvrement probable (sûr) », par exemple, ne sera pas considérée dans l'évaluation de la réponse tandis qu'une discussion sur la « détermination du prix » le sera. Personnellement, j'essaie d'identifier le plus précisément possible la nature de l'aspect (ou sujet) à analyser, que j'inscris en tant que titre dans ma réponse. Deuxièmement, les idées faisant partie d'une réponse peuvent être « correctes », sans pour autant être pertinentes. Certains candidats croient, à tort, qu'ils vont être récompensés pour toute « bonne » idée émise. Ce n'est assurément pas le cas. *(jeu de mots involontaire)* IFRS 15 3400

Il faut comprendre l'information fournie, puis l'utiliser avec discernement.

LIEN ENTRE L'INFORMATION DU CAS ET SON USAGE DANS LA RÉPONSE

Information fournie dans le cas	Usages de l'information dans la réponse
« L'entité vient de connaître une période de croissance rapide intense. »	– Dans le cadre des paramètres du cas, il est possible que l'entité connaisse des problèmes de trésorerie.
« Le directeur ne croit plus être en mesure de vendre ce stock de produits étant donné l'arrivée d'un concurrent qui offre une meilleure qualité à un plus bas prix. »	– Dans l'analyse FFOM, l'arrivée de ce concurrent constitue une menace. – Il faut s'interroger sur la nécessité de déprécier les stocks qui doivent être comptabilisés au plus faible du coût et de la valeur nette de réalisation. IAS 2 3031

Rappel : Les informations du cas sont surlignées en jaune. Les concepts théoriques sont surlignés en orange.

CE NE SONT PAS TOUTES LES IDÉES QUI COMPTENT, CE SONT LES IDÉES PERTINENTES.

EST-CE QUE LE CAS FOURNIT UN(DES) INDICE(S) SUR LE SUJET?

Les commentaires précédents demeurent valables lorsque des chiffres sont concernés. Les données financières fournies en annexe ou ailleurs dans le texte étant malheureusement trop souvent laissées pour compte. Elles sont pourtant régulièrement utiles pour **justifier l'importance d'un élément** ou **bonifier l'analyse**. Gardez-vous toutefois de changer les données de l'étude de cas ou d'émettre des hypothèses arbitraires pour fins de calcul. Lorsque le cas ne contient aucun indice quant à l'ampleur de la dépréciation des stocks, par exemple, il serait inutile d'énoncer une hypothèse telle que : « Je suppose que le montant de la dépréciation est de 50 % de la valeur comptable, soit 111 000 $ ». Le fait d'établir – ou non – une telle hypothèse infondée ne fera pas de différence sur la valeur de la réponse.

Les concepts pertinents à l'analyse n'ont pas besoin d'être appuyés par une idée arbitraire.

Au fil de vos simulations ou examens, j'aimerais vous encourager à développer votre sens intuitif. Cela peut sembler un peu paradoxal que j'insiste à la fois sur la nécessité de considérer les données fournies dans l'étude de cas tout en vous encourageant à vous servir de votre intuition. En fait, il faut considérer les informations de nature factuelle tout en étant attentif à ce qui pointe vers un résultat donné ou un comportement particulier. Certains mots, commentaires ou expressions peuvent être en soi un signal de la recommandation ou de la conclusion à laquelle « vous devriez arriver ».

A priori, il s'agit d'indices qui teintent l'analyse.

EXEMPLE

Supposons que vous venez de lire, puis de planifier la résolution d'un cas où « l'entité doit maintenir un ratio de liquidité générale (fonds de roulement) minimal de 1,0 ». Non sans surprise, le ratio actuel est légèrement supérieur pour se situer à 1,15. Tout juste avant de commencer votre rédaction, quelle serait votre réponse à la question suivante :

Pensez-vous que le ratio de liquidité générale, recalculé à la suite de l'analyse des questions comptables, sera inférieur ou supérieur à 1,0?

Je suis quasiment certaine que vous savez d'ores et déjà qu'il sera vraisemblablement – et peut-être même légèrement – inférieur à 1,0. C'est que le cas fait référence à des événements ayant une conséquence « négative » sur ce ratio puisqu'ils ont pour effet de diminuer les actifs courants (à court terme) ou d'augmenter les passifs courants (à court terme), tels que :

- « Personne n'a eu le temps de statuer sur la provision pour garanties. »;
- « Le commis comptable ne sait pas s'il a bien fait d'inscrire l'acompte reçu sur contrat au poste Produits. ».

Personnellement, si j'obtenais un ratio corrigé supérieur à 1,0, je réviserais brièvement mes calculs.

Compte tenu de ce qui précède, et avant de procéder à l'analyse des questions comptables, posez-vous également la question à savoir si des événements survenus au cours de l'exercice provoquent l'effet inverse.

Qu'est-ce qui tend vers une augmentation du fonds de roulement?

Vous ne serez probablement pas surpris – vous êtes en train de résoudre un cas! – qu'il n'y en ait pas ou très peu. Intuitivement, vous savez que le ratio de liquidité générale ajusté sera probablement inférieur à la cible établie par la banque. Vous pouvez également vous douter que l'incertitude au sujet du montant de la provision pour garanties pourrait faire la différence entre respecter ou non la clause restrictive.

Il faut considérer le cumul des indices allant dans le même sens.

POINT DE VUE

Vous avez probablement déjà réalisé que les mots et expressions utilisés dans un cas sont importants. On peut aussi constater que les informations « inutiles » ne sont pas si nombreuses. Il en est ainsi, entre autres afin de ne pas alourdir la lecture ou diminuer le temps déjà limité de la rédaction.

Il faut également comprendre le lien immuable entre les informations du cas et sa solution éventuelle. Lorsqu'un auteur de cas désire qu'un candidat fasse appel à ses connaissances techniques sur les centres de responsabilité, par exemple, il fera une demande en ce sens. S'il désire plus particulièrement que le candidat analyse s'il s'agit d'un centre de profit ou d'un centre d'investissement, il fournira des indices en conséquence.

Lorsqu'il s'agit de préparer la solution officielle ou le guide d'évaluation, on se réfère constamment aux renseignements fournis dans l'étude de cas afin de s'assurer que la correspondance existe. Faites de même lorsque vous rédigez votre réponse.

INDICES DU CAS → VALEUR AJOUTÉE

Intégrer concepts clés et faits du cas

Il faut absolument présenter une réponse qui soit en permanence intégrée au cas et à ses particularités.

Vos analyses, arguments, conseils, recommandations et conclusions doivent répondre directement aux besoins exprimés par le récipient du rapport. Savoir intégrer est l'essence même de l'apprentissage par cas. Il faut donc développer cette habileté professionnelle jusqu'à ce qu'elle fasse partie intégrante de votre façon d'être et de rédiger. Il faut également se rappeler qu'il est plutôt rare – pour ne pas dire improbable – que la résolution d'une étude de cas requière un strict exposé théorique des connaissances.

Au lieu de les recopier ou de les résumer sans discernement, il faut apprendre à IDENTIFIER QUELS SONT LES CONCEPTS THÉORIQUES CLÉS SOLLICITÉS.

Il faut utiliser les concepts théoriques à bon escient, au bon endroit.

Prenons, par exemple le sujet « Dépenses de développement ». Supposons que le cas exige plus particulièrement d'analyser si une immobilisation incorporelle résultant d'un développement à l'interne peut être comptabilisée. On sait que six critères[4] doivent être satisfaits pour qu'une entité puisse inscrire les frais encourus à l'actif. Analyse-t-on les six? En dix minutes? Disons en partant que oui, mais l'ampleur de l'analyse de chaque critère dépendra de son rôle critique dans le traitement comptable, et aussi des informations disponibles. Si aucune information n'est donnée quant à la « capacité d'évaluer de façon fiable les dépenses », par exemple, il serait inutile d'élaborer sur cet aspect.

Sans indice valable provenant du cas, la discussion demeure générale ou théorique.

Afin de présenter une analyse intégrée, il faut donc mettre en relation les informations ou indices du cas **AVEC** les concepts théoriques appropriés, ou *vice versa*. Vous comprendrez certainement que la réalisation d'une telle tâche tient pour acquis que les concepts en jeu ont été compris et retenus. Ce n'est malheureusement pas toujours aussi évident. Avoir développé une bonne technique dans la résolution d'études de cas est certainement un atout, mais cela ne peut compenser le manque de connaissances (ex.: normes, règlements, lois, principes). Il est certes toujours possible d'utiliser des notions plus générales, de se fier à son intuition ou de faire appel au « sens pratique ». Toutefois, « se débrouiller » ainsi n'aboutit pas toujours sur le développement d'idées suffisamment précises ou complètes. Je vais présenter dans la Partie 10 différents moyens de retenir les concepts théoriques.

POINT DE VUE

Il faut, autant que possible, tenir compte des particularités de l'entité et de son environnement en démontrant sa capacité d'appliquer ses connaissances de manière concrète. Compte tenu d'une expérience de travail parfois limitée, il est quelque peu malaisé de faire preuve de réalisme. Il faut y travailler.

Essayez de visualiser!
Faites des analogies avec ce que vous connaissez déjà.

Ainsi, votre expérience personnelle d'achat sur un site de commerce électronique peut certainement vous guider dans l'identification des contrôles clés d'une entité qui vend ses produits *via PayPal*.

Faire preuve de sens pratique.

4 Exprimés de manière succincte, les six critères (concepts clés) à satisfaire afin de pouvoir inscrire les frais de développement à l'actif sont les suivants : faisabilité technique, intention d'achever, capacité de mettre en service ou de vendre, présence d'avantages futurs probables, disponibilité des ressources (techniques, financières, etc.) et capacité d'évaluer de façon fiable les dépenses. (IAS 38 par. 57) (3064 par. 41)

EXEMPLE

Le cas contient quelques lignes d'informations concernant le contrat de location d'un camion de livraison que l'organisme vient tout juste de signer. Le but de l'analyse est de déterminer s'il s'agit d'un contrat de location-financement ou d'un contrat de location simple en vertu des IFRS. Bien que le concept du « transfert de la quasi-totalité des risques et avantages inhérents à la propriété » soit fondamental, il faut examiner plus-avant la situation qui dépeint la réalité de la transaction. En d'autres termes, avant de conclure, il faut faire l'appariement entre les informations du cas et les concepts théoriques clés pertinents.

3065

Informations du cas	**Concepts théoriques pertinents** (extrait de IFRS 16 par. 63)
– « L'entité peut acheter le bien à la fin du bail, à la juste valeur qui sera à ce moment-là établie par une personne externe compétente. »	*a)* « le contrat de location a pour effet, au terme de sa durée, de transférer au preneur la propriété du bien sous-jacent; »
– « Le bail est d'une durée de 5 ans et la durée de vie prévue du bien est de 6 ans. »	*c)* « la durée du contrat de location couvre la majeure partie de la *durée de vie économique* du bien...; »
– « Il s'agit d'un camion de livraison tout à fait standard comme ceux utilisés par les autres entités du secteur. »	*e)* « le bien sous-jacent est d'une nature tellement spécifique que seul le preneur peut l'utiliser sans lui apporter de modifications majeures. »

Comprendre les concepts techniques.

Cet exemple permet de faire clairement ressortir le fait qu'il n'est pas toujours nécessaire de rappeler l'ensemble de toutes les situations possibles (de *a)* à *e)*) lorsqu'il s'agit de déterminer quel est le type de contrat de location. Ici, en l'absence de renseignements concernant la valeur actualisée des paiements de loyers (*d)*) au titre de la location, que peut-on en dire? Lorsque le cas ne contient ni le montant des loyers ni la juste valeur de l'actif, il faut se tourner vers d'autres aspects.

QUELS SONT LES CONCEPTS THÉORIQUES POUR LESQUELS IL EXISTE DES INFORMATIONS DANS LE CAS?

POINT DE VUE

Il est généralement permis, pendant une simulation ou un examen, de consulter l'une ou l'autre des références de base de notre domaine (normes comptables ou règles fiscales) et même de « copier » un extrait de ces textes pour le « coller » dans votre réponse. D'emblée, il faut savoir que le fait de présenter un tel extrait dans une réponse ne démontre pas, à lui seul, votre capacité d'intégration. Cela vous permet tout au plus d'avoir sous la main les concepts théoriques pertinents à l'analyse. Il faut donc vous assurer DE MONTRER EXPLICITEMENT, DANS VOS MOTS, de quelle manière ces concepts relevés s'intègrent aux particularités du cas.

Savoir intégrer.

Certains candidats effectuent l'intégration au cas en intercalant leurs idées aux endroits appropriés, à l'intérieur du texte des normes ou des règles qu'ils ont reproduites. Si vous procédez comme tel, assurez-vous de faire ressortir vos idées personnelles en utilisant une police de caractères différente, par exemple.

Faire l'étalage de ses connaissances théoriques? NON

Les faire valoir en intégrant aux particularités de l'étude de cas? OUI

L'intégration est une activité interactive, c'est-à-dire qu'elle relie théorie et cas dans un même mouvement. Certains candidats ont tendance à résumer ou présenter la théorie dans un premier paragraphe pour ensuite, dans le suivant, discuter de ce qui se passe dans le scénario du cas. Cette façon de faire n'atteint pas toujours l'objectif. C'est que la connexion entre les concepts théoriques et les informations du cas manque souvent de fluidité et de précision. Lorsque plusieurs concepts théoriques sont présentés ensemble, il devient difficile d'établir quel est celui ayant initié l'une ou l'autre des idées de l'analyse qui suit. À moins de présenter un lien explicite à l'un ou l'autre des concepts du paragraphe précédent, l'intégration ne ressort pas clairement. La meilleure façon de démontrer cette habileté professionnelle est

d'apprendre à intégrer simultanément les concepts théoriques clés aux faits du cas, dans la même phrase ou dans le même paragraphe.

EXEMPLES D'INTÉGRATION DES IDÉES AU CAS

- « Étant donné que Patrick est le fils de l'actionnaire majoritaire de l'entreprise, il est considéré comme étant lié à LP inc. Pour fins fiscales, il sera réputé avoir acheté l'automobile à sa valeur marchande de 11 000 $. » art 69
- « Les coûts de conception du site Web apporteront des avantages futurs, parce que l'on prévoit que les ventes en ligne vont augmenter de manière significative au cours des prochaines années. Ces coûts seront donc inscrits à l'actif. »
- « Je recommande un prix de cession interne égal à celui du marché, car les deux divisions sont des centres de profit et qu'il existe un marché externe. »

Lorsqu'une idée, une phrase ou un paragraphe s'applique tel quel à toutes les études de cas ou à toute entité, cela signifie que la réponse n'est pas assez intégrée.

De manière à favoriser l'intégration de vos idées, je vous suggère également :

- d'utiliser les noms des parties prenantes du cas, des entités, des produits, etc. Personnalisez vos idées en vous adressant à la bonne personne.

  Ex.: « La liste des créances de plus de 90 jours peut dorénavant être générée directement par le nouveau système CS. Cassandra peut approuver leur radiation et une personne différente, par exemple Jonathan, peut inscrire les radiations aux livres. »

- d'utiliser, autant que possible, les mots et expressions de l'étude de cas ainsi que la terminologie des concepts théoriques clés appropriés. Afin d'être bien compris, il faut éviter de faire de trop brèves références ou d'utiliser des mots synonymes. *Soyons le plus exact possible.*

  Ex.: « La méthode de l'avancement des travaux serait préférable puisque les ingénieurs de l'entreprise peuvent évaluer de façon fiable le degré d'avancement des travaux en fonction des étapes du devis de construction. » IFRS 15 3400

  est préférable à : « La méthode sur la base des travaux serait préférable puisqu'on peut évaluer avec suffisamment de précision le travail qui a été fait. »

- d'ajouter quelques mots entre parenthèses afin d'insérer plus rapidement les particularités du cas à votre texte. On peut aussi ajouter des exemples afin de mieux illustrer ses propos.

  Partie 10 p. 137 Ex.: « Dans une évaluation d'entreprise, les éléments non récurrents (vaste campagne de publicité, perte sur inondation, radiation inhabituelle d'une créance importante) sont éliminés afin d'obtenir une base normalisée et déterminer la valeur d'exploitation. »

inapproprié / inadéquat	RÉUSSITE	RÉUSSITE +
→ copier des passages inutiles du *Manuel de CPA Canada.* → utiliser une norme non pertinente du *Manuel.* → confondre les diverses parties d'une même norme.	→ appliquer les indications pertinentes du *Manuel de CPA Canada* aux données de l'étude de cas afin de déterminer le traitement comptable approprié.	→ niveau précédent bien fait + utiliser l'analyse d'une autre demande pour justifier/préciser le traitement comptable. Ex.: considérer le résultat budgété pour estimer les avantages futurs.

Lorsqu'on s'apprête à résoudre une quelconque demande ou problématique, il est généralement préférable d'analyser un seul aspect (ou sujet) à la fois. Par exemple, sous le titre « Amélioration des activités opérationnelles », les deux sujets suivants : « Embauche d'un nouveau représentant » et « Préparation des soumissions » doivent être, *a priori*, abordés individuellement. Autrement dit, chacun d'entre eux doit faire l'objet d'une section d'analyse distincte. C'est la meilleure façon de s'assurer de présenter une réponse complète comprenant un nombre minimal d'idées pertinentes. Lorsque des sujets sont groupés ensemble, il est plus difficile de s'assurer d'avoir présenté une profondeur d'analyse suffisante à chacun.

Il faudra, un peu plus tard, se demander s'il existe des liens ou des relations entre eux. On pourrait ainsi considérer que « L'embauche d'un nouveau représentant permettra au directeur des ventes de se consacrer davantage à la préparation des soumissions. ».

1- analyser individuellement les aspects (ou sujets)

2- faire ressortir les interrelations entre eux (s'il y a lieu)

Certains candidats groupent des sujets ensemble pour fins de discussion, soit parce que les indices du cas sont utiles à plus d'un endroit, soit parce qu'ils relèvent de la même compétence. C'est rarement une bonne idée, à moins que l'analyse de chacun soit essentiellement la même, ce qui n'est pas très courant. Il faut par ailleurs être conscient que le contexte de la discussion, précisé par la demande, est une dimension importante à considérer dans la résolution de toute étude de cas. En séparant plus clairement les diverses parties d'une demande, il est plus facile de rester concentré sur le contexte spécifique à chacune d'elles.

UN ASPECT / SUJET À LA FOIS

POINT DE VUE

Il arrive qu'il soit plus efficient de procéder concurremment à la rédaction de deux demandes ou parties d'une même demande. Les cas requérant l'analyse de questions comptables et la planification d'un audit, par exemple, offrent une telle opportunité. Lorsque le traitement comptable vient d'être analysé, le risque spécifique issu de l'aspect critique comptable tout juste résolu ainsi que la procédure d'audit appropriée peuvent être plus facilement déterminés.

Lorsque vous procédez à la rédaction – du moins partiellement – de plus d'une demande en même temps, faites attention à deux choses.

Premièrement, assurez-vous d'avoir abordé tous les aspects d'une problématique. Le fait d'écrire une procédure ou deux à chaque question comptable ne suffira peut-être pas. D'autres procédures pourraient être nécessaires à la présentation d'une réponse adéquate dans la section Audit. Deuxièmement, assurez-vous de bien distinguer chacune des parties de votre réponse en écrivant « PROC » pour « procédure » à côté des idées concernées, par exemple. Écrire « Je vais devoir regarder au contrat s'il y a une option d'achat à prix de faveur. » au milieu de la discussion comptable ne sera peut-être pas vue comme étant une procédure d'audit.

Notez finalement qu'il est aussi possible que vous ayez à revenir sur vos pas en cours de rédaction. Lorsque vous jugez que votre réponse en sera bonifiée, n'hésitez pas à ajouter une idée ou un lien dans l'analyse d'un sujet précédent.

INFORMATIONS DU CAS ↘ **CONCEPTS THÉORIQUES** ↙

IDÉES INTÉGRÉES

JUGEMENT PROFESSIONNEL

Être méthodique dans la démarche

Dans l'objectif de présenter une rédaction complète et appropriée, pour toute demande ou problématique, je vous incite à tous les coups à prendre quelques secondes pour réfléchir à la démarche d'analyse.

Quelle sera la meilleure structure de réponse?
Quel est l'aboutissement de l'analyse ou de l'évaluation à faire?

Comme mentionné un peu plus tôt, il est très important – voire crucial – de procéder rapidement et précisément à l'IDENTIFICATION (ID) de la problématique en titre. Cela **trace le chemin de la rédaction.** Le fait de considérer, par exemple, que le problème est le « manque de contrôle interne » au lieu du « système de rémunération des représentants », n'oriente pas du tout l'analyse de la même façon. (Partie 2, p. 17)

Je vous suggère donc de prendre le temps d'**identifier clairement l'objet de la problématique à résoudre**. Dans la plupart des situations, l'énoncer en tant que titre suffit. Il arrive toutefois que le besoin de justifier son existence ou d'en expliquer la(les) cause(s) puisse être nécessaire. Cela survient lorsque le problème n'est pas clairement établi dans l'étude de cas ou lorsque le problème ou enjeu est un peu « moins explicite ».

IDENTIFICATION DE LA PROBLÉMATIQUE
↓
ANALYSE / ÉVALUATION
↓
RECOMMANDATION / CONCLUSION

La section ANALYSE ou ÉVALUATION prend différentes formes, compte tenu du travail à faire. Comment comptabiliser un événement particulier? Comment planifier l'opération afin de minimiser les conséquences fiscales? Quelles sont les causes de la décroissance de la marge brute? ou encore, Quels sont les contrôles à instaurer sur la réception de l'argent comptant?

Votre rôle est de contribuer à l'amélioration de la situation actuelle, décrite dans l'étude de cas, par la résolution des questions et problématiques de votre employeur ou de votre client. Il est fondamental de déterminer de quelle manière effectuer l'analyse afin d'y arriver.

La démarche doit expliquer le raisonnement et fournir les preuves à l'appui de l'analyse.

Nous reviendrons plus en détail sur les différentes structures de réponse pouvant être utilisées dans l'analyse/l'évaluation d'une demande ou d'une partie de la demande dans la Partie 9.

POINT DE VUE

L'un des plus grands défis de la rédaction d'un cas dans un temps limité est d'équilibrer de manière adéquate PROFONDEUR et COUVERTURE.

Pour y arriver, il faut acquérir de l'expérience dans la simulation de cas, en essayant constamment d'atteindre les deux objectifs suivants :

Répondre à toutes les demandes, sous l'angle du rôle à jouer, compte tenu du contexte particulier du cas.

+

Analyser tous – ou presque tous (la majorité lorsqu'il y en a beaucoup) – **les aspects (ou sujets) importants** et, si nécessaire, une partie de ceux de moindre importance.

Partie 2 p. 20

EXEMPLES ILLUSTRANT LA DÉMARCHE MÉTHODIQUE DE RÉDACTION

IDENTIFICATION demande / problématique (P)	ANALYSE / ÉVALUATION	RECOMMANDATION (R) / CONCLUSION
Déficiences du contrôle interne (P) *Information du cas :* « Les employés ont accès à l'ensemble des données contenues dans le système. »	Faire ressortir les impacts (I) des déficiences relevées Ex.: « De l'information confidentielle ou de nature délicate (salaires des employés) pourrait être divulguée à tous et KLM pourrait être tenu responsable de la divulgation de ces données sensibles. »	Comment mitiger/éliminer la déficience? (R) Partie 9 p. 118 Ex.: « Les employés devraient pouvoir accéder seulement aux informations nécessaires à l'exécution de leur tâche par un mot de passe unique. Seul le chef du personnel devrait avoir accès aux informations salariales. »
Question de comptabilité : « Est-ce une charge payée d'avance? » *Information du cas :* « Vérification de la TPS – Charges payées d'avance de 125 000 $ »	Discuter du traitement comptable approprié IAS 37 Ex.: « Étant donné qu'on ne peut être certain que les tribunaux permettront que la somme soit remboursée, la réalisation des produits n'est pas quasiment certaine. »	Quel est le traitement comptable recommandé, ainsi que l'impact? Ex.: « Aucun actif ne devrait être comptabilisé. Pour le moment, les 125 000 $ sont portés en augmentation des frais généraux et administratifs*. » ** ou présenter l'écriture de journal*
Procédures à mettre en œuvre *Information du cas :* « Vérification de la TPS – Charges payées d'avance de 125 000 $ »	Identifier l'assertion et le risque spécifique Ex.: « Risque : que le montant ne soit pas une charge payée d'avance / que l'appel soit perdu et que le montant constitue plutôt une charge. »	Quelles procédures mettre en œuvre? Ex.: « Examiner toute la documentation disponible relative à la vérification de la TPS, y compris l'avis de nouvelle cotisation, et s'assurer que le montant comptabilisé est complet. » (exactitude)

La bonne réponse ne suffit pas.
Il faut analyser, étayer, évaluer, justifier ou expliquer.
Quel est le raisonnement sous-jacent?

Voici quelques commentaires supplémentaires à considérer dans la rédaction d'une réponse pertinente.

- ***Discuter essentiellement DE CE QUI NE VA PAS ou DE CE QUI DOIT ÊTRE CHANGÉ.*** En d'autres termes, une discussion sur ce qui va bien, et seulement lorsqu'il est requis de le faire, exige moins de profondeur. Une ou deux phrases par sujet suffisent alors à mentionner ce qui est adéquat, et pourquoi, avant de passer à autre chose. Par exemple, dans l'analyse qualitative d'un projet d'investissement, il faut insister davantage sur les inconvénients ou les risques; les décrire, puis suggérer si possible des moyens pour les mitiger ou les éliminer. Quant à la liste des avantages ou des opportunités, elle est habituellement plus succincte.

inapproprié / inadéquat	RÉUSSITE
→ forcer l'établissement d'une liste équilibrée des forces et des faiblesses du processus de commande actuel.	→ relever les aspects qui posent problème afin de « critiquer » le processus actuel, comme demandé.

- ***Qualifier l'idée émise.*** Est-ce supérieur ou inférieur? Est-ce positif ou négatif? Est-ce un risque ou une opportunité? Est-ce mieux ou pire? Est-ce avantageux ou pas?

Rédaction incomplète	Rédaction appropriée
…le seuil de signification pour les états financiers pris dans leur ensemble devrait être revu.	…le seuil de signification pour les états financiers pris dans leur ensemble devrait être **abaissé**.
Dans l'acceptation de ce contrat, la variation du taux de change est un point à considérer.	Dans l'acceptation de ce contrat, la variation du taux de change est un **risque** à considérer.
L'écart sur ventes est de 250 000 $, ce qui n'est pas une bonne chose.	L'écart **défavorable** sur ventes de 250 000 $ peut être attribué au déclin du marché et à la perte d'un client clé.

- ***S'adapter aux circonstances.*** Flexibilité et adaptabilité sont des habiletés à développer. Vous lisez que « Le client ne veut pas investir dans des sociétés qui respectent de justesse la législation environnementale. »? Vous devez respecter cette position. Vous ne comprenez pas le bien-fondé d'une clause au contrat de vente? Votre employeur doit tout de même s'y conformer et vous devez en tenir compte dans votre analyse. Et finalement, l'associée vous dit qu'elle « a achevé les procédures d'acceptation de la relation client »? Il serait inutile de discuter de la compétence et des ressources du cabinet ou de la communication avec les auditeurs précédents sous prétexte que vous y pensez systématiquement à chaque fois que vous êtes « nouvellement nommé auditeur ». Vos connaissances sont peut-être très bonnes sur cet aspect, mais comme il n'est pas requis d'en parler, cela ne sert à rien d'insister.

demandes
rôle
contexte

Il vaut mieux écrire quatre ou cinq idées pertinentes, que dix qui ne le sont pas du tout!

inapproprié / inadéquat	RÉUSSITE	RÉUSSITE +
→ énumérer des facteurs de risque sans expliquer leur incidence sur les états financiers.	→ effectuer une évaluation raisonnable du risque d'anomalies significatives au niveau des états financiers.	→ effectuer une évaluation exhaustive du risque d'anomalies significatives au niveau des états financiers.

- ***Utiliser au mieux le temps alloué.*** Il faut être conscient qu'il est très difficile – voire impossible – de présenter une réponse parfaite.

L'objectif est de présenter une réponse RAISONNABLE.

Essayez de suivre le plan de réponse établi, entre autres parce qu'il contient la liste des aspects (ou sujets) importants à discuter, dans le cadre des paramètres du cas. Revenez de temps en temps confirmer ce plan pendant la rédaction de votre réponse.

inapproprié / inadéquat	RÉUSSITE
→ consacrer trop de temps à l'une des demandes au détriment d'une autre.	→ montrer une compétence suffisante, sans excès de détails, à toutes les demandes.
→ comparer les options sur des bases différentes.	→ utiliser le coût marginal unitaire afin de comparer les options sur une même base.

Afin de vous aider à fournir une réponse complète, je vous suggère de faire régulièrement appel à trois sources de questionnement essentielles. Par expérience, je sais que certains candidats – souvent sans s'en rendre compte – ne vont pas jusqu'au bout de leurs idées. Je sais aussi qu'il peut vous arriver de manquer d'inspiration en cours de rédaction. Savoir se poser les bonnes questions en temps opportun est donc très utile.

QUESTIONS À CONSIDÉRER PENDANT LA RÉDACTION

Il faut penser à :	QUESTIONS	Exemples
Justifier une idée, un problème, un aspect, un sujet, une recommandation ou une conclusion.	**POURQUOI? CAR...** parce que... afin de... pour... étant donné... puisque... compte tenu... dans le but de... **CE QUI...**	– « Les investisseurs pourraient être disposés à payer une prime sur les actions **compte tenu** des avantages concurrentiels de l'entreprise et des perspectives de croissance exceptionnelles du marché. » – « **Puisque** les services seront rendus en 20X4, les charges afférentes devront être inscrites en résultat dans la même période. »
Mentionner l'impact ou la conséquence.	**DONC?** Ainsi... Je recommande... Je conclus... En conséquence... de sorte que... ce qui signifie... *(et alors?)*	– « Bien que le prix demandé soit inférieur à celui exigé de votre fournisseur habituel, **je recommande** de ne pas accepter l'offre de ce dernier **puisque** les produits offerts sont de moindre qualité. » – « Le ratio de liquidité générale de 0,84 est inférieur à celui exigé par la banque qui peut **donc** décider de rappeler son prêt. »
Expliquer concrètement quoi faire. Donner des conseils pratiques. De quelle façon peut-on s'y prendre? Quelle est l'action suggérée?	**COMMENT?** Qui? Quoi? Quand? Combien? Où? (par exemple...)	– « On devra examiner l'accord relatif au financement public (subvention) **afin de** s'assurer que les conditions sont remplies avant la date de clôture. » – « Mélanie devrait approuver, sur une base mensuelle, l'imputation des coûts indirects aux travaux en cours. »

La résolution méthodique et structurée de la plupart des demandes se termine par une RECOMMANDATION **ou** par une CONCLUSION – parfois l'une, parfois l'autre, rarement les deux à la fois. Il faut savoir qu'en l'absence d'un tel aboutissement essentiel à toute analyse, il peut être difficile – voire parfois impossible – d'atteindre le seuil de réussite.

Une recommandation, c'est une **action à entreprendre** qui découle de l'analyse qui la précède.
Il est parfois nécessaire d'en présenter plus d'une.

Savoir prendre une décision.

Une conclusion, c'est un **commentaire englobant intégrateur**
qui relève l'essentiel d'une situation ou qui met en évidence un élément particulier.

Voici quelques conseils permettant de rédiger une recommandation ou une conclusion pertinente :

- ***Adopter un ton sûr.*** Le candidat qui prend une décision ou qui émet une opinion doit faire preuve d'assurance. Est-ce que le conseil est utile au récipient du rapport? Certains candidats rédigent leur texte d'une manière telle que leur réponse paraît correcte, peu importe l'angle envisagé. Cela est fort dommage puisqu'ils perdent ainsi l'opportunité de montrer qu'ils comprennent quel est leur rôle et quelle est la finalité de l'analyse. *Faites-vous confiance!*

EXEMPLE DE RECOMMANDATION IMPRÉCISE

> J'obtiens une valeur actualisée nette positive quoiqu'un autre comptable pourrait possiblement obtenir un résultat différent. De toute façon, le nouveau produit me semble rentable, mais d'autres hypothèses pourraient changer cela.
>
> Je vous recommande de réfléchir davantage avant de faire le projet. En fin de compte, vous pourriez le faire.

Remarque : Ai-je besoin de commenter?

Je vous suggère de commencer l'expression de vos recommandations par un verbe à l'infinitif ou à l'impératif. Cela favorise la rédaction plus précise de l'action à entreprendre tout en éliminant quelques mots inutiles comme dans cet exemple : « Compte tenu de ce qui précède, je trouve intéressant de vous recommander la fabrication à l'interne, car… ». Débuter ses recommandations par un verbe à l'infinitif est un truc de rédaction efficace puisque vous avez « l'air » de savoir exactement ce qu'il faut faire! Ex.: « REC.: Fabriquer à l'interne, car... »

POINT DE VUE

Dans certaines circonstances, telle la décision de choisir entre la fabrication à l'interne ou l'impartition, on peut penser que la responsabilité de la décision définitive revient à l'employeur ou au client. Sous ce prétexte, certains candidats n'osent pas dire quoi faire. Ils effectuent alors leur analyse en bonne et due forme, puis omettent volontairement de recommander quoi que ce soit.

Dans la résolution d'un cas, guider l'employeur ou le client fait partie intégrante des habiletés professionnelles à démontrer.

On doit donc tout de même prendre position, la justifier, et se dire que l'employeur ou le client peut naturellement faire autrement s'il le désire.

Dans d'autres circonstances, certains candidats s'exemptent de présenter une recommandation ou une conclusion sous prétexte qu'ils n'ont pas toute l'information voulue. Ils vont, par exemple écrire : « Je dois obtenir un meilleur estimé des coûts avant de vous recommander l'impartition. ». Ce n'est pas une bonne idée. Votre tâche est « de faire au mieux avec ce que vous avez ». Prenez position!, quitte à mentionner brièvement quels sont les renseignements supplémentaires que vous aimeriez obtenir, ou encore, faire part des hypothèses que vous aimeriez valider.

- ***Être précis.*** Il faut s'assurer d'exprimer clairement ses idées en tout temps, mais il faut particulièrement être précis lorsqu'il s'agit d'une recommandation ou d'une conclusion. À cette fin, il faut écrire concrètement QUOI FAIRE ou COMMENT FAIRE. Il peut même parfois être nécessaire d'indiquer QUI, QUAND, OÙ et COMBIEN. Les suggestions d'amélioration au contrôle interne, par exemple, sont bonifiées lorsqu'on fait directement référence aux personnes mentionnées dans le cas.

Il faut être exécutif dans l'action!
Les recommandations sont souvent plus simples que vous ne le pensez.

Faire preuve de sens pratique.

EXEMPLES DE RÉDACTION VAGUE ET GÉNÉRALE

> – Je vous recommande de changer la façon d'imputer les frais généraux de production.
> *(Comment? Quelle est la meilleure alternative envisageable?)*
>
> – Procédure d'examen : demander des informations.
> *(À qui? Sur quoi? Que désire-t-on savoir?)*

Il m'apparaît préférable de suggérer des solutions et de se tromper que de rester vague et de ne pas se compromettre. Par ailleurs, je vous informe que seules les recommandations complètes et précises, découlant de l'analyse et reliées aux informations du cas, sont considérées dans l'évaluation d'une réponse.

inapproprié / inadéquat	RÉUSSITE	RÉUSSITE +
→ compiler une liste des faits du cas, pour les classer en avantages ou en inconvénients de chaque option, sans pousser plus loin l'analyse.	→ relever les différences entre les deux options et expliquer en quoi une option est préférable à l'autre, puis émettre une recommandation justifiée.	→ traiter d'un bon nombre d'éléments pour les deux options, puis émettre une recommandation justifiée qui intègre l'analyse FFOM.

Les recommandations émises doivent naturellement résoudre la demande ou la problématique en titre, dans une relation claire et directe. Une suggestion selon laquelle « Le conseil d'administration doit dorénavant se rencontrer tous les mois. » vient régler le problème suivant : « Délais dans l'approbation des décisions importantes ». Par contre, si le problème concerne plutôt l'« Absence d'expertise des membres du conseil », la mise en place de réunions mensuelles n'y changera rien. **Dans la finalité d'une analyse**, je vous suggère d'éviter les expressions telles que « Il semble que… », « On pourrait peut-être en venir à… » ou « Il serait possible d'envisager… ».

NE TEMPÉREZ PAS VOTRE POSITION!

- ***Soutenir et justifier.*** Cela va de soi. Ce n'est pas seulement ce que vous suggérez qui compte, mais POURQUOI vous le faites. D'ailleurs, dans la plupart des situations, c'est la démarche d'analyse qui est évaluée, pas vraiment la recommandation ou la conclusion comme telle. Les guides d'évaluation sont habituellement suffisamment flexibles pour accepter toute suggestion logique, cohérente et justifiée. Tenez compte de la solidité de votre argumentation lorsque vient le temps d'émettre un commentaire. Terminer l'analyse avec trois arguments « pour » et deux arguments « contre » ne signifie pas que le projet doit être accepté. *Soyez lucide.* En outre, certains candidats vont recommander l'acquisition d'un système onéreux en se basant uniquement sur des impressions subjectives ou sur des renseignements trouvés sur le Web. *Soyez réaliste.*

inapproprié / inadéquat	RÉUSSITE
→ tirer une conclusion hâtive ou incompatible avec l'analyse.	→ prendre du recul et fournir une conclusion étoffée et bien étayée.

Ne vous laissez également pas influencer outre mesure par les propos d'un client; propos qui ne reposent pas nécessairement sur une base solide. Un client qui expose son projet d'agrandissement avec emphase et qui vous répète deux ou trois fois à quel point il y tient, cela ne signifie pas qu'il faut l'endosser. *Soyez objectif.*

POINT DE VUE

Il ne faut pas perdre de vue le fait que le guide d'évaluation d'une étude de cas est le même pour tous. Cela implique que la recommandation ou la conclusion d'une section donnée ne change pas la nature de ce qui est demandé. Supposons que le cas demande l'évaluation d'un projet d'investissement, soit la construction d'une deuxième usine. En fonction de leur analyse respective, deux candidats peuvent certainement adopter la position contraire quant au bien-fondé du projet. Toutefois, que le projet soit recommandé ou non ne change pas la nécessité d'effectuer l'analyse des options de financement lorsque cela fait partie du travail à faire.

revoir p. 6, p. 37

VOUS DEVEZ RÉPONDRE À CHAQUE DEMANDE.

- ***Signaler clairement la présence d'une recommandation ou d'une conclusion.*** Faites en sorte que le lecteur les reconnaît. Placez-les en retrait ou écrivez un court titre, tels « REC.: » ou « CONC.: ».

- ***Faire des liens d'intégration, s'il y a lieu.*** Si ce n'est pas déjà fait dans l'analyse, la rédaction d'une recommandation ou d'une conclusion est un moment propice à la présentation de liens d'intégration. On peut *1-* faire des liens avec les particularités les plus importantes du contexte ou 2- Faire des liens avec d'autres sections de la réponse. Ces interrelations, qui démontrent votre capacité d'intégration, peuvent généralement s'exprimer par de courtes phrases.

> – Je recommande de ne pas investir davantage dans Pulse inc. À mon avis, cet investissement risqué ne concorde pas très bien avec le profil d'investisseur de Christian (compte tenu de son âge et de sa situation financière).
>
> – L'augmentation des charges est importante, mais elle n'est pas significative pour l'audit des états financiers (en deçà du seuil de signification). La réduction aura toutefois une incidence directe sur le calcul des redevances.

Savoir INTÉGRER est une habileté professionnelle CPA de premier plan.

- ***Être constructif.*** Lorsqu'il s'agit de résoudre une quelconque problématique, il est préférable d'utiliser un ton positif et constructif. Certes, il faut tout d'abord identifier ou justifier quel est le problème, la faiblesse ou la déficience, puis souligner, si nécessaire, l'impact ou les conséquences. Votre rôle consiste ensuite à trouver des solutions utiles et concrètes pour votre employeur ou votre client. Vous devez d'ailleurs résoudre ce qui ne va pas. Ne laissez rien d'important en suspens! Il arrive malheureusement que des candidats adoptent un style de rédaction négatif qui ne sert pas adéquatement l'objectif.

Mentionner ce qu'il ne faut pas faire ne revient pas à dire ce qu'il faut faire.

EXEMPLES DE RÉDACTION INAPPROPRIÉE

> – À cause de la perte de données et de la rotation du personnel comptable, je ne peux pas considérer le risque d'audit comme étant faible.
> *(Donc? Est-il élevé?)*
>
> – « Je ne peux pas vous recommander de ne pas déprécier les stocks. » ≠ Je vous recommande de déprécier les stocks.
> ↑ ↑ ↑

EXEMPLES DE RÉDACTION APPROPRIÉE

> – REC.: Préparer dès maintenant une déclaration fiscale amendée afin d'éviter le paiement des pénalités et de diminuer le montant des intérêts à payer.
>
> – Mon estimation révisée, calculée selon la même base, mais en tenant compte des ajustements comptables notés (5 % de 8 582 000 $), s'établit à 429 100 $.

QUOI FAIRE ET POURQUOI

Notons finalement qu'une phrase se terminant par un point d'interrogation n'est pas vraiment utile. Et, cela est particulièrement vrai lorsqu'il s'agit d'une recommandation ou d'une conclusion. Certes, il faut envisager diverses possibilités et se poser des questions tout au long de la résolution d'un cas. Toutefois, rappelez-vous que **votre rôle est justement de répondre aux questions** par l'écriture d'idées pertinentes et nouvelles.

Toute recommandation doit être précise, réaliste, concrète, applicable et s'inscrire dans les particularités du cas.

Q + R p. 143

Partie 4
Exprimer ses idées avec efficience

Rédiger des idées nouvelles
Diversifier les idées de la réponse
Donner priorité à la substance sur la forme
Utiliser un style de rédaction approprié

« Seriez-vous prêts à payer pour cette idée? Et pour ce rapport? »

Partie 4
Exprimer ses idées avec efficience

Ce n'est évidemment pas le nombre de lignes ou de pages qui détermine la réussite d'une étude de cas. On ne peut présumer que tout ce qui est écrit compte. Nous pouvons néanmoins dire qu'une réponse appropriée à la demande, qui atteint le seuil de réussite, doit contenir un **nombre raisonnable et minimal d'idées pertinentes**. Naturellement, lorsqu'il s'agit d'un sujet important, il faut prévoir davantage de profondeur, c'est-à-dire davantage d'idées. Dans la présente partie, je désire vous sensibiliser sur la nécessité d'exprimer vos idées avec efficience de manière à pouvoir en écrire un plus grand nombre.

Davantage d'idées dans le même temps? Potentiel de réussite accru.

Rédiger des idées nouvelles

Une idée nouvelle, c'est une idée inconnue de l'employeur ou du client. Que ce soit sous la forme d'un argument, d'une explication, d'un commentaire, d'une option, d'une recommandation ou d'une conclusion, l'idée ne doit pas avoir été préalablement avancée. Par exemple, si le cas fait état de déficiences dans la structure organisationnelle, le candidat qui mentionne que la décentralisation peut être une solution (et pourquoi) apporte une idée nouvelle. Par contre, si le cas mentionne que la décentralisation est actuellement envisagée par la haute direction, la mention de cette possibilité dans la réponse ne sera pas une idée nouvelle. C'est l'analyse de celle-ci qui en contiendra. À moins que le contexte soit différent, une idée répétée plus d'une fois dans une réponse demeure une seule et même idée.

inapproprié / inadéquat	RÉUSSITE
→ répéter plusieurs fois le même point de différentes façons sans réaliser qu'il s'agit à chaque fois du même argument.	→ utiliser diverses données pertinentes parmi celles énoncées dans l'étude de cas afin de diversifier les arguments.
→ citer ou réagencer les faits énoncés dans le cas ou les redire en d'autres mots.	→ intégrer des réflexions utiles dans l'analyse des faits du cas.

POINT DE VUE

Il faut porter une attention particulière à tout commentaire, opinion ou demande de la part de l'employeur ou du client. Lorsque celui-ci émet une suggestion ou envisage de procéder d'une certaine façon, il faut en discuter, même si vous savez à l'avance que ce ne sera pas une solution à retenir. L'employeur ou le client s'attend certainement à recevoir une réponse de votre part sur ce qu'il avance, dans le cadre des paramètres du cas. Votre façon d'y répondre lui sera utile et contiendra potentiellement des idées pertinentes et nouvelles.

Il m'arrive fréquemment de constater que des candidats résument systématiquement le contenu du cas avant de le résoudre. C'est parfois du mot à mot. Ils vont ainsi faire état de la situation actuelle avant de passer à l'étape de la résolution de la problématique en cause. Ce genre de résumé ne contient **aucune idée nouvelle**, ce qui le rend par le fait même inutile. Il faut plutôt considérer que le récipient du rapport – en l'occurrence le correcteur – connaît très bien les informations du cas.

Partez de là!

IDÉE PERTINENTE ET NOUVELLE
↓
IDÉE APPROPRIÉE

EXEMPLE DE RÉDACTION QUI RÉSUME INUTILEMENT LE TEXTE D'UN CAS

> Lors de notre dernière rencontre, le directeur général de l'entité a mentionné que la banque avait imposé des clauses restrictives lors du renouvellement de l'emprunt hypothécaire. L'entente qui m'a été fournie mentionne qu'au moins 5 % du total des actifs doit être conservé en trésorerie et équivalents de trésorerie, et le ratio d'endettement ne doit pas excéder 1,25.
>
> Il faudra donc déterminer si les ratios imposés sont respectés à la clôture de la période, compte tenu des erreurs de comptabilisation relevées.
>
> Il faudra obtenir la formule de calcul utilisée par la banque afin d'en confirmer la définition.

Dans cet exemple, tout le premier paragraphe est inutile. **Il n'y a pas d'idées nouvelles.** C'est écrit dans l'étude de cas! Vous comprendrez facilement que l'employeur ou le client qui fait appel à vos services n'a pas besoin que vous lui racontiez ce qu'il sait déjà.

Au seuil de réussite, QUALITÉ, QUANTITÉ et DIVERSITÉ sont les maîtres-mots.

Dans certaines circonstances, il vous faudra peut-être faire la part des choses. Le récipient du rapport pourrait ne pas connaître les renseignements provenant d'une source externe, comme un extrait d'article de journal présenté en annexe, par exemple. À ce moment-là, l'information reprise et utilisée à bon escient est une idée nouvelle pour celui qui n'y a pas eu accès.

EXEMPLE DE RÉDACTION APPROPRIÉE

> Procédures d'audit
> Clauses de la banque
> - déterminer si les deux ratios sont respectés au 30 juin (5 % de l'actif et endettement d'au plus 1,25), compte tenu des erreurs de comptabilisation relevées.
> - obtenir la formule de calcul utilisée par la banque afin d'en confirmer la définition.

Savoir intégrer.

Il est évident que le fait de ne pas résumer le cas favorise l'écriture d'un plus grand nombre d'idées pertinentes et nouvelles. Un titre clair et précis oriente très bien le lecteur quant à l'objet de l'analyse ou de l'évaluation. Il est alors possible de passer directement à celle-ci afin d'utiliser au mieux le temps limité de la résolution d'un cas. Notez également, tel l'exemple de rédaction appropriée ci-dessus, qu'une brève mention des ratios entre parenthèses permet de préciser la discussion. Finalement, puisqu'il s'agit d'une « liste » d'actions à entreprendre, chaque idée peut débuter par un verbe à l'infinitif.

POINT DE VUE

Certains candidats estiment que le fait de résumer les renseignements du cas avant l'analyse leur permet de mieux comprendre ce qui en est. C'est un point de vue qui se défend puisqu'il faut toujours s'assurer de bien identifier la problématique en cause. Il est également important de bien comprendre la situation actuelle de l'entreprise, dans l'objectif de fixer adéquatement le point de départ. Bien cibler que l'exhaustivité des fournisseurs est le secteur de risque, par exemple, ou bien cibler que la problématique concerne la perte sur contrat et non le contrat lui-même, est certainement crucial. Toutefois, il est rarement nécessaire de résumer dans sa réponse tout ce qui se passe dans le cas pour y arriver.

Il n'y a pas de temps disponible pour réécrire les informations d'un cas.

Un compromis acceptable serait d'effectuer le processus mentalement ou, pour une situation ou un sujet complexe, de le faire brièvement *via* des Notes de lecture.

Notez aussi qu'il est inutile d'écrire certains commentaires tels que « sujet difficile » ou « Si j'avais eu le temps, j'aurais discuté de la dépréciation du goodwill. ». Faites un meilleur usage de votre temps!

Une mise au point s'impose, car les propos de la page précédente peuvent sembler contradictoires avec le fait indéniable qu'une réponse doit être constamment intégrée au cas; ce qui sera toujours vrai. Il y a certainement une différence entre résumer ou répéter les informations du cas et les utiliser.

La répétition du cas alourdit inutilement la rédaction de la réponse.

APPLIQUER ≠ RÉSUMER

L'utilisation des renseignements fournis dans le cas est indispensable à la réussite.

Personnellement, lorsque je rédige la réponse d'un cas, je débute rarement une phrase ou un paragraphe par l'une ou l'autre des informations fournies. Il s'agit d'un truc de rédaction efficace pour minimiser les répétitions inutiles. Quand on y pense, cela a du sens puisque les données et indices de l'étude de cas servent essentiellement à soutenir, justifier, expliquer ou évaluer une idée avancée. Ils vous sont fournis pour accompagner vos analyses, rarement pour être mises de l'avant par elles-mêmes.

EXEMPLES DE L'UTILISATION APPROPRIÉE DES INFORMATIONS D'UN CAS

Rédaction incomplète	Rédaction appropriée
Le directeur me mentionne que la qualité des produits est un facteur clé de succès dans le secteur d'activité. Je vous recommande de ne pas vous approvisionner auprès de FIX.	REC.: Ne pas s'approvisionner auprès de FIX, car la qualité de la matière première est inférieure à celle actuellement utilisée. Or, la qualité est justement un facteur clé de succès dans le secteur.
Aucune modalité de remboursement n'est prévue au contrat. Il faut classer le billet à payer à l'actionnaire dans les capitaux propres.	Il faut classer le billet à payer à l'actionnaire dans les capitaux propres, car aucune modalité de remboursement n'est prévue au contrat. IAS 32 3856

L'examen de la colonne de gauche nous permet de réaliser que le lien entre l'information du cas, présentée au début, et la recommandation qui suit n'est pas clairement ni directement établi. En d'autres termes, le lecteur doit « présumer » de ce lien. Dans le premier exemple ci-dessus, il « semble » que la recommandation de ne pas faire affaire avec FIX soit justifiée par la qualité inférieure de leurs produits. Ce n'est toutefois pas si évident lorsqu'on lit le texte. Il manque des mots!

Dans la colonne de droite, il n'y a aucun doute quant à l'utilité des faits du cas dans l'analyse. Prenez note dès maintenant qu'on ne peut pas demander au lecteur d'une réponse d'ajouter des mots ou des liens, encore moins d'extrapoler le sens des propos émis. Nous reviendrons sur cet aspect dans la Partie 7.

Diversifier les idées de la réponse

Comme mentionné à la Partie 2 (p. 20), il faut essayer d'**analyser tous** – ou presque tous (la majorité lorsqu'il y en a beaucoup) – **les aspects (ou sujets) importants** d'une demande et, si nécessaire, une partie de ceux de moindre importance. Pour y arriver, il faut équilibrer la réponse afin de présenter suffisamment de profondeur d'analyse sur ce qui compte, tout en offrant suffisamment de couverture. Un candidat qui traite en profondeur de deux aspects à éclaircir dans le projet de contrat lorsque le cas en renferme cinq ou six n'atteindra probablement pas le seuil de réussite pour la demande « d'analyser les éléments du projet de contrat qui méritent d'être éclaircis avec le fournisseur ». **La réponse doit répondre à chaque demande ET contenir l'analyse d'un certain nombre d'aspects à chacune d'entre elles.** Naturellement, aborder trop rapidement ce qui est significatif afin d'arriver à toucher à tout ne suffira pas non plus.

Viser l'équilibre est une habileté à développer.
En faire juste assez s'apprend avec la pratique.

La réponse d'une étude de cas doit contenir des idées qui offrent une VALEUR AJOUTÉE.

POINT DE VUE

Je conviens qu'il n'est pas toujours facile de « décrocher » d'un sujet pour se diriger vers le suivant afin d'utiliser au mieux le temps alloué. Cela est encore plus difficile pour les candidats perfectionnistes qui visent l'obtention d'une réponse complète, voire parfaite. En règle générale, disons que les dernières idées développées dans le but de parfaire une analyse sont moins indispensables à la réussite d'une compétence (occasion d'évaluation) que les premières idées de la demande suivante. Sous l'analyse coûts-avantages, vous devriez être convaincu de diversifier votre réponse.

davantage d'informations dans le cas → davantage d'idées dans la réponse

POINT DE VUE

Il n'est pas rare que des candidats présentent une analyse incomplète sur un aspect (ou sujet) important. Cela peut s'expliquer par la tendance naturelle d'abréger l'analyse lorsque la recommandation ou la conclusion est connue à l'avance. Par exemple, il se peut qu'un candidat décide, dès la lecture du cas, que les dépenses de développement différées (ou reportées) doivent être radiées. Ce faisant, il va peut-être essentiellement axer son analyse sur les critères qui justifient cette radiation, en omettant de considérer ceux qui pourraient justifier un traitement comptable différent (voir note 1, Partie 3, p. 34). Certaines idées, indispensables à la présentation d'une analyse objective et complète, sont alors malheureusement écartées.

Une argumentation allant exclusivement dans le sens de la recommandation ou de la conclusion émise sera vraisemblablement jugée comme étant incomplète.

Dans le cadre de la résolution d'un cas, il faut régulièrement démontrer sa capacité de prendre en considération l'ensemble des renseignements fournis dans l'analyse.

Savoir prendre une décision.

Tout au long de la rédaction d'un cas, il faut diversifier les idées présentées dans la réponse. Une idée ou un concept que l'on répète compte rarement plus d'une fois. Par exemple, ce n'est pas une bonne stratégie rédactionnelle de suggérer l'utilisation du travail d'un expert à titre de procédure d'audit pour tous les postes qui présentent un risque particulier au niveau de l'assertion « évaluation ». Il faut plutôt déterminer à quel endroit ce serait le plus utile – pas plus de deux, si possible une seule fois –, puis trouver quelque chose de différent pour les autres. Aussi, ne soyez pas surpris si le traitement comptable des deux immeubles détenus par l'entité, par exemple, est différent. Vous êtes en train de résoudre un cas dont l'objectif est entre autres d'évaluer votre capacité à intégrer vos connaissances à des situations pratiques.

Quelle serait l'utilité de vous demander de répéter deux fois les mêmes idées dans le même cas?

EXEMPLE DE RÉDACTION INAPPROPRIÉE

Le produit peut être comptabilisé si l'on considère que le transfert de propriété a eu lieu au cours de la période courante.

Le produit peut être différé si l'on considère que le transfert de propriété aura lieu au cours de la prochaine période.

Je recommande de comptabiliser le produit immédiatement, car je considère que le transfert de propriété a déjà eu lieu.

faits du cas?

Cet exemple, un peu exagéré je l'admets, démontre comment une même idée peut revenir sous différents angles. Il s'agit néanmoins de la répétition du même concept, nonobstant son usage dans le sens opposé. Il faut plutôt varier le type d'arguments avancés et utiliser chacun d'entre eux une seule fois, du moins par sujet, là où c'est le plus approprié. C'est d'ailleurs tentant « de répéter » un argument mentionné dans l'analyse, habituellement celui jugé comme étant le plus solide, dans l'énoncé d'une recommandation. C'est inutile. La diversité est de mise.

EXEMPLE DE RÉDACTION APPROPRIÉE

QUAND comptabiliser les produits

cœur de l'analyse

Le produit peut être comptabilisé puisque le transfert des risques et avantages inhérents à la propriété a eu lieu. C'est l'acheteur qui paie l'assurance sur ces stocks.

Cependant, étant donné les défectuosités techniques rapportées par plusieurs clients au sujet de ce nouveau modèle de pièces, les retours de marchandises (contrepartie variable) peuvent être difficiles à estimer. Il faudrait alors différer la comptabilisation des produits. IFRS 15 3400

REC : Comptabiliser le produit immédiatement, car il ne fait aucun doute que le client détient le contrôle de l'actif et que la contrôleure s'est dit en mesure d'estimer la valeur attendue des retours.

Le correcteur de votre réponse ne tiendra pas compte de la répétition d'une même idée ou d'un même concept dans son évaluation. L'argument sur le « transfert de propriété », utilisé trois fois dans l'exemple de rédaction inappropriée, ne sera sûrement pas considéré trois fois dans l'évaluation. Voilà certainement une bonne raison de diversifier vos propos. Afin de minimiser la répétition des mêmes idées, je vous suggère de garder un argument en réserve pour la finalité de votre analyse. À défaut de détenir une idée nouvelle, une recommandation ou une conclusion qui découle logiquement de l'analyse peut être une justification en soi.

Lorsqu'il est nécessaire d'envisager plus d'une solution,
le cas fournit certainement des indices à cet effet.

EXEMPLE

Supposons que le cas décrit, entre autres les particularités d'un actif nouvellement acquis par l'entité, soit un immeuble commercial. Il s'agit d'un site où plus d'une trentaine d'entreprises, toutes non liées (apparentées), louent une partie de la surface de l'immeuble pour fins variées.

Dans cette situation, **il est clair** qu'il s'agit d'un « immeuble de placement » puisqu'il est « détenu pour en retirer des loyers ». Il serait donc inutile de forcer la discussion à savoir s'il s'agit d'un immeuble de placement ou d'une immobilisation corporelle. La question ne se posant tout simplement pas. Cet aspect est clair.

Il faut diversifier ses idées,
mais la présence d'indices soutenant une autre position est nécessaire.

L'analyse doit plutôt porter sur le choix de la méthode comptable à retenir, soit le modèle du coût ou le modèle de la juste valeur. Certes, le candidat débutera l'analyse en mentionnant rapidement qu'il s'agit d'un immeuble de placement, et pourquoi. Ce n'est toutefois pas le « cœur de l'analyse ». IAS 40

Il faut bien déterminer l'aspect critique de tout sujet analysé.

Comme mentionné précédemment, il arrive fréquemment que certains indices du cas soient utiles plus d'une fois, à diverses fins. Prenons, par exemple les informations fournies au sujet de la poursuite d'un client qui allègue que les défectuosités des pièces achetées lui ont occasionné des retards de production. *A priori*, cette information sert la question comptable Provision sur poursuite où l'on doit tenir compte de la probabilité qu'une sortie de ressources soit nécessaire. À la lecture de la section intitulée « Informations supplémentaires aux états financiers », ce premier réflexe est fort légitime. Il faut toutefois envisager que les mêmes données puissent, du moins en partie, avoir des répercussions sur l'analyse d'une autre question comptable comme la constatation des produits. Il est ainsi possible que l'on doive considérer les risques et incertitudes quant aux retours. Dans cette situation, il ne s'agit pas de la répétition des mêmes idées puisque l'information est utilisée dans l'analyse de deux questions distinctes.

IAS 37
IFRS 15

Il faut régulièrement voir au-delà de ce qui paraît à première vue.

Mentionnons finalement que la définition d'un mot ou l'application d'un concept particulier peut différer d'une situation à l'autre. La définition d'une partie liée, par exemple, n'est pas exactement la même en comptabilité et en fiscalité. Puisque le contexte d'application du concept diffère, il est utile – voire nécessaire – d'adapter l'analyse en conséquence. Outre la nécessité de diversifier ses idées, je vous rappelle qu'il ne faut pas perdre de vue l'importance d'un aspect (ou sujet) ainsi que la quantité de renseignements disponibles dans l'étude de cas. Il est naturellement inutile « d'étirer » l'analyse lorsqu'un sujet se règle facilement ou lorsqu'il est de moindre importance. On peut directement aller au but.

EXEMPLE DE RÉDACTION INUTILEMENT ALLONGÉE

Il y a une dépréciation des stocks, car la valeur nette de réalisation de 125 000 $ est inférieure au coût de 140 000 $.

Je recommande la comptabilisation d'une dépréciation des stocks, car la valeur nette de réalisation de 125 000 $ est inférieure au coût de 140 000 $.

IAS 2
3031

EXEMPLE DE RÉDACTION APPROPRIÉE

Je recommande la comptabilisation d'une dépréciation des stocks,
car la valeur nette de réalisation de 125 000 $ est inférieure au coût de 140 000 $.

Dans cet exemple, il n'y a qu'une option valable : la comptabilisation d'une dépréciation. Il est donc inutile de discuter tout d'abord de cette seule possibilité, puis de rapporter la même idée sous la forme d'une recommandation.

Dans d'autres circonstances, il sera possible de grouper ensemble certains sujets ayant un développement commun. Les dépenses encourues pour la construction d'un nouvel immeuble (ex.: honoraires de l'architecte, coûts d'excavation, matériaux, salaires des menuisiers), par exemple, sont toutes des coûts directement attribuables à la construction à inscrire au poste Bâtiment. Nul besoin de présenter une analyse distincte – qui serait « copiée-collée » de toute façon – pour chacun d'eux.

IAS 16
3061

inapproprié / inadéquat	RÉUSSITE
→ répéter les faits du cas sans les analyser ni leur apporter de valeur ajoutée.	→ évaluer l'incidence des faits dans le cadre des paramètres du cas.

On me demande souvent si le fait d'écrire une idée erronée influence négativement l'évaluation de la réponse. En général, disons qu'il n'y a pas, à proprement parler, de « correction négative ». Pas directement du moins. Vous comprendrez toutefois qu'une idée contredite un peu plus loin dans la réponse ne sera pas comptée dans l'évaluation, ni la première fois ni la deuxième fois. Vous comprendrez aussi que le fait d'écrire une idée erronée démontre clairement et directement votre incompréhension du concept avancé. À juste titre, cette idée ne sera pas considérée dans l'évaluation. Lorsque l'erreur est majeure ou lorsque plusieurs idées sur un même aspect sont erronées, cela limite sérieusement l'accessibilité au seuil de réussite (niveau Compétent). En d'autres termes, l'influence d'une erreur sur l'évaluation d'un secteur de la réponse dépend de son importance, de sa fréquence, et de la qualité du reste de l'analyse.

POINT DE VUE

Par expérience, je sais que plusieurs candidats hésitent à écrire ce qu'ils pensent. Ils ont peur de se tromper, ou pire, d'avoir l'air ridicules. Leur réponse est alors trop courte et incomplète. D'une part, laissez-moi vous dire que vous n'avez pas vraiment le temps de peser le pour et le contre avant d'écrire chacune de vos idées. Outre le temps d'arrêt pour planifier la réponse, il n'y a pas vraiment de pause dans l'écriture. D'autre part, il faut dire que les correcteurs de cas en ont vu d'autres. Lire une idée un peu « naïve » ou « erronée », écrite sous la pression, ne les effraie pas vraiment.

Je vous suggère d'écrire vos idées, même lorsque vous n'êtes pas sûrs de vous. C'est par les essais et les erreurs que l'on apprend.

Donner priorité à la substance sur la forme

Permettez-moi d'illustrer les propos qui suivent à l'aide d'un principe comptable bien connu : la prééminence de la substance sur la forme. Autrement dit, c'est la qualité des idées émises qui prime, soit le fond sur l'apparence. Il est évident qu'une réponse très bien écrite, mais pauvre en idées, ne pourra surpasser une réponse moins bien structurée qui contient plusieurs bons points. Il ne faut donc pas perdre de temps à se préoccuper outre mesure de l'apparence de sa réponse. Certains candidats y accordent tellement d'importance qu'ils manquent de temps pour rédiger une réponse complète – voire raisonnable – comprenant des idées de QUALITÉ, en QUANTITÉ suffisante.

Compte tenu de ce qui précède, je vous suggère :

- ***de minimiser les propos inutiles.*** Outre les rubriques de l'en-tête de la réponse, comme présenté à la Partie 2 (p. 26), il est inutile d'allonger le texte par des phrases de courtoisie ou par une introduction à chaque demande. Il est tentant de le faire puisqu'il faut le plus souvent rédiger un « rapport » à l'employeur ou au client. Toutefois, le fait qu'un cas doive être résolu dans un temps limité réduit grandement la nécessité, mais surtout la possibilité, de procéder comme tel. Et ce, même si la solution officielle du cas, présentée en bonne et due forme et peaufinée pour fins de publication, le fait. De ce point de vue, ce n'est pas un exemple à suivre.

EXEMPLE D'INTRODUCTION INUTILE

Chère Madame Deslauriers,

Vous trouverez ci-joint le rapport que la directrice de notre firme de consultants m'a chargé de préparer à la suite de l'agréable rencontre qu'elle a eue avec vous au cours de la semaine dernière.

Je demeure à votre disposition pour toute information supplémentaire.

Signature du CPA

Remarque : Ce texte agréable à lire, je l'admets, ne contient aucune idée pertinente et nouvelle.

- ***de ne pas abuser des options offertes par les logiciels utilisés.*** Certains candidats mettent en lettres majuscules, en italique ou en caractère gras des mots ciblés. D'autres enjolivent leur texte à l'aide de couleurs ou d'attributs. Faites preuve de modération. Le correcteur peut certainement reconnaître une idée appropriée sans qu'elle soit soulignée en rouge. Je vous suggère d'utiliser une police de caractères standard, sans fioritures (taille 11 ou 12, style normal, couleur noire).

- ***de signaler chacune des parties de la réponse.*** Un titre succinct situe rapidement le lecteur de la réponse quant à l'objet de discussion. En outre, comme mentionné dans la Partie 3 (p. 38), cela permet l'identification claire de la problématique en cause. Personnellement, afin de structurer ma réflexion, chacun des aspects analysés est identifié par un sous-titre. Il est naturellement inutile d'inscrire, par exemple « rapport préliminaire » ou « projet », à chaque sujet ou chaque page d'une réponse.

- ***de ne pas supprimer le texte « jugé » inutile.*** Certains candidats écrasent trop rapidement les idées qu'ils jugent inappropriées alors qu'elles peuvent être valables. Je vous suggère plutôt d'utiliser la fonction « couper/coller » afin de placer le texte rejeté à la toute fin de la réponse. On ne sait jamais, vous pourriez changer d'avis quelques minutes plus tard et vouloir récupérer le texte en question. D'autres candidats prennent le temps de faire disparaître tout ce qui ne fait pas directement partie de leur réponse avant de la remettre. Ce n'est pas nécessaire. Placez ce qui est en excédent à la toute fin du texte sous un titre tel que « Notes de lecture » ou « Brouillon ».

**Il faut privilégier la qualité des idées,
tout en cherchant des moyens pour en augmenter la quantité.**

POINT DE VUE

Il m'arrive souvent de constater que la manière de rédiger la réponse d'une étude de cas peut faire une différence sur le résultat obtenu. Certains candidats ont de la difficulté à atteindre le seuil de réussite, tout simplement parce qu'ils ne savent pas comment exprimer leurs idées avec efficience.

Si un candidat a besoin de 6 lignes pour exprimer une idée, alors qu'un autre candidat peut le faire en seulement 3 lignes, cela fait une différence.

Certes, la valeur accordée par le correcteur à cette idée particulière sera la même pour les deux candidats. Toutefois, lorsque le temps alloué au cas sera écoulé, la réponse du second candidat contiendra vraisemblablement deux fois plus d'idées différentes. Il n'aura pas nécessairement le double de la note du premier, mais la présentation d'un contenu plus étoffé est un avantage indéniable.

Utiliser un style de rédaction approprié

L'un des grands défis de la rédaction est de s'assurer d'exprimer clairement et succinctement ses idées. Personnellement, je considère que vous devez, la plupart du temps, composer des phrases complètes qui ont un sujet, un verbe et un complément. Ces phrases doivent exprimer les idées avec simplicité et ne pas être encombrées de mots inutiles. Faites de courts paragraphes qui traitent généralement d'un aspect à la fois. L'aspect « choix de la méthode d'amortissement » dans l'un et l'aspect « détermination de la valeur résiduelle » dans l'autre, par exemple.

inapproprié / inadéquat	RÉUSSITE
→ présenter des propos incomplets ou nébuleux, difficiles à suivre ou à saisir, par manque d'explications.	→ démontrer sa compréhension de la nature des différents changements sur la stratégie d'audit.
→ passer trop de temps à analyser des aspects accessoires à la demande au détriment des autres.	→ gérer le temps en fonction de l'importance de chaque aspect demandé ou étape à franchir.

Certains candidats écrivent des phrases trop courtes ou trop télégraphiques. Il est alors difficile de comprendre le sens des idées émises lorsqu'il manque trop de mots. D'autres candidats développent en détail leurs idées avec de longues phrases. Outre l'inutilité de répéter la même chose plus d'une fois, même en d'autres mots, il arrive que l'essentiel d'un texte soit difficile à saisir lorsqu'il y a sur explication. Il faut essentiellement se concentrer sur ce qui contribue directement à la résolution du cas.

LE DÉFI EST D'ÉCRIRE DES IDÉES COMPLÈTES DE MANIÈRE SUCCINCTE.

EXEMPLE D'UNE RÉDACTION TROP TÉLÉGRAPHIQUE

Filiale au Mexique (CR)

coût : assurer approvisionnement régulier

profit : 60 % tiers

investissement : décision soc mère

DONC centre profit

concepts théoriques?

Il faut exprimer ses idées de manière claire et complète.

Le texte de cet exemple ne présente pas les idées de manière appropriée. Pour comprendre le sens de la discussion, le lecteur doit tout d'abord presque « deviner » que le candidat envisage trois possibilités, puis compléter chaque ligne qu'il lit. Certes, il peut entrevoir ce que le candidat « tente » de dire, ce qu'il ne fera pas! Les idées émises ne sont pas suffisamment expliquées et la recommandation n'est pas justifiée.

UNE IDÉE
↓
UNE PHRASE COMPLÈTE

POINT DE VUE

Quand il évalue une réponse, le correcteur essaie de reconnaître pleinement toutes les idées pertinentes et nouvelles que lui présente le candidat. Il ne peut par contre ni extrapoler ni ajouter des mots pour que la réponse ait du sens. Dans l'exemple ci-dessus, le style télégraphique utilisé exige que le correcteur fasse le lien entre le type de centre de responsabilité et sa justification (ex.: « profit : 60 % tiers »). C'est lui en demander beaucoup. Pour comprendre pleinement le sens de l'argument, le correcteur doit ajouter trop de mots à ce qui est écrit, ce qu'il ne fera pas.

UN CORRECTEUR NE PEUT PRÉSUMER DE VOS CONNAISSANCES.

Vous n'aurez pas la possibilité de rencontrer le correcteur face à face pour lui expliquer ce que vous vouliez dire.

EXEMPLE D'UNE RÉDACTION INUTILEMENT ALLONGÉE

Détermination du type de centre de responsabilité de la nouvelle filiale du Mexique

J'ai procédé à l'examen des caractéristiques de la filiale que vous détenez au Mexique. *(Titre et phrase de présentation trop longs; répétition inutile du titre.)*

Il faut déterminer s'il s'agit d'un centre de responsabilité qui est un centre de coût ou d'un centre de responsabilité qui est un centre de profit. *(Inutile de répéter deux fois les mots « centre de responsabilité ».)* Les décisions d'investissement sont prises à partir de la société mère par une équipe de huit personnes dirigées par le directeur, M. Félix. *(Inutile, puisque cette information du cas ne sert pas vraiment l'analyse; est-ce un argument pour rejeter le centre d'investissement?; trop long extrait reprenant textuellement les mots du cas sans valeur ajoutée.)*

Ma première idée a été que le centre de responsabilité pourrait être un centre d'investissement, mais aucune décision d'investissement n'est prise par les gestionnaires mexicains. *(Justification du rejet de cette alternative plus claire ici; essayer de le faire du premier coup.)* Ça pourrait être un centre de coût parce que la création de la filiale a pour but d'assurer un approvisionnement régulier de matières premières à la société mère. *(bien lié au cas)*

Il ne faut pas oublier qu'au Mexique, ce sont des pesos. Cela va nous compliquer la tâche lorsqu'arrivera le temps de l'évaluation. *(Écrire que cela va « compliquer la tâche » est une remarque vide de sens! Pourquoi en serait-il ainsi? Et, en quoi est-ce pertinent à l'analyse?)*

EXEMPLE D'UNE RÉDACTION INUTILEMENT ALLONGÉE (suite)

> Ainsi, je pense qu'on pourrait considérer la filiale du Mexique comme un centre de profit avec un objectif de faire du profit et non comme un centre de coût, car la filiale vend près de 60 % de sa production à de tierces parties. *(Écrire « je pense » n'exprime pas suffisamment de certitude lorsqu'il s'agit de recommander. Inutile de revenir sur le fait que la filiale est au Mexique, on le sait déjà. Inutile de dire ce qu'on rejette dans l'établissement de la conclusion, le faire plutôt dans l'analyse.)*
>
> Cela signifie que la performance financière de la filiale mexicaine sera évaluée en fonction du bénéfice réalisé. *(C'est correct, mais j'aimerais bien lire une justification à cette conclusion.)* Le profit pourra *(Le mot « devra » est préférable au mot « pourra ».)* tenir compte des coûts directement liés à l'exploitation de la filiale comme les coûts de matières premières, les coûts de main-d'œuvre, l'électricité, les coûts d'entretien de l'usine, les salaires des dirigeants, etc. *(La répétition du mot « coûts » est inutile; trop d'éléments énumérés; nommer les plus appropriés au contexte du cas.)*

254 mots

Remarque : Mes commentaires de correcteur – essentiellement axés sur la forme – sont écrits en rouge italique.

Le texte de cet exemple n'est pas rédigé avec efficience, car il comprend plusieurs éléments inutiles. Il est toutefois important de comprendre que **tout ce qui est écrit dans ce texte est correct** et qu'il ne contient **aucune idée erronée.** C'est le style de rédaction du candidat, inutilement lourd, plus ou moins structuré et mal dirigé, qui consomme trop de temps. En d'autres termes, c'est la forme ou la façon d'exprimer les idées qui est inappropriée, pas le fond ou la validité des idées en elles-mêmes.

L'amélioration du style d'écriture permet le développement d'un plus grand nombre d'idées dans un même laps de temps.

EXEMPLE D'UNE RÉDACTION APPROPRIÉE

> Type de centre de responsabilité (CR) – Filiale Mexique
>
> Il pourrait s'agir d'un centre de coût, car la mission première de la filiale est d'assurer un approvisionnement régulier à la société mère.
>
> Un centre de profit peut également être envisagé puisque 60 % de la production est vendue à des tiers.
>
> REC :
> constituer en centre de profit parce que le marché est en forte croissance et que Félix désire augmenter la rentabilité globale de l'entité.
>
> La filiale sera évaluée sur le bénéfice qu'elle contrôle (frais directement liés à l'exploitation : matières premières et main-d'œuvre).
>
> Les imputations du siège social (publicité, recherche et développement) ne devraient pas être considérées, car ces charges ne sont pas contrôlables par la filiale.

117 mots

Remarque : Mon objectif est de vous présenter un exemple de rédaction qui ne s'encombre pas de détails inutiles. Passer de 254 à 117 mots, pour écrire essentiellement la même chose, n'est certes pas facile à faire, mais cela vaut la peine d'essayer. Je vous suggère donc d'examiner le texte de vos réponses afin de déterminer les endroits où vous « gaspillez » inutilement ce précieux temps.

Ce dernier exemple illustre le style de rédaction à favoriser. Le titre oriente la discussion; l'analyse est structurée. Les alternatives à envisager sont clairement ressorties et appuyées. Chaque phrase est complète : un sujet, un verbe, un complément. Les concepts théoriques (en orange) sont intégrés de manière adéquate, en simultané, aux informations du cas (en jaune). La recommandation est justifiée. L'usage de parenthèses, qui ajoutent des exemples tirés du cas, est efficient. Nous le verrons bientôt, mais notez que certains mots ou expressions pourraient être abrégés comme « MP » et « MO » respectivement pour « matières premières » et « main-d'œuvre ».

> **IDÉE PRÉCISE**
> ↓
> **PHRASE DIRECTE**

inapproprié / inadéquat	RÉUSSITE
→ écrire un texte nébuleux, difficile à comprendre en raison de l'emploi de formules trop abrégées ou d'un nombre exceptionnel d'erreurs typographiques.	→ communiquer de manière claire et professionnelle en émettant des idées cohérentes et bien structurées. → distinguer l'analyse quantitative de l'analyse qualitative, puis faire le lien entre elles.

Afin d'exprimer vos idées avec efficience, je vous suggère également :

- ***d'opter pour la brièveté.*** Certains candidats allongent inutilement le texte de leur réponse, parfois par manque de cohésion dans leurs idées ou parce qu'ils cherchent à expliquer trop de choses dans la même phrase. Pouvoir raccourcir le texte sans perdre l'essentiel de ce que l'on veut dire libère du temps pour l'écriture d'idées supplémentaires.

EXEMPLE D'UNE IDÉE MAL EXPRIMÉE

> La société aurait pu gagner trois fois plus de bénéfices si elle n'était pas allée investir dans le secteur des ressources naturelles qui auraient pu générer davantage de dividendes, mais qui n'ont pas été capables de rencontrer leurs promesses, ce qui m'amène à dire que après réflexion, je crois qu'il aurait mieux valu que vous me consultiez avant.

Remarque : Ai-je besoin de commenter?

Il est préférable d'aller droit au but en ne perdant pas son temps avec des expressions ou des phrases qui n'ajoutent rien au texte. Une phrase de présentation telle que « Je vais maintenant vous faire part de mon opinion concernant le nouveau système d'information. » n'est pas nécessaire. Il en est de même des mots de liaison comme « Dans la considération de ce qui précède… » ou « Je vais continuer la discussion sur ce sujet en ajoutant que… ».

DEMANDE PRÉCISE
↓
RÉPONSE PRÉCISE
↓
RÉUSSITE

Il faut se rendre à l'écriture d'idées pertinentes et nouvelles dès que possible.

- ***d'utiliser un langage clair et précis.*** En fait, les idées vagues ou générales ne sont pas utiles, entre autres parce que l'intégration des concepts théoriques clés aux particularités du cas est déficiente. Il arrive ainsi que des candidats oublient d'écrire ce qui leur paraît évident en tenant pour acquis que le correcteur fera les déductions nécessaires. Il faut plutôt chercher à utiliser, le plus souvent possible, les mots appropriés afin de rendre justice aux idées avancées.

Le correcteur ne doit pas avoir à se demander ce que vous voulez dire.

Le choix des mots est particulièrement important lorsqu'il s'agit de faire appel à des concepts théoriques. Par exemple, une immobilisation incorporelle doit être entre autres « identifiable » (IAS 38 par. 11). Il serait toutefois inapproprié d'utiliser cette notion dans d'autres contextes comme suit : « Chaque partie identifiable d'une immobilisation corporelle doit être amortie séparément. » Ici, il faudrait plutôt faire appel au concept du « coût significatif par rapport au coût total » (IAS 16 par. 43). Autre exemple : écrire « Il faut effectuer un dénombrement des modems afin d'en obtenir la valeur. » n'est pas adéquat. C'est la quantité (« existence ») des modems qui sera obtenue par le dénombrement, pas la « valeur ». Nous reviendrons sur l'identification des concepts théoriques clés via des Fiches-Info à la Partie 10.

Comprendre les concepts techniques.

La référence aux concepts clés des normes, règlements, lois ou principes doit être la plus exacte possible afin de démontrer votre capacité d'intégrer vos connaissances aux particularités du cas.

inapproprié / inadéquat	RÉUSSITE
→ citer des critères NCECF alors que les IFRS sont le référentiel retenu.	→ s'assurer de bien lire le cas afin d'utiliser les bons paramètres.
→ nommer la règle fiscale ou seulement copier le contenu d'une règle fiscale.	→ démontrer sa compréhension de la règle en l'appliquant aux données du cas.

➢ ***d'adopter un style de rédaction simple.*** Ne perdez pas de vue que l'objectif est d'abord et avant tout d'écrire des idées qui seront reconnues par le lecteur de votre réponse. Nul besoin de rédiger dans un style littéraire recherché. Si vous écrivez, par exemple, deux fois le mot « planifier » dans le même paragraphe, ce n'est pas grave. Je vous suggère aussi de recourir à un style simple de conjugaison des verbes : temps présent, passé composé, futur simple. Il faut éviter toute forme compliquée de rédaction telle que : « Je pourrais bien en venir à croire qu'ils auraient bien pu avancer davantage d'argent comme nous aurions bien aimé en avoir reçu. »

La simplicité dans la rédaction facilite l'expression des idées.

POINT DE VUE

Certains candidats s'interrogent sur l'importance de la grammaire et de l'orthographe dans la rédaction d'une réponse. D'emblée, je vous signale que le temps limité d'un cas ne vous offre pas l'opportunité de relire et peaufiner votre texte. Étant donné la nature même de la résolution d'un cas, la présence d'un certain nombre de fautes est tolérée. Disons par contre que trop de fautes peuvent déranger l'attention du correcteur. Il arrive aussi que des fautes de frappe créent de l'ambiguïté. Par exemple, écrire « prend de l'argent » au lieu de « perd de l'argent » peut faire une différence.

Dans certaines circonstances, il est possible d'abréger la présentation d'une partie de la réponse lorsqu'on peut déceler un point commun entre plusieurs idées. Ainsi,

- une même explication peut servir à rejeter deux sources d'approvisionnement.
- une même note explicative peut servir à justifier l'ajustement de plus d'un poste aux états financiers.

On peut aussi escamoter le début des phrases lorsque la résolution d'une problématique exige, par exemple la présentation d'une « LISTE DE (D')… » :

- informations à fournir en note sur les passifs éventuels.
- documents à obtenir afin de remplir la déclaration fiscale.
- renseignements à présenter dans un prospectus d'émission.

Finalement, comme mentionné à la Partie 3 (p. 42), je vous rappelle qu'il est fort utile d'exprimer les actions à entreprendre en commençant par un verbe à l'infinitif ou à l'impératif. C'est particulièrement utile pour « suggérer des améliorations à… » ou « proposer des moyens pour… ».

inapproprié / inadéquat	RÉUSSITE
→ copier des passages du *Manuel* sans les utiliser. → ne pas expliquer d'où viennent les chiffres calculés.	→ soutenir et expliquer la position adoptée à l'aide des références pertinentes. → justifier les hypothèses ou les calculs établis à partir des données du cas.

POINT DE VUE

Il arrive parfois que l'on doive établir une « liste de » renseignements supplémentaires à obtenir afin de compléter l'analyse d'une demande. *A priori*, cette situation peut donner l'impression que la forme interrogative est adéquate puisque le candidat doit déterminer ce qui lui manque (ex.: Quelles sont les économies d'échelle à la suite de ce regroupement d'entités?). Néanmoins, comme mentionné dans la Partie 3 (p. 44), je maintiens que la rédaction sous la forme de questions à répondre est à éviter. Je suggère plutôt la présentation sous la forme télégraphique d'une liste d'éléments (ex.: obtenir la liste des coûts qui seront réduits à la suite du regroupement).

Il est préférable de suggérer une action plutôt que de donner l'impression que l'on ne sait pas quoi faire.

- ***d'utiliser un langage professionnel.*** La réponse doit toujours être rédigée dans un langage professionnel ou un langage d'affaires. Autrement dit, certaines expressions utilisées dans une conversation courante sont à proscrire, car elles ne seront tout simplement pas prises en compte dans l'évaluation de la réponse. Mentionner, par exemple, que « Le nerf du risque, c'est l'inventaire! » n'a pas de signification « comptable » en soi, même si c'est vrai!

Seuil de réussite?

Précision des concepts et Clarté des idées

- ***d'abréger certains mots connus.*** Les abréviations utilisées doivent essentiellement faire partie de notre domaine de compétence ou être grandement répandues dans le langage courant. D'un nombre limité, elles doivent être faciles à reconnaître, car il m'apparaît essentiel de ne pas ralentir la lecture du correcteur. « VRM » pour « vraiment », par exemple, ne sera pas automatiquement reconnu par vos collègues. Le fait de sauter un article dans une phrase n'est pas grave, mais les sauter tous et ne laisser que les autres mots, c'est trop. *Soyons censés.*

Le lecteur de votre réponse doit comprendre rapidement le sens de vos idées sans avoir à chercher la signification d'une abréviation.

Il est également possible de raccourcir une expression en gardant seulement les premières lettres d'un mot comme « contrat de loc », par exemple. Toutefois, lire une phrase où les dernières lettres de chaque mot sont escamotées complique inutilement la lecture. *Soyons raisonnables.*

Je vous suggère d'utiliser les initiales de l'entité ou les lettres identifiant un programme ou un produit. « ALS » est ainsi préférable à « Institut ALS Chang Inc. ». Cela se fait aussi avec les noms d'individus (ex.: Mme D). Finalement, il est parfois efficient de fournir l'abréviation d'un mot – le plus souvent une expression – la première fois qu'on l'utilise. Par exemple, si l'étude de cas demande de considérer « l'impact sur les systèmes d'information financière de chaque élément soulevé », il est possible d'utiliser l'abréviation « impact SIF » ou « SIF ».

Sans enlever à la pertinence de ce qui est écrit, il est souvent possible de faire plus court.

POINT DE VUE

Dans leur réponse, certains candidats écrivent des commentaires tels que « sujet difficile » ou « Je viens de passer à côté! ». C'est inutile.

D'autres candidats vont écrire directement au correcteur et lui dire, par exemple, « Si j'avais eu le temps, j'aurais discuté du goodwill. ». C'est inutile.

Il faut réaliser l'analyse plutôt que dire qu'il faudrait la faire.

Visons l'efficience! Chaque minute compte!

Q + R
p. 144

Partie 5
Effectuer les calculs appropriés

Déterminer le calcul à faire
Utiliser le résultat d'un calcul
Présenter ses calculs avec efficience

« Il faut planifier un calcul de manière à disposer de suffisamment de temps pour le terminer. »

© Deslauriers, Sylvie, *Comptabilisez vos succès Longs cas – Rôle en Certification* et *Rôle en Gestion de la performance*, AB + Publications, 2017, page 43.

Partie 5
Effectuer les calculs appropriés

La résolution d'une étude de cas exige régulièrement la réalisation de calculs de longueur variable. Il arrive, par exemple, qu'un cas demande directement de « calculer le bénéfice imposable » ou de « d'établir le coût marginal du produit dérivé ». Dans cette situation, la nécessité d'effectuer une analyse quantitative ne fait aucun doute. Ce n'est toutefois pas toujours aussi clair et le candidat peut devoir établir si des calculs sont nécessaires pour compléter sa réponse. Il en serait ainsi s'il fallait « évaluer si les frais de déménagement sont déductibles ».

Déterminer le calcul à faire

Lorsqu'il s'agit d'effectuer un calcul, je m'assure tout d'abord de bien **déterminer l'objectif**. Est-ce demandé? Est-ce nécessaire de présenter un calcul en guise d'appui aux idées qualitatives émises? Que peut-on et que veut-on faire? Personnellement, j'exprime l'objectif d'un calcul par une courte phrase sous la forme d'une action à entreprendre commençant par un verbe à l'infinitif. Défini mentalement ou par écrit en tant que titre au calcul à réaliser, un objectif permet de diriger dès le départ les efforts vers l'essentiel.

EXEMPLE

Prenons un cas qui fournit des chiffres au sujet des questions comptables problématiques. Nous savons que ce genre d'analyse requiert une recommandation quant au traitement comptable approprié, ainsi que la mention de l'impact : débit et crédit. En d'autres termes, on doit expliquer l'ajustement proposé. Il va alors de soi que les données financières fournies dans l'étude de cas doivent servir à calculer le montant de cet ajustement aux livres.

Supposons aussi que les états financiers non audités sont présentés en annexe au texte principal du cas. Tout « semble » donc en place pour celui qui désire ajuster l'état du résultat net ou l'état de la situation financière (bilan). Concernant cet aspect, pouvoir le faire est une chose, devoir le faire en est une autre.

Il faut valider l'utilité potentielle de tout calcul avant de le commencer.
Doit-on redresser les états financiers?

CELA DÉPEND tout simplement de la demande et des besoins qui en découlent. Lorsque le travail à faire mentionne clairement « de dresser des états financiers révisés qui tiennent compte de tous les ajustements comptables nécessaires », il faut y répondre. On doit naturellement bien lire la demande qui pourrait plus spécifiquement pointer l'état du résultat net ou la marge bénéficiaire brute, par exemple. Ajuster l'état de la situation financière (bilan) serait alors inutile.

Le travail à faire pourrait aussi demander « si la clause restrictive est respectée ». Là encore, la demande pointe vers des postes précis des états financiers.

Objectif : déterminer si la clause restrictive est respectée

Il est très tentant, pour un comptable de surcroît, d'effectuer davantage de calculs que ce qui est requis. Lorsque la clause restrictive porte sur l'endettement total par rapport à l'actif total, par exemple, on comprendra qu'il est inutile de refaire l'état du résultat net en bonne et due forme.

Le temps restreint d'un cas exige d'axer sur ce qui est demandé,
en utilisant au mieux le temps imparti.

POINT DE VUE

Certains candidats effectuent des calculs qui ne sont pas vraiment nécessaires à l'analyse. Ils vont, par exemple recalculer le résultat net à la suite de la recommandation d'inscrire les coûts à l'état de la situation financière (bilan), ou encore, ils vont calculer automatiquement l'impact fiscal de chaque ajustement. Même s'ils sont courts, ces calculs ne doivent pas être faits s'ils n'apportent aucune valeur à la résolution d'une problématique.

Assurez-vous de déterminer « pourquoi » vous effectuez un calcul.

EST-IL UTILE?
APPORTERA-T-IL UNE PLUS-VALUE?

La partie quantitative d'une réponse à un cas mérite réflexion, car il est facile d'y perdre un temps précieux. D'une part, il faut déterminer quand et comment exécuter un calcul jugé pertinent et, d'autre part, il faut le planifier convenablement, dans le temps alloué. Je suggère un court processus en trois étapes, essentiellement mental, afin de guider la rédaction de votre réponse vers la bonne voie.

1- ***Définir l'objectif à atteindre, c'est-à-dire ce qui doit être exécuté, et pourquoi.***

Que désire-t-on résoudre? À quelle partie de la demande veut-on répondre? Et, pour quel(s) aspect(s)? Lorsque la finalité de l'action est clairement définie, cela réduit le potentiel de divergence en cours de route. Voici des exemples d'objectifs à atteindre :

- établir la juste valeur de la coentreprise.
- analyser les écarts entre les chiffres réels et ceux du budget flexible pour le secteur biologique.
- établir le coût de renonciation.

2- ***Soupeser les différents outils quantitatifs pour atteindre l'objectif.***

Comment effectuer le calcul? Il s'agit ici de se rappeler de quelle façon la problématique en titre peut être résolue. En ne perdant pas de vue l'aboutissement recherché, essayez de visualiser la(les) façon(s) de procéder. Prenons, par exemple l'établissement de la juste valeur d'une entreprise. Diverses façons de faire sont disponibles. Se base-t-on sur le passé ou sur le futur? Détermine-t-on les bénéfices capitalisés ou les flux normalisés? Avant de se lancer tête baissée dans le calcul de la juste valeur, et de le faire de trois ou quatre manières différentes, il faut déterminer ce qu'il est préférable de faire. Dans le choix de ce qui sert le mieux l'objectif, il faut certainement considérer la nature des renseignements fournis dans l'étude de cas en tant qu'indices. Si vous lisez, par exemple, que « Le secteur établit la valeur d'une entreprise à cinq fois le BAIIA moyen des deux derniers exercices. », tenez-en compte. Si la juste valeur des actifs et des passifs de l'entité est fournie, l'indice me paraît clair!

Partie 10
p. 137

inapproprié / inadéquat	RÉUSSITE
→ se servir des chiffres de ventes du passé pour calculer les produits prévus au lieu de s'appuyer sur la meilleure estimation fournie quant aux perspectives du marché.	→ se servir des données pertinentes de l'étude de cas pour effectuer un calcul le plus utile possible. → exécuter un calcul permettant l'obtention d'un résultat interprétable en fonction de la demande.

Il est préférable d'effectuer un calcul simple et court que pas de calcul du tout!

3- Planifier la réalisation du calcul.

Quelle en est l'ampleur?
Quelles sont les étapes ou les grandes sections?
Quelles sont les composantes particulières ou indispensables?

Par exemple, dans l'objectif de déterminer la combinaison optimale des produits à fabriquer, il faut premièrement calculer la marge sur coûts variables de chacun d'eux puis, deuxièmement, déterminer le nombre d'unités de la ressource limitée par produit (ex.: heures de main-d'œuvre), pour finalement calculer la marge sur coûts variables par facteur contraignant (contrainte).

Une approche méthodique facilite la réalisation d'un calcul. Partie 1 p. 12

Dans la planification de tout calcul, il faut tenir compte de l'importance des composantes qui peuvent en faire partie. En me servant de la nomenclature décrite à la Partie 2 (p. 20 et p. 21), je vous suggère de faire la distinction entre les composantes importantes, les composantes de moindre importance et les composantes peu importantes (non pertinentes). Par expérience, pour réussir un calcul, je peux vous dire ceci :

Il faut **intégrer toutes** – ou presque toutes (visons la majorité lorsqu'il y en a beaucoup) – **les composantes importantes** d'un calcul et, si nécessaire, une partie de celles de moindre importance.

Afin de présenter un calcul « raisonnable », il faut donc considérer l'ensemble des données disponibles et DÉTERMINER CE QUI EST IMPORTANT, COMPTE TENU DES PARAMÈTRES DU CAS (demandes, rôle, contexte). Outre l'ampleur des sommes en jeu, l'impact potentiel sur l'un des aspects clés du cas doit être envisagé. Lorsque l'ajout – ou non – d'un ajustement à faible montant modifie la conclusion quant à l'atteinte – ou non – du seuil de rentabilité, par exemple, sa considération devient alors essentielle.

Le temps restreint d'un cas exige de faire des choix.
Qu'est-ce qui peut faire une différence?
Priorisons.

Il faut donc insister sur ce qui compte le plus, c'est-à-dire les composantes importantes, qui sont régulièrement plus complexes ou qui exigent davantage d'explications. Quant aux composantes de moindre importance, elles sont *a priori* plus rapidement considérées, lorsque le temps le permet.

Le but est de fournir un calcul « raisonnable », pas nécessairement complet, ni parfait.

EXEMPLE DE CALCUL APPROPRIÉ (méthode indirecte) À comparer à la page 69

	A	B	C	D
1	Objectif : Obtenir un résultat net ajusté et déterminer si la clause restrictive est respectée			
2	Résultat avant impôts		en milliers $	113000
3	Produits non gagnés	*a*	-20000	
4	Coût des ventes (40 %)	*a*	8000	
5	Frais de garanties	*b*	-15000	-27000
6	Résultat avant impôts ajusté			86000
7	Impôts (20 %)			17200
8	**Résultat net ajusté**			**68800**
9	RATIO DE COUVERTURE DES INTÉRÊTS (> 6.0?)			8.17
10	=résultat avant impôts et intérêts divisé par intérêts		=(D6+12000)/12000	**respecté**

=SOMME(C3:C5)

=0.20*D6

IFRS 15 3400 *a* L'acompte sur contrat reçu de 20 000 $ n'est pas gagné au cours de la période puisque la livraison des biens achetés n'a pas eu lieu et que rien n'indique un quelconque transfert des risques et avantages inhérents à la propriété.

IAS 37 3290 *b* Afin de rattacher les charges aux produits auxquels elles se rapportent, les frais de garanties estimés du nouveau produit s'élevant à 15 000 $ sont une charge de l'exercice courant.

L'exemple de la page précédente me permet de signaler quelques points à retenir.

- Le calcul répond à une(plusieurs) demande(s) du cas où l'obtention d'un chiffre précis, soit le « résultat net ajusté », est nécessaire afin de compléter l'analyse des problématiques soulevées. En d'autres circonstances, l'état des résultats dressé en bonne et due forme pourrait être demandé. À ce moment-là, la méthode directe où tous les postes sont repris et ajustés l'un après l'autre serait utilisée (p. 69).
- L'impact de l'ajustement d'une seule et même question comptable est inscrit pour tous les postes concernés dans un même mouvement. Ainsi, l'ajustement « *a* » concernant les produits non gagnés requérant une diminution des produits de 20 000 $ mène aussi à une diminution du coût des ventes de 8 000 $. Cette dernière partie de l'ajustement est malheureusement facile à oublier. Penser « débit-crédit » est un truc efficace lorsqu'on désire s'assurer d'avoir considéré l'impact complet d'un ajustement donné. L'écriture de correction devrait être établie à même l'analyse de la question comptable.
- Le calcul est d'une présentation impeccable, ce qu'il n'est pas toujours nécessaire de faire (voir p. 71). Ici, étant donné la clarté de ce qui est effectué, l'objectif pourrait être omis ou écrit plus succinctement.

Ce sont les ajustements intégrés au calcul qui comptent.

Lorsqu'il n'est pas facile de déterminer quoi calculer, je vous suggère de commencer par un calcul simple. Face à une situation incertaine, certains candidats vont perdre du temps à faire des calculs inutilement longs, trop compliqués ou tout simplement inappropriés. Rappelez-vous qu'il est plus facile d'ajouter des chiffres que de récupérer le temps perdu à cause d'un calcul inutile. D'autres candidats vont plutôt s'abstenir de faire un calcul sous prétexte qu'il ne sera pas complet. Rappelez-vous qu'il est possible de démontrer – du moins partiellement – votre capacité d'analyse et de conclure avec un calcul incomplet alors que c'est impossible s'il n'y en a pas! Le candidat n'ayant pas intégré tous les ajustements nécessaires au budget flexible, par exemple, peut tout de même interpréter les écarts qu'il aura calculés.

Ne bloquez pas votre propre réussite par des idées préconçues sur la valeur de ce que vous faites.

inapproprié / inadéquat	RÉUSSITE	RÉUSSITE +
→ présenter un calcul non actualisé, qui omet les éléments critiques particuliers au projet d'acquisition du nouvel équipement.	→ effectuer un calcul raisonnable de la valeur actualisée nette du projet d'acquisition du nouvel équipement.	→ niveau précédent bien fait + réaliser une analyse de sensibilité qui tient compte de la croissance potentielle de la demande.
→ présenter un calcul sans ligne directrice ou qui intègre des composantes mineures.	→ effectuer un calcul qui considère le revenu supplémentaire et le coût de renonciation.	→ niveau précédent bien fait qui intègre seulement les données pertinentes.

POINT DE VUE

Par expérience, je peux vous dire qu'il est très tentant d'effectuer un calcul complet, en bonne et due forme. Cette attitude n'est pas mauvaise en soi, mais il ne faut jamais perdre de vue que les minutes sont comptées. Je lis régulièrement des réponses de candidats qui ont malheureusement investi trop de temps dans la préparation de l'analyse quantitative au détriment du reste. Il m'apparaît indispensable de s'assurer d'effectuer le calcul « raisonnable » requis par le cas; pas plus, pas moins.

Supposons que le point critique consiste à déterminer le montant de loyer supplémentaire à verser au bailleur; loyer qui dépend des produits nets. Dans cette circonstance, seuls les ajustements qui influencent ce chiffre sont à considérer.

Assurez-vous de bien déterminer l'objectif, puis de planifier le calcul.

NE DIVERGEZ PAS!

Dans l'exécution d'un calcul, la tendance est de justifier, lorsque nécessaire, la présence des ajustements effectués. Or, pour une réponse complète, il faut parfois aussi justifier CE QUI A ÉTÉ EXCLU. C'est que la démonstration de la logique sous-jacente aux calculs est une compétence à démontrer. Supposons, par exemple, que l'on demande de « calculer le coût de revient d'un produit ». On exclura de ce calcul entre autres le coût des déchets anormaux. L'action d'exclure ce coût du calcul est correcte. Toutefois, en l'absence d'explications afférentes, le correcteur ne peut savoir si l'exclusion résulte d'un oubli ou d'une décision songée. Il ne peut pas présumer que le candidat est conscient de ce qu'il fait.

La justification de l'omission d'une donnée au calcul présenté peut compter.

La préparation d'un calcul exige parfois l'établissement d'hypothèses de travail. Dans certaines circonstances, il faut estimer le chiffre à utiliser, ou encore, il faut choisir entre deux possibilités. Ce n'est toutefois pas très courant lorsqu'il s'agit de courts cas de 60 à 90 minutes et, s'il y a lieu, le nombre d'hypothèses à établir demeure limité.

Assurez-vous que les circonstances requièrent vraiment l'établissement d'hypothèses de travail.

Tenez compte des indices du cas!

Faire preuve de sens pratique.

CARACTÉRISTIQUES DES HYPOTHÈSES DE TRAVAIL

Caractéristique	Exemples
Les hypothèses **résultent d'un choix**.	Lorsqu'une donnée est fournie telle quelle dans le cas, ce n'est pas une hypothèse! – Le cas indique que « la marge bénéficiaire brute est en moyenne de 60 % ». Nul besoin d'expliquer la provenance de cette donnée dans le calcul du résultat net ajusté.
Les hypothèses sont **raisonnables**.	Il faut émettre des hypothèses logiques, appropriées aux circonstances. – Tout en considérant les particularités d'un cas, le taux d'actualisation retenu doit être réaliste. *A priori*, 3 %, c'est trop bas, et 20 %, c'est trop haut!
Les hypothèses **s'appuient sur les informations du cas**.	Il est inutile d'émettre une hypothèse arbitraire! – Lorsqu'il s'agit d'estimer la provision pour garanties, il est logique d'utiliser les chiffres du cas. L'ingénieur en chef établit qu'il en coûtera 15 000 $ tandis que le directeur de l'usine mentionne que c'est tout au plus 5 % du chiffre de ventes? Il faut choisir et justifier son choix. – Il serait inutile de supposer un taux d'inflation de 2 %, particulièrement si le cas n'en fait aucunement mention.
Les hypothèses sont **faciles à travailler**.	Comme il s'agit d'hypothèses, il faut faire les choses simplement, sans ajouter de complications inutiles. – À tout prendre, il est plus simple d'utiliser le mode linéaire que le mode dégressif pour amortir une immobilisation.
Les hypothèses sont **brièvement justifiées**.	En général, une phrase ou deux suffisent pour mentionner quelle est l'hypothèse retenue, et pourquoi. – « Puisque la durée de vie des équipements requis est de cinq ans, je vais effectuer l'analyse de rentabilité sur cette période. »

Il peut certainement arriver qu'un candidat se trompe et prenne, par exemple 60 % pour calculer le coût des ventes de l'ajustement aux produits alors qu'il devrait plutôt prendre 40 %. D'emblée, disons qu'une telle erreur n'invalide pas l'ensemble du calcul effectué. Mentionnons aussi que, dans le processus d'évaluation d'une réponse, une erreur n'est pénalisée qu'une seule fois. Par exemple, l'application inadéquate d'un concept menant à un chiffre erroné pourrait être pénalisée dans l'évaluation de la question comptable. Le correcteur examinera ensuite si cet ajustement « erroné » est adéquatement reporté ou utilisé ailleurs.

POINT DE VUE

Il ne faut habituellement pas changer les données fournies dans un cas, du moins *a priori*. Certains candidats remettent tout en question, puis changent arbitrairement les données financières à intégrer dans leur calcul. Lorsque le cas fournit, par exemple les prévisions de ventes d'un nouveau produit, il faut utiliser ces chiffres. Et ceci, même si l'on « soupçonne » le propriétaire de l'entreprise d'être un peu trop optimiste. Ce sera tout au plus un commentaire qualitatif à inscrire en tant que risque au projet. Un risque, ce n'est pas une hypothèse!

Il faut détenir des indices clairs et concrets pour changer les chiffres fournis par l'étude de cas.

Par contre, si le directeur du Service de marketing mentionne, par exemple, que « Les prévisions sont surévaluées de 20 %. », il s'agit d'un indice à considérer. La mention d'une échelle de mesure, soit « 20 % », permet alors le calcul d'un ajustement précis aux données financières de base fournies. Ou encore, cela permet l'établissement d'un scénario différent. L'ajustement n'est alors plus strictement arbitraire.

Utiliser le résultat d'un calcul

Avant d'utiliser un calcul, assurez-vous que le résultat obtenu soit vraisemblable.
AYEZ LE RÉFLEXE D'ÉVALUER LA PLAUSIBILITÉ DES CHIFFRES CALCULÉS.

Il arrive trop souvent que des candidats jonglent machinalement avec des chiffres sans vraiment les voir. Prenons le calcul du résultat net ajusté de l'exemple présenté un peu plus tôt (p. 62). À partir du résultat actuel avant impôts de 113 000 $, compte tenu du sens des ajustements effectués, il serait surprenant d'arriver à un résultat plus élevé. Avant de continuer la rédaction de votre réponse et de devoir interpréter un chiffre invraisemblable, prenez du recul. Il se pourrait, par exemple, que vous ayez inscrit « 80 000 $ » au lieu de « 8 000 $ » ou inscrit « + 20 000 $ » au lieu de « – 20 000 $ ». Sans obtenir une preuve formelle que votre calcul est exact, il est certainement possible d'estimer un intervalle ou d'établir un point de repère plausible qui le validera.

Il est indispensable d'INTERPRÉTER TOUT CALCUL effectué. À quoi sert-il? LE RÉSULTAT OBTENU DOIT ÊTRE UTILISÉ. Un calcul constitue rarement le point central d'une demande. Autrement dit, le calcul fait généralement partie d'une analyse qualitative qui l'englobe. Il est rarement une fin en soi. L'estimation des coûts de garanties, par exemple, pourra servir la question comptable ou la question fiscale. En outre, le fait de déterminer si la clause restrictive est respectée contribue à l'évaluation de la solvabilité de l'entité ou du risque d'audit, par exemple. Personnellement, afin de m'assurer de ne pas l'oublier, j'inscris une conclusion dans l'annexe du calcul dès que je le termine. Certains candidats préfèrent l'écrire dans le corps même du texte de la réponse; cela ne fait aucune différence.

inapproprié / inadéquat	RÉUSSITE
→ commettre des erreurs conceptuelles ou fondamentales dans la réalisation d'un calcul (ex.: formule d'un ratio, actualisation, calcul des intérêts).	→ démontrer sa compétence dans l'usage approprié des données du cas. (ex.: exclure les coûts fixes ou les éléments non récurrents, et dire pourquoi).

Ce n'est pas tant le résultat obtenu qui compte, mais la qualité de l'interprétation qu'on en fait.

À ce moment-ci, je désire vous sensibiliser sur la différence entre un énoncé et une interprétation.

Un **énoncé** exprime en mots ce que les calculs montrent. Il résume ce qu'on voit.

Une **interprétation** concerne **le sens**, **l'utilité** ou **l'implication** du calcul.

C'est dans l'interprétation du résultat obtenu que le candidat exerce son jugement professionnel et démontre sa capacité d'utiliser un calcul à des fins précises. En d'autres termes, le résultat d'un calcul fait la plupart du temps partie intégrante de la résolution de l'une ou l'autre des demandes du cas.

Tout résultat doit être interprété, même s'il va à l'encontre des attentes initiales.

Il faut fournir une interprétation valable en fonction des particularités du cas.

EXEMPLES D'INTERPRÉTATION DU RÉSULTAT D'UN CALCUL

Calcul du ratio de liquidité générale

92 000 / 80 000 = 1,15

Énoncé : « Le ratio de liquidité générale est de 1,15. »

Exemples d'interprétation :

« Le ratio de 1,15 est supérieur au seuil minimal de 1,0 requis par le créancier hypothécaire. »

OU

« Le ratio de 1,15 est supérieur à celui du secteur d'activité qui se situe aux environs de 0,80, ce qui confirme la présence d'un excédent d'inventaire. »

OU

« Le ratio de 1,15 est inférieur à l'objectif de Vincent de le maintenir au-dessus de 1,25. »

pertinent et nouveau

L'interprétation d'un calcul requiert une certaine analyse ou une certaine intégration, ce qui exige d'aller au-delà du résultat obtenu. Dans l'exemple ci-dessus, énoncer que « Le ratio de liquidité générale est de 1,15. » n'est pas vraiment utile. C'est dire en mots ou résumer ce que le calcul montre clairement et, à ce titre, **ce n'est pas une idée nouvelle**, c'est une évidence!

OBJECTIF
↓
CALCUL
↓
INTERPRÉTATION

POINT DE VUE

Certains candidats vont volontairement omettre de discuter en tout ou en partie de certains aspects (ou sujets) lorsque le résultat obtenu de l'analyse quantitative n'est pas conforme aux attentes. Doit-on omettre de discuter du mode de financement lorsque l'analyse de l'investissement mène au rejet du projet? Doit-on laisser tomber l'analyse des avantages et inconvénients (risques) de l'acceptation d'une commande unique sous prétexte que la somme des coûts variables est supérieure au prix offert par le client? La réponse à ces deux questions est fort simple, et nous ramène au paramètre clé de toute étude de cas. **Est-ce demandé?** Si oui, peu importe le résultat de l'analyse quantitative, il faut continuer et suivre le plan. Les demandes – ainsi que les grilles de correction – sont les mêmes pour tous les candidats.

revoir Partie 3 p. 43

ÉLÉMENTS POUVANT BONIFIER L'INTERPRÉTATION DU RÉSULTAT D'UN CALCUL

Comparaison	Dans l'objectif de dégager un profil, une relation ou une tendance, le résultat d'un calcul peut être comparé d'une période à l'autre, être confronté au secteur ou être exprimé en pourcentage d'une donnée de référence. Vous pouvez également faire preuve de sens pratique face à la quantité obtenue par un calcul du seuil de rentabilité (point mort) ou dans l'interprétation d'un délai de récupération, par exemple. Ex.: « Au cours des derniers mois, le prix des actions de Réacto a chuté d'environ 21 %. Pendant la même période, l'indice boursier du marché pris dans son ensemble a grimpé d'environ 3 %. » Lorsqu'il s'agit de choisir entre des alternatives, il est essentiel de pouvoir disposer d'une **base commune de comparaison**. On calcule, par exemple le taux avant impôts ou le taux après impôts de tous les moyens de financement proposés, ou encore, on compare la valeur actualisée des flux générés par chacune des propositions sur une même période.
Objectif du calcul	Un retour à l'objectif de départ (ex.: déterminer si le bénéfice imposable excède 500 000 $) constitue un bon point de départ à l'interprétation. Ex.: « Le seuil de signification a été estimé initialement à 5 650 $, soit 5 % du résultat net avant impôts qui est de 113 000 $. Mon estimation révisée, calculée selon la même base, mais en tenant compte des ajustements comptables (5 % de 86 000 $), s'établit plutôt à 4 300 $. Remarque : L'aspect comparaison est également présent dans cet exemple.
Particularités du contexte	Il est parfois possible d'établir un lien avec l'une ou l'autre des particularités du cas comme les objectifs, besoins, partis pris et comportements des parties prenantes, les pratiques et politiques de l'entité ou les contraintes. Ex.: « L'équipe de direction sera certainement concernée par la diminution de 21 600 $ (90 400 $ - 68 800 $) du résultat net parce que leur programme de primes se fonde essentiellement sur ce montant. » Ex.: « Le directeur des ventes désire accepter toute commande offrant 4 $ et plus par unité pour les articles en bois. Toutefois, le coût standard variable unitaire s'élève à 4,50 $ (45 000 $ / 10 000 un.). »

J'aimerais finalement attirer votre attention sur le fait qu'une analyse quantitative comprend naturellement une partie strictement mathématique. Il faut, par exemple multiplier les produits par 40 % afin d'obtenir l'ajustement du coût des ventes. Ce n'est toutefois pas vraiment la multiplication qui compte dans l'évaluation de la réponse, mais le fait de penser à l'ajustement du coût des ventes puis, incidemment, de l'avoir correctement établi.

Il arrive souvent que des candidats ne comprennent pas pourquoi ils n'ont pas réussi leur analyse quantitative. D'une part, il se peut que les composantes retenues dans le calcul soient de moindre importance ou soient non pertinentes. En effectuant l'analyse financière par ratios, par exemple, certains candidats vont suivre l'ordre de présentation des ratios du secteur d'activité fournis dans le cas. Or, il faut plutôt prendre du recul et choisir les plus importants, car le temps limité à l'analyse ne permet pas de tous les traiter. Ce ne sont pas nécessairement ceux listés en premier qui sont les plus critiques. Il y a assurément des composantes qui demandent davantage de réflexion que d'autres. *Priorisons.*

Pour réussir un calcul, il faut s'attarder sur les composantes importantes.

D'autre part, il se peut qu'une bonne partie du travail effectué par le candidat soit strictement mathématique ou soit essentiellement une reproduction de données financières déjà disponibles dans le cas. Multiplier tous les chiffres par « 1,02 », par exemple pour tenir compte d'une hypothétique inflation, est une action essentiellement mathématique, sans véritable contenu. Le candidat peut avoir l'impression d'avoir accordé un temps raisonnable aux calculs, alors que ce temps a plutôt été mal utilisé.

Présenter ses calculs avec efficience

Comme mentionné précédemment, il faut d'abord identifier ce qui est visé par le calcul; ce en quoi consiste l'aboutissement de l'analyse. Il faut ensuite planifier les étapes nécessaires à son exécution, puis déterminer quelles en sont les principales composantes, pour une profondeur d'analyse quantitative raisonnable. Lorsque l'on a besoin, par exemple, de s'assurer que le ratio de liquidité immédiate respecte la limite imposée par la banque, il n'est alors pas nécessaire de refaire l'état de la situation financière (bilan) au complet. On cible plutôt les postes ou groupes de postes composant l'actif courant (autres que stocks et charges payées d'avance) et le passif courant (à court terme). Naturellement, lorsque la demande précise « de refaire un état financier » dans son entièreté, il faut y acquiescer. Lorsqu'il s'agit de redresser des données financières, il y a deux façons de faire : la méthode directe ou la méthode indirecte.

Comme l'exemple présenté à la page suivante (p. 69), la **méthode directe** consiste à refaire un état financier – ou une partie de celui-ci selon les besoins – en partant de la liste des postes actuels, non ajustés. On inscrit par la suite les ajustements requis afin d'extrapoler le solde ajusté de chacun des postes. Cette manière de présenter un calcul est celle retenue dans la plupart des solutions officielles d'études de cas.

Comme l'exemple présenté précédemment (p. 62), la **méthode indirecte** consiste à débuter le calcul par le chiffre global non ajusté; chiffre cumulant les postes cibles auquel on applique, sur une base marginale ou différentielle, les ajustements requis. Le résultat final sera le même que celui de la méthode directe, mais la réalisation du calcul requiert un laps de temps généralement plus court.

Il n'est certes pas toujours nécessaire de refaire un état au complet, en bonne et due forme, pour obtenir le résultat recherché. Cela dépend de la demande et du nombre de postes concernés. Lorsque le résultat d'un seul chiffre est nécessaire à l'analyse, la méthode indirecte répond généralement bien à l'objectif. Il en serait autrement si l'on avait besoin du solde ajusté de plusieurs postes importants d'un état afin d'effectuer une analyse comparative avec la période précédente, par exemple.

Lorsque les ajustements sont nombreux, et que l'état contient peu de postes, la méthode directe est habituellement retenue.

POINT DE VUE

La méthode indirecte est généralement plus rapide, mais un peu plus complexe. Certains candidats peuvent avoir de la difficulté à établir correctement le signe de chacun des ajustements. D'autres candidats peuvent avoir besoin d'un portrait plus détaillé de la situation afin de bien saisir toutes les implications.

Il faut être à l'aise avec la méthode indirecte, car il est malheureusement plus facile de faire un oubli, ou encore, de se tromper en créant la formule de calcul. Quoi qu'il en soit, comme nous le verrons à la Partie 6, il est utile de réconcilier les calculs d'une solution officielle en utilisant la méthode indirecte; question de valider sa compréhension de ce qui se passe et d'apprendre à accélérer la réalisation des calculs. Cela permet également de faire l'expérience d'utiliser différentes façons d'atteindre un même objectif.

JUGEMENT PROFESSIONNEL

QUALITATIF ↘ ↙ QUANTITATIF

ÉQUILIBRE

↓

RÉPONSE APPROPRIÉE

À comparer à la page 62

EXEMPLE DE CALCUL APPROPRIÉ (méthode directe)

	A	B	C	D	E	F	G
1	Objectif : Refaire l'état des résultats et déterminer si la clause restrictive est respectée						
2	(en milliers $)	Chiffres non ajustés	Ajustements			Chiffres ajustés	
3	RÉSULTATS						
4	Produits des activités ordinaires	530500	*a*	-20000		510500	=B4+D4+E4
5	Coût des ventes	312000	*a*	-8000		304000	
6	Marge brute	218500				206500	=F4-F5
7	Frais de vente	65500				65500	
8	Frais généraux et administratifs	40000				40000	
9	Frais de garanties		*b*	+15000		15000	
10	Résultat avant impôts	113000		-27000		86000	
11	Impôts sur le revenu (20 %)	22600		-5400		17200	=F10*0.20
12	Résultat net	90400				68800	
13							
14	RATIO DE COUVERTURE DES INTÉRÊTS	=résultat avant impôts et intérêts divisé par intérêts =(F10+12000)/12000				8.17	**respecté > 6.0**

a et b p. 62

En guise de complément au texte de la réponse, les calculs sont généralement présentés en annexe (A, B… ou 1, 2…) où chacun d'eux est désigné par un titre approprié. Afin de permettre au correcteur d'évaluer l'analyse qualitative et l'analyse quantitative d'un sujet dans un même mouvement, assurez-vous de faire une référence appropriée à l'annexe contenant vos calculs. Je vous suggère d'ailleurs d'inscrire brièvement cette référence dès le début de l'analyse qualitative de la demande concernée. Sachez aussi qu'un court calcul, tels un seuil de rentabilité ou un seuil de signification pour les travaux, peut être présenté dans le corps même du texte, entre parenthèses.

Il n'est habituellement pas nécessaire de justifier un chiffre apparaissant tel quel dans le cas.

Lorsque le calcul s'accompagne de notes explicatives ou d'hypothèses de travail, je vous suggère de les placer sur la même page que le calcul auquel elles se rapportent. Personnellement, je les place à la toute fin pour que l'ensemble du calcul effectué apparaisse dès l'ouverture du tableur. Une courte explication (ex.: 40 %) ou une courte hypothèse (ex.: supposé constant) peut toutefois s'intercaler entre deux lignes de calcul sans altérer le portrait global du calcul.

POINT DE VUE

Lorsqu'il s'agit d'ajuster des données financières, nombre de calculs nécessitent une certaine analyse quant au bien-fondé d'un ajustement ou quant au montant à utiliser. Outre l'ajustement des états financiers, pensons au calcul de l'effet cumulatif des anomalies non corrigées, au calcul du bénéfice normalisé pour fins d'évaluation d'une entreprise ou à la préparation de prévisions financières. Dans ces situations, le candidat peut bâtir son calcul au fur et à mesure de l'analyse qualitative, au fil de la résolution de chacune de ses parties, ou attendre à la toute fin de celle-ci.

Pour des raisons d'efficience, je recommande d'effectuer l'analyse qualitative et l'analyse quantitative en concomitance. Lorsque la discussion sur un aspect (ou sujet) se termine, on reporte alors l'ajustement requis au calcul. Cela élimine la nécessité de devoir ultérieurement revenir en arrière afin de retracer quel est l'impact de l'une ou l'autre des questions analysées.

Vous avez probablement déjà compris que l'analyse quantitative doit répondre aux mêmes impératifs que l'analyse qualitative. Elle doit être planifiée dans le but d'inclure essentiellement des idées pertinentes et nouvelles, présentées avec efficience. Les notions exposées dans les parties précédentes de ce volume s'appliquent donc également à la réalisation des calculs. En conséquence, je vous suggère :

- ***d'éliminer les calculs inutiles.*** Il est naturel, par exemple de calculer la marge brute d'un état du résultat présenté en bonne et due forme. Dans la réponse d'un cas, compte tenu du temps limité, un tel sous-total est rarement utile. De même, calculer le Résultat avant impôts, puis le montant des Impôts afin d'obtenir le Résultat net, peut être fait plus rapidement. Prendre le Résultat avant impôts, puis le multiplier directement par « 1 - taux d'imposition », aboutit au même résultat. Finalement, comme l'exemple de la page 69 (colonne D), faites l'addition de tous les ajustements avant de calculer l'impact fiscal. Cela vous évitera d'effectuer un calcul à chacun d'eux. Le même raisonnement s'applique lorsqu'il s'agit d'actualiser des données financières.

  En fait, et c'est particulier au présent exemple, dans l'objectif de déterminer le ratio de la couverture des intérêts, le calcul de la charge d'impôts et du résultat net n'est pas requis. En tant que comptables, nous sommes tellement habitués à présenter des états financiers en bonne et due forme que nous le faisons sans vraiment réaliser que ce n'est pas toujours nécessaire.

- ***de préciser le sens des chiffres.*** Par expérience, je peux vous dire qu'il est facile de s'empêtrer dans les chiffres et de se tromper en effectuant l'opération mathématique. Savoir dans quel sens ajuster un poste est une chose, l'identifier de manière à ce que ce soit correctement intégré par la formule du logiciel de calcul en est une autre. Et, il faut bien le dire, les erreurs de signe sont assez fréquentes. Personnellement, j'utilise un système simple de manière à pouvoir utiliser la fonction « SOMME » dans la plupart des situations. Ainsi, dans l'exemple de la page 62, tout ce qui diminue le résultat net est précédé d'un « - ». C'est la façon de faire que je préfère (voir aussi p. 71). Dans l'exemple de la page 69, les signes « + » et « - » vont plutôt dans le même sens que la position originale du poste. En d'autres termes, « -20000 » en D-4 signifie que les produits diminuent de 20 000 $ tandis que « -8000 » en D-5 signifie que le coût des ventes diminue.

- ***d'abréger les rubriques utilisées.*** Par réflexe, la plupart des candidats prennent le temps – trop même – d'inscrire en détail chacune des rubriques. Ce n'est vraiment pas nécessaire puisque l'essentiel de l'analyse quantitative se rapporte justement au calcul effectué. Vous pouvez donc – et je vous le suggère fortement – abréger davantage vos mots que dans l'analyse qualitative. Ainsi, « Frais G + A » ou même « G + A » suffit pour « Frais généraux et administratifs ». Il est d'ailleurs inutile de mentionner que les chiffres sont « en milliers de dollars canadiens » s'il en est ainsi dans l'étude de cas. Finalement, inscrire « X » ou « ? » pour signaler un ajustement potentiel ne sert à rien dans un calcul qui, par définition même, nécessite des chiffres. **Il faut faire le calcul plutôt que d'expliquer comment le faire.**

  RAPPEL : PRÉÉMINENCE DE LA SUBSTANCE SUR LA FORME

  Naturellement, lorsque les mêmes rubriques servent plus d'un calcul, la présentation d'un tableau dans un format comparatif est à envisager. Par exemple, la définition d'un ratio peut servir au calcul de ce ratio pour deux périodes. Il en serait de même pour un calcul de flux de trésorerie sur plus d'un an.

- ***de ne pas encombrer le calcul effectué.*** Les chiffres peuvent être arrondis et le symbole « $ » n'est pas nécessaire. Certes, vous pouvez dire que l'inscription de « 000 » au bout de chaque chiffre se fait rapidement, ou encore, que l'ajout du « $ » ou même des cents « ,00 » se fait automatiquement par le logiciel. C'est vrai, mais le fait de dégager la feuille de calcul fait davantage ressortir l'essentiel. Il faut également éviter d'intercaler de trop longues explications au milieu des calculs.

  Remarque : Une autre mesure que le dollar comme le nombre de litres, par exemple, devrait être signalée; une seule fois, au début de la ligne ou dans le haut de la colonne.

- ***d'éviter les répétitions.*** Il est très facile de faire des répétitions lorsqu'il s'agit des notes explicatives ou des hypothèses. Quand la justification d'un ajustement figure dans le texte de la réponse, il n'est pas nécessaire de la répéter dans l'annexe de calcul. La plupart des ajustements aux états financiers, par exemple, sont expliqués à même l'analyse qualitative des questions comptables. Nul besoin de résumer la discussion une autre fois en annexe. Faites une courte référence à l'écriture déjà répertoriée, ou encore, utilisez rapidement la fonction « copier/coller ». Personnellement, j'utilise des lettres en guise de référence aux notes explicatives et hypothèses, tout simplement pour éviter la confusion avec les chiffres. Il est d'ailleurs préférable d'utiliser la même référence pour tous les postes ou ajustements découlant d'une même analyse.

Une idée répétée n'est pas prise en compte deux fois dans l'évaluation.

- ***de ne pas sur expliquer ce qui est évident.*** Dire en mots ce que les chiffres montrent clairement est inutile. Par exemple, dire « Je vais diviser le résultat avant les impôts et les intérêts par les intérêts afin d'obtenir le ratio de couverture des intérêts. » n'ajoute rien au calcul proprement dit. Comme l'exemple ci-dessus (C-14, p. 69), le calcul est simple et facile à suivre. Idem pour G6 et G11. De même, indiquer « 20 % » entre parenthèses à côté du poste Impôts (A-11, p. 69) n'a pas besoin de plus amples explications, car il est inutile d'expliquer la provenance d'hypothèses ou de chiffres utilisés tels quels dans l'étude de cas. Vous remarquerez d'ailleurs qu'un chiffre donné y est rarement présent plus d'une fois, ce qui permet de le retracer rapidement. Voici le même calcul que la page 69, rédigé d'une manière plus succincte avec efficience. Remarquez que ce calcul contient tout ce qui est approprié à la réponse, mais qu'il se réalise en moins de temps.

EXEMPLE DE CALCUL APPROPRIÉ (méthode directe)

	A	B	C	D	E	F	G
1	Objectif : Refaire l'état des résultats et déterminer si la clause restrictive est respectée						
2		non ajustés	Ajustements			ajustés	
3							
4	Produits	530500	*a*	-20000		510500	=B4+D4+E4
5	CMV	-312000	*a*	8000		-304000	
7	Vente	-65500				-65500	
8	G + A	-40000				-40000	
9	Garanties		*b*	-15000		-15000	
10	Rés. avant I	113000				86000	
11	COUVERTURE DES INTÉRÊTS			=(F10+12000)/12000		8.17	> 6.0
12						**respecté**	

Prenez note que ce calcul répond à la demande de « refaire l'état des résultats ». Si l'on avait seulement besoin d'un résultat avant impôts corrigé, on pourrait utiliser la méthode indirecte (p. 62). Ou encore, en partant de l'idée que les ajustements sont bien expliqués ailleurs dans la réponse, on pourrait présenter le calcul comme suit, peut-être même entre parenthèses dans le corps même du texte :

Rés avant I : 113 000 - 20 000 + 8 000 - 15 000 = 86 000

Ratio couverture : [(86 000 + 12 000) / 12 000] = 8,17 > 6,00 **respecté**

inapproprié / inadéquat	**RÉUSSITE**
→ présenter les calculs dans une seule et même colonne alors que la situation a grandement changé au cours de la période.	→ séparer le calcul en ses différentes parties, compte tenu de leurs caractéristiques propres, pour une meilleure compréhension du résultat.

POINT DE VUE

Il faut considérer le fait que le lecteur de votre réponse – en l'occurrence le correcteur – obtient généralement le document à évaluer dans le format *PDF*. Si tel est le cas, **il voit seulement ce qui est apparent**. Faites l'exercice d'imprimer l'une de vos analyses quantitatives afin de prendre connaissance de ce que le correcteur reçoit et voit. Tout comme moi, vous comprendrez que :

- les pages sont ordonnancées de haut en bas; pas de gauche à droite. Lorsqu'un calcul s'étend sur plusieurs colonnes, la partie qui excède la page courante sera présentée plus loin, à la suite de toutes les pages de gauche. Les pages d'un même calcul ne sont donc pas automatiquement jointes les unes aux autres.

  SOLUTIONS : – utiliser le format « paysage »;
  – restreindre le nombre ou la largeur des colonnes.

- les formules utilisées n'apparaissent pas. Seul le résultat final est visible.

  SOLUTION : précéder la formule d'un signe quelconque et la présenter dans la cellule d'à-côté. Ex.: « *=(F10+12000)/12000 » (C-11, p. 71)

  Il faut seulement présenter les formules utiles à la compréhension du lecteur telles la pondération du bénéfice normalisé dans la détermination de la valeur d'une entreprise ou l'imputation des frais fixes aux stocks en cours. Il n'est donc pas nécessaire de présenter les formules de base comme le calcul de la charge d'impôts (D-7, p. 62) ou le calcul de la marge brute (G-6, p. 69). Lorsque plusieurs calculs similaires doivent être effectués, telle l'obtention du chiffre ajusté de différents postes aux états financiers, je suggère l'usage d'une formule facile à « copier/coller » pouvant seoir à tous comme « *=B4+D4+E4 » (G-4, p. 71). La formule ainsi transférée devrait s'ajuster à la nouvelle cellule (ex.: B4 deviendra B5, etc.). Vérifiez-la tout de même avant l'usage!

- le texte d'une cellule qui excède la largeur de la colonne ne se retrouve pas nécessairement à l'endroit voulu!

Il faut identifier le moyen le plus efficient d'atteindre l'objectif.

POINT DE VUE

Il peut certainement arriver que la résolution de l'une ou l'autre des demandes du cas fasse ressortir un élément n'ayant pas été considéré dans un calcul précédemment exécuté. L'ajout ultérieur d'une composante supplémentaire peut même entraîner un changement dans l'interprétation du résultat obtenu.

Lorsque la composante est importante,
l'idéal est de prendre le temps d'effectuer le changement : calcul et interprétation.

Par manque de temps, ce n'est toutefois pas toujours possible. Sachez que vous pouvez insérer un chiffre dans un calcul sans pour autant modifier le résultat final et son interprétation. En plaçant, par exemple un « ' » ou un « * » devant un chiffre, ce dernier ne sera alors pas considéré par la formule de calcul. Vous aurez toutefois intégré l'ajustement en question dans l'analyse quantitative.

C'est la compréhension du concept qui compte,
pas la mathématique.

Q + R
p. 144

Partie 6
Analyser un cas simulé

Considérer les paramètres du cas
Comprendre les idées de la solution proposée
Analyser le guide d'évaluation

« Dans le respect de son individualité,
l'étudiant est amené à envisager différentes façons d'apprendre de manière à prendre conscience,
apprécier, puis améliorer son style d'apprentissage personnel. »

traduction libre de : © Deslauriers, Sylvie, *Helping Students Succeed in Their Accounting Studies*, International Journal of Accounting and Taxation, juin 2017, Vol. 5, No. 1, page 25.

Partie 6
Analyser un cas simulé

Dans un objectif d'amélioration continue, il m'apparaît indispensable de procéder à l'analyse en profondeur de chacune des études de cas simulées. Je crois personnellement qu'il faut consacrer environ une fois et demie à deux fois plus de temps à l'analyse d'un cas qu'à sa simulation proprement dite. Il faut prévoir, par exemple un temps d'étude post-simulation de 120 à 180 minutes (2 à 3 heures) pour un cas de 90 minutes. Je vous suggère de procéder à l'analyse d'un cas dès que possible après sa simulation. Ce sera encore frais dans votre mémoire. À mon avis, l'idéal serait à tout le moins de lire la solution proposée le jour même de la simulation; le reste du travail pouvant à la rigueur attendre quelques jours.

Chaque cas s'accompagne habituellement d'une solution « proposée » ou « officielle » qui intègre ou qui présente à part un guide d'évaluation. Cette solution contient l'essentiel des idées pertinentes qui répondent aux diverses demandes. Quant au guide d'évaluation – ou guide de correction –, il explique comment évaluer – ou corriger – la réponse d'un candidat. Bien que ces deux parties soient intrinsèquement reliées, nous reviendrons un peu plus loin (p. 83) sur l'analyse du guide d'évaluation.

Considérer les paramètres du cas

Comme mentionné dans les parties précédentes, les paramètres d'un cas servent de guide et de cadre de référence tout au long de la lecture du cas (p. 2 et 3) et de la rédaction de la réponse (p. 30). Lorsque vient le temps d'analyser un cas simulé, puis éventuellement de le corriger, il est important de considérer l'influence de ces particularités sur la résolution des diverses demandes. Ne les perdez jamais de vue!

INFLUENCE DES PARAMÈTRES DU CAS SUR LA SOLUTION PROPOSÉE

Paramètre du cas	Extraits de la solution proposée
LES DEMANDES Quel est le travail à faire? Quelles sont les problématiques à résoudre? Quels sont les aspects (ou sujets) importants? ⇓	– Comme demandé, la solution proposée présente les secteurs de risque de l'audit des postes de passif, suivis des procédures appropriées à mettre en œuvre. – Les moyens suggérés afin d'améliorer les contrôles de gestion permettent de s'assurer que les opérations sont réalisées dans le maintien des politiques de l'entité. – Il faut déterminer si chacun des coûts listés maintient ou accroît le potentiel de service de la machinerie.
Le rôle Quelle est la personnalité que le cas vous demande d'adopter? Quel est l'angle avec lequel les problématiques doivent être abordées?	– « L'auditeur doit examiner la police d'assurance et évaluer si le montant de la couverture est suffisant, compte tenu de l'augmentation du nombre de poursuites. » (exhaustivité, évaluation) – « Audrey, contrôleure, doit établir des contrôles internes qui préservent la confidentialité des données inscrites dans les dossiers de patients. » – « Le comptable doit s'assurer qu'il a la capacité d'évaluer de façon fiable les dépenses attribuables au projet de recherche d'un substitut aux procédés actuels de l'étude bactériologique. »

INFLUENCE DES PARAMÈTRES DU CAS SUR LA SOLUTION PROPOSÉE (suite)

Paramètre du cas	Extraits de la solution proposée
Le contexte Quels sont les renseignements de base qu'il faut mettre en relief pour mieux comprendre l'environnement de l'entité à l'étude?	L'entité œuvre dans le secteur des laboratoires médicaux et d'analyses diagnostiques. En conséquence : – La nature des activités est un facteur à considérer dans l'évaluation des risques d'audit. « Ainsi, l'insuffisance de la couverture au niveau de l'assurance responsabilité, compte tenu de l'incertitude quant à la portée des nouvelles poursuites en cours, augmente le risque de pertes aux états financiers. » – « La confidentialité des analyses et diagnostics est un élément clé à considérer dans le secteur de la santé. » – « Les coûts de la recherche d'un substitut aux procédés actuels de l'étude bactériologique, à l'étape de l'expérimentation en fin d'exercice, doivent être inscrits en résultat net lorsqu'engagés. »

Face à la solution proposée d'un cas :

- Assurez-vous de pouvoir expliquer la présence (ou l'absence) ainsi que l'importance de chaque aspect (ou sujet) discuté.
- Procédez à l'identification de l'aspect critique de chacun des aspects (ou sujets).
- Remarquez le niveau de profondeur des différents aspects (ou sujets).
- Relevez les interrelations entre les diverses parties de la solution.
- Faites l'effort de retracer tous les indices justifiant la présence d'un problème ou enjeu un peu « moins explicite », s'il en est.

inapproprié / inadéquat	RÉUSSITE	RÉUSSITE +
→ offrir une analyse purement conceptuelle. → ne pas tenir compte des informations du cas.	→ expliquer l'incidence de la découverte du détournement de fonds de l'ancien commis sur la planification de l'audit (risque et seuil).	→ niveau précédent bien fait + envisager l'incidence de la découverte du détournement de fonds sur le rapport de l'auditeur.

Comprendre les idées de la solution proposée

Il est essentiel de lire attentivement la solution proposée afin de profiter de l'occasion pour parfaire vos connaissances techniques des problématiques analysées. Chaque idée, chaque argument et chaque calcul doit être compris, peu importe son importance dans le cas. Les documents de référence, telles les normes comptables et les règles fiscales, doivent être sous la main et régulièrement consultés. Il se peut qu'un candidat ait manqué d'idées, qu'il se soit trompé ou qu'il n'ait pas su, par exemple analyser de manière adéquate la question comptable du financement public accordé à l'entité. Au fil des simulations, il faut relever ces sujets qui exigent une étude supplémentaire et les inscrire à l'agenda.

L'apprentissage, par l'analyse de cas à travers le temps, favorise la réussite.

POINT DE VUE

Certains candidats simulent un cas, puis se rendent directement au guide d'évaluation afin de corriger leur réponse sans plus attendre. Ils ne lisent pas ou lisent très peu la solution proposée, au besoin seulement, afin de prendre connaissance d'un calcul, ou encore, afin de clarifier ce que peut vouloir dire « dans la considération des principaux risques d'affaires de l'entité », par exemple.

En débutant l'analyse d'un cas par l'application du guide d'évaluation, le point de mire devient essentiellement l'évaluation de la réponse. En « choisissant » de lire seulement une partie de la solution proposée, dans l'objectif de compléter le guide d'évaluation, certains aspects pourtant fort utiles ne sont tout simplement pas étudiés. Les candidats qui procèdent comme tel ne bénéficient pas pleinement de tout ce que la solution peut révéler, limitant ainsi l'apprentissage par l'expérience.

Je vous suggère de débuter l'analyse d'une étude de cas par la compréhension des idées présentées dans la solution proposée. D'une part, cela permet de réviser ou de parfaire des notions déjà apprises. Par ailleurs, un sujet de moindre importance dans un cas peut très bien se trouver au premier plan dans la résolution d'un autre.

LA SOLUTION PROPOSÉE EST UNE EXCELLENTE SOURCE D'IDÉES.

D'autre part, une bonne compréhension de la solution proposée facilitera grandement l'évaluation ultérieure de la performance de votre réponse.

EN QUOI CONSISTE UNE RÉPONSE RAISONNABLE?

Il ne faut pas seulement « lire » la solution proposée,
il faut « étudier minutieusement chaque composante ».

L'analyse de cas favorise le développement des compétences.

La lecture doit être active, remplie de questionnements et de remises en question. Elle doit être effectuée de manière interactive avec les renseignements du cas ou toute autre référence pertinente. Outre la compréhension des idées émises, l'analyse de la solution proposée doit également vous permettre de développer votre capacité de résoudre un cas de manière appropriée.

Lier la solution aux indices du cas

Les idées énoncées dans la solution proposée ne sont certainement pas le fruit du hasard. Elles dépendent et découlent directement des informations – paramètres et indices – fournies dans le cas. Je vous suggère de faire régulièrement l'exercice de pointer l'une ou l'autre des idées de la solution proposée – particulièrement si leur présence vous surprend – et d'expliquer comment, à partir de l'étude de cas, vous auriez pu y penser. En d'autres termes, dans le cadre des diverses demandes, il faut retracer l'information qui explique la présence de l'idée dans la solution. Cela vous permettra de comprendre comment les idées de la réponse découlent du cas simulé tout en vous aidant à améliorer la qualité de la lecture du cas suivant. Vous vous apercevrez ainsi que le texte de chaque cas contient indéniablement une foule de renseignements pertinents à la résolution des diverses problématiques. Un candidat qui n'aurait, par exemple, pas remis en question l'intégrité de la direction, pourrait relire le cas afin de retracer tous les indices qui menaient à cette constatation.

RENSEIGNEMENTS DU CAS

↓

SOLUTION PROPOSÉE

POINT DE VUE

Les candidats sont fréquemment surpris de constater à quel point le cas contient les informations qui amorcent la rédaction d'idées pertinentes. **Le lien est immuable.** En fait, le processus est simple. Lorsqu'un professeur ou un auteur de cas désire que tel ou tel aspect soit développé dans la réponse, il fournit les données qualitatives ou quantitatives nécessaires dans son énoncé.

Nous avons précédemment mentionné ceci dans la Partie 3 (p. 34) :
Sans indice valable provenant du cas, la discussion demeure générale ou théorique.

L'utilisation des renseignements d'une étude de cas est indispensable à l'élaboration d'une réponse appropriée.

EXEMPLES DE LIENS ENTRE LE CONTENU DE LA SOLUTION PROPOSÉE ET LES INDICES DU CAS

Savoir intégrer.

Contenu de la solution proposée	Indices du cas
Il faut identifier, puis analyser les postes pour lesquels la variation est la plus importante. Le calcul de certains écarts appuie la discussion.	« La présidente, Lyne, cherche à comprendre pourquoi le résultat (bénéfice) réel est inférieur au résultat (bénéfice) prévu alors que les ventes ont augmenté. »
Le calcul du seuil de rentabilité établit le nombre minimal d'unités qu'il faut vendre pour un résultat net nul. Le résultat obtenu est par la suite comparé aux prévisions établies par le Service des ventes.	« Les coûts fixes du secteur d'activité sont élevés, particulièrement dans les premières années de la commercialisation d'un nouveau produit. »
– Dans la révision du programme de gestion de la qualité, la « sécurité » est une considération importante. La nécessité de suivre « l'évolution des exigences gouvernementales » l'est aussi. – Dans la révision du programme de gestion de la qualité, le besoin de superviser ou de former le « personnel mécanicien » est une considération importante.	« Le secteur fait actuellement face à une pénurie de main-d'œuvre spécialisée dans la mécanique des manèges. » (p. 1-2 du cas) « Compte tenu des accidents survenus dans d'autres parcs d'attractions, le gouvernement s'apprête à déposer de nouvelles règles concernant la sécurité des manèges. » (description du programme actuel, Annexe 2)

Vous remarquerez que l'indice du cas est parfois clair et direct comme la demande de la présidente. Dans d'autres circonstances, l'indice sert plutôt à « vous faire penser à un aspect ou un autre » dans l'élaboration de votre réponse, comme la remarque concernant les frais fixes du secteur. *Quand il y a* des frais fixes élevés, *il faut penser au* seuil de rentabilité.

Il arrive qu'une information utile à la résolution d'une demande soit présentée avant l'énoncé de ladite demande. Disons que la pénurie de main-d'œuvre spécialisée, par exemple, se lit à la première page du cas, dans la partie descriptive de l'environnement de l'entité. L'information prend du sens lorsque le cas demande un peu plus loin de « suggérer des améliorations au programme de gestion de la qualité ». Naturellement, il arrive aussi qu'une même information puisse être utile, sous un angle différent, à plus d'une demande. Le fait que « le gouvernement s'apprête à déposer de nouvelles règles concernant la sécurité des manèges », par exemple, doit être considéré dans l'établissement du programme de gestion de la qualité. On pourrait même dire qu'il s'agit de l'utilité première de cette information. Cet événement pourrait également faire l'objet d'une sortie de fonds supplémentaire à inscrire au budget de trésorerie. Notons finalement qu'il vous faudra parfois réunir deux ou trois indices situés à des endroits différents du cas pour expliquer le contenu de la solution proposée.

Intégrer concepts théoriques et indices du cas

Tout au long de votre analyse, je vous suggère de porter une attention particulière aux notions théoriques clés auxquelles la solution proposée fait référence.

Quels sont les concepts (ex.: normes, règlements, lois, principes) ayant été utilisés pour résoudre les différentes problématiques?

Dans toute solution proposée, je fais régulièrement ressortir les concepts ou notions théoriques sous-jacents à l'analyse, tels le concept « plus probable qu'improbable qu'une obligation actuelle existe » pour le sujet Provision (IAS 37, par. 15) ou les notions « probable qu'un événement futur confirmera » et « faire l'objet d'une estimation raisonnable » pour le sujet Éventualités (chap. 3290 par. 12). Dans certaines circonstances, je prépare un diagramme qui illustre les événements à l'aide d'une ligne de temps ou un tableau qui résume les notions. On peut aussi en profiter pour valider ou compléter les Fiches-Info; fiches qui vous seront présentées dans les Parties 8 à 10.

Vous pouvez également remarquer qu'il n'y a pas – ou très peu – d'exposés strictement théoriques dans la solution officielle d'un cas. Le rappel des normes comptables (en italique) vise uniquement un but pédagogique. Il faut, comme discuté dans la Partie 3, **intégrer simultanément la théorie au cas** dans la même phrase ou dans le même paragraphe. Personnellement, afin d'assimiler ce processus d'appariement dans la rédaction, je fais fréquemment ressortir les informations provenant du cas (en jaune) et les concepts théoriques utilisés (en orange) de la solution officielle. L'usage de différentes couleurs permet d'observer facilement la façon dont les idées s'imbriquent les unes aux autres. Naturellement, un soulignement ou autre signe comme une flèche ou une accolade peuvent être tout aussi efficaces.

EXEMPLES D'INTÉGRATION DES CONCEPTS THÉORIQUES AUX RENSEIGNEMENTS DU CAS

– Le coût de la rémunération du propriétaire est considéré comme excessif, car il comprend des primes totalisant 500 000 $ cette année. Le versement d'une telle somme, d'un montant disproportionné eu égard à des pratiques jugées normales, devrait donc être exclu du calcul du bénéfice normalisé.

bénéfice normalisé : bénéfice ajusté pour éliminer les éléments non récurrents et inhabituels

– À l'heure actuelle, Charité Internationale n'a pas obtenu son statut d'organisme de bienfaisance enregistré. En conséquence, votre don de 2 500 $ n'est pas déductible.

art. 118

organisme enregistré → don déductible

– Notre collègue, M. Smith, n'a pas respecté le Code de déontologie concernant la protection de l'information confidentielle lorsqu'il a remis le budget de la prochaine année à l'acheteur potentiel.

Faire preuve de sens éthique.

Collègue? → Penser au Code de déontologie!

Les exemples ci-dessus illustrent comment les concepts théoriques sont appliqués aux particularités du cas.

L'HABILETÉ PROFESSIONNELLE « INTÉGRATION » EST DÉMONTRÉE.

Ils illustrent aussi comment le candidat peut faire ressortir l'essentiel des idées véhiculées sous une forme schématique ou télégraphique. La définition du « bénéfice normalisé », par exemple, est brièvement mentionnée. Quant aux relations de cause à effet, elles sont mises en évidence de manière succincte.

POINT DE VUE

L'étude de toute solution proposée nous mène vers une constatation importante :

IL FAUT CONNAÎTRE LA THÉORIE LORSQU'ON RÉDIGE UN CAS.

Un candidat ayant oublié, par exemple, que les dons de charité sont déductibles seulement s'ils sont remis à des organismes enregistrés ne pourra pas fournir une réponse appropriée à cette question. Il faut aussi savoir choisir quel est l'aspect concerné dans une situation donnée. La problématique ou le point critique concerne la « déductibilité ou non » du don de charité, pas le bien-fondé de l'établissement de la valeur de 2 500 $. La présence d'une discussion sur le deuxième aspect – qui ne serait pas pertinente ici – ne peut compenser l'absence d'une discussion sur le premier. Nous reviendrons sur la manière de retenir les aspects théoriques clés dans la Partie 10.

Il faut identifier les concepts et notions théoriques qui s'appliquent au cas.

inapproprié / inadéquat	RÉUSSITE
→ présenter une analyse faible sur le plan technique ou démontrer son incompréhension des notions.	→ reconnaître les concepts clés pertinents du *Manuel de CPA Canada* pour ensuite les appliquer aux données du cas.
→ fournir des procédures démontrant une incompréhension de ce qu'est un contrôle diligent.	→ concevoir des procédures claires et objectives eu égard aux besoins du donneur de mission.

NCSC 4400

Faire ressortir les idées pertinentes

Vous devez apprendre à faire ressortir les idées pertinentes et nouvelles contenues dans la solution proposée. Puisque celle-ci est rédigée dans un texte continu, présenté sous la forme d'un rapport professionnel, il est normal que le style d'écriture soit plus recherché, voire allongé. Il faut donc en arriver **à identifier les idées qui peuvent être prises en compte par le correcteur** lors de l'évaluation d'une réponse, particulièrement lorsque la situation est complexe ou inhabituelle. Dans l'exemple présenté à la page suivante, les idées d'un extrait d'une solution proposée sont d'abord soulignées d'un trait simple. Dans le seul objectif de rendre le processus d'extraction plus visuel, elles sont plus succinctement reproduites dans le tableau suivant. Et finalement, le dernier tableau fait ressortir la structure de réponse de cette partie de la solution officielle. Nous reviendrons sur les structures d'analyse dans la Partie 9.

POINT DE VUE

Il existe naturellement d'autres façons d'extraire les idées qui comptent d'une solution officielle. Certains candidats vont plutôt placer chaque idée entre parenthèses ou mettre un crochet au début de chacune d'elles. Lorsqu'il est possible d'altérer le texte de la solution à l'aide d'un logiciel de traitement de texte, certains candidats enlèvent les mots, les phrases ou, plus rarement, les paragraphes inutiles. Ils obtiennent ainsi une série d'idées qui peuvent plus facilement être analysées.

Cet exercice n'est pas toujours facile à réaliser, mais je vous encourage à vous y entraîner **afin d'améliorer la pertinence de vos analyses ainsi que votre capacité d'écrire un plus grand nombre d'idées dans un même laps de temps**.

POURQUOI? C'est la question à se poser dans l'analyse d'études de cas.

EXEMPLE DE L'EXTRACTION DES IDÉES D'UNE SOLUTION PROPOSÉE[5]

Idées pertinentes relevées par soulignement

Recherche et développement – Arès

L'abandon du développement d'Arès indiquerait normalement qu'une dépréciation s'impose. Selon l'IAS 38 *Immobilisations incorporelles*, les conditions pour la comptabilisation d'une immobilisation incorporelle comprennent notamment la faisabilité technique de l'achèvement de l'immobilisation incorporelle et l'intention d'achever celle-ci en vue de la mettre en service ou de la vendre, et la probabilité qu'elle génère des avantages économiques futurs. Ces conditions doivent être remplies à un moment précis, par exemple lors de l'appréciation du projet. Même si, selon le directeur, le développement pourra servir au moins en partie pour un nouveau produit, Hadès, DFT n'a manifestement pas l'intention de poursuivre le projet Arès. À un moment donné, une appréciation d'Hadès devra être faite pour savoir si les conditions d'IAS 38 sont remplies, et il ne sera pas possible de lier les coûts du projet Arès à ceux du projet Hadès à moins que, dès le départ, certains coûts aient été identifiés comme s'appliquant aux deux produits.

En conséquence, les frais de développement de 450 000 $ devraient être sortis du bilan. La sortie du bilan entraîne une augmentation des charges de 450 000 $.

⇓

Liste des idées pertinentes

Dépréciation des frais de développement – Arès

Arès
- On peut présumer que les conditions de la capitalisation (ex.: faisabilité technique, intention d'achever) étaient auparavant remplies puisque la somme de 450 000 $ a été inscrite à l'actif.
- Il n'y a toutefois plus d'avantages économiques futurs pour le produit Arès, car DFT a décidé d'abandonner son développement.

passé ↓ futur

Hadès
- Le directeur CROIT QUE ces frais peuvent servir pour le produit Hadès, mais ce n'est pas certain.
- Rien n'indique que les coûts encourus sont communs aux deux produits. Il aurait fallu les identifier comme tels dès le départ.

Arès ↓ Hadès

CONC :

Radier les frais de développement jusqu'à 0 $.

Inscrire une charge de 450 000 $.

Remarque : Ce tableau présente de manière plus visuelle les idées pertinentes et nouvelles.

⇓

Structure de réponse (aspects discutés)

Dépréciation des frais de dév.

traitement actuel ↓

1- Partir du fait que les frais ont été inscrits à l'actif et pourquoi (critères clés remplis initialement comme faisabilité technique et intention). (IAS 38.57) 3064.41

analyse

2- Faire un test de dépréciation, car il y a un indice dans le cas (abandon du projet) que la valeur comptable est inférieure à la valeur recouvrable. (aucun avantage futur) (IAS 36.08) 3063.09

↓

3- Répondre à l'argument du directeur qui veut transférer une partie des coûts à un autre produit (du Arès au Hadès) – NON!, car cela ne répond pas à la définition d'actifs communs (entrées de trésorerie indépendantes). (IAS 36.100)

conclusion

4- Conclure : traitement comptable ET écriture de correction (DT/CT)

Remarque : Ce dernier tableau fait ressortir les étapes à la réponse, ce qui favorise le développement d'une démarche d'analyse structurée. On remarque aussi la référence aux concepts clés ou aspects critiques concernés.

---

5 Tiré des annales de l'Évaluation finale uniforme de 2012 (Épreuve II – Simulation 3), page 206, avec la permission des Comptables professionnels agréés du Canada.

Jusqu'ici, vous avez compris les idées de la solution, relié celles-ci aux informations du cas, fait appel aux concepts théoriques et discerné les idées pertinentes et nouvelles.

Faites également ressortir la manière dont les idées sont exprimées.

Personnellement, tout au long de la lecture de la solution proposée, je mets en relief les éléments suivants :

- ***la justification d'une idée, d'un problème, d'un aspect, d'un sujet, d'une recommandation ou d'une conclusion.*** À cet effet, je remarque, entre autres les mots suivants : « CAR », « parce que », « afin de », « pour », « étant donné », « puisque », « dans le but de », « CE QUI ». Ce faisant, on peut constater que bon nombre d'idées de la solution proposée s'expliquent de cette façon.

  Le mot « CAR... » facilite grandement l'intégration des idées au cas.

  Partie 3 p. 41

- ***la mention de l'impact ou de la conséquence.*** À cet effet, je remarque, entre autres les mots suivants : « DONC », « ainsi », « Je recommande ou Je conclus », « En conséquence », « de sorte que », « ET ALORS? ». Les endroits où l'impact est exprimé en chiffres sont également relevés.

  Le mot « DONC? » rappelle constamment qu'il faut terminer adéquatement toute analyse.

- ***l'explication concrète de ce qu'il faut faire.*** À cet effet, je signale les endroits qui répondent, entre autres aux questions suivantes : « De quelle façon peut-on s'y prendre? », « COMMENT faire? », « Qui? », « Quoi? », « Quand? », « Où? », « Combien? ».

  Quelle est concrètement et précisément l'action suggérée?

POINT DE VUE

Les commentaires des pages précédentes s'appliquent tout autant à l'analyse quantitative qu'à l'analyse qualitative. Il faut prendre le temps **de comprendre les calculs présentés dans toute solution proposée**. Dans la réalisation de cette activité, voici une liste de questions auxquelles il faut répondre.

- Quelle est l'utilité du calcul eu égard à la résolution de la demande?
  Ex.: « L'objectif est de réviser les coûts standards compte tenu des nouveaux renseignements obtenus au cours du dernier semestre. »
- Quelles sont les hypothèses retenues et pourquoi?
  Ex.: « Je pose l'hypothèse que le taux horaire de la main-d'œuvre augmentera de 2,5 % afin de s'arrimer à la hausse prévue dans le secteur. »
- Quels sont les moyens utilisés ou les étapes suivies dans la réalisation du calcul?
  Ex.: *1*- isoler les coûts fixes 2- appliquer la hausse prévue aux frais variables
- De quelle source proviennent les données utilisées?
  Remarque : Il faut distinguer les chiffres fournis directement dans l'étude de cas de ceux ayant été transformés ou générés par l'analyse.
- De quelle façon a-t-on intégré le résultat obtenu à l'analyse qualitative?
  Ex.: Les coûts standards révisés servent à plus d'un endroit dans la solution proposée. Ils servent à préparer la soumission requise à la proposition de contrat et servent aussi à établir le montant des travaux en cours à l'état de la situation financière (bilan).
- Quelles sont les composantes importantes ainsi que celles de moindre importance? Comment construire un calcul raisonnable et approprié dans le temps limité de la résolution du cas? Quelles sont les composantes non pertinentes ou inutiles?
  Ex.: se référer à la discussion présentée dans la Partie 5 (p. 62).
- Peut-on réconcilier le résultat obtenu d'une autre manière, en utilisant la méthode indirecte, par exemple?
  Ex.: se référer à la discussion présentée dans la Partie 5 (p. 62 et p. 69/71).

Examiner la composition de la solution

Chacune des activités précédentes, ayant pour but la compréhension des idées de la solution proposée, requiert l'analyse détaillée de ce qui la compose. Je désire maintenant vous amener à observer la structure d'ensemble de ce qui est proposé.[6]

Prenez du recul.
Faites ressortir le portrait global de ce qui vous est présenté.

Voici ce que vous pouvez examiner.

- ***L'ordonnancement des demandes.*** Il faut s'assurer de comprendre, du moins *a posteriori*, les interdépendances entre les demandes, compte tenu des particularités du cas. Essayez aussi de déterminer en quoi consiste une réponse « raisonnable » à partir de la solution proposée. Dressez ensuite le plan de réponse « idéal » du cas, puis comparez-le à votre plan initial.

  Quelles sont les problématiques qu'il faut absolument résoudre?

  Et, de combien de temps dispose-t-on pour analyser chacune d'elles?

Élément à observer	Exemples
Ordonnancement des demandes Est-ce que la résolution d'un aspect doit précéder celle d'un autre?	– Les sources de financement disponibles sont analysées APRÈS avoir discuté des différents besoins de trésorerie (ex.: projet de développement, rachat de la part d'une associée) – AVANT de calculer le seuil de signification, il faut discuter des questions comptables, puis redresser le bénéfice avant impôts.

- ***La démarche d'analyse.*** L'abréviation « ID » (« Identification ») signale l'aspect (le sujet) analysé et met en évidence ce qui est critique. Il m'apparaît par la suite particulièrement important de déterminer ce qui compose le cœur de toute analyse/évaluation.

  Que devait-on faire?
  Quel est l'objectif de la démarche?

  Une phrase telle que « énoncer clairement si chacun des éléments du coût est déductible ou non dans la période courante » résume bien la finalité de la demande.
  Toute conclusion (« CONC »), opinion ou recommandation (« REC ») doit également être ressortie du texte de la solution proposée.

Élément à observer	Exemples
Étapes dans la démarche (ou aspects considérés) Quelle est la logique d'analyse? *(comme exemple p. 80, 3e tableau)*	– Analyse de la capacité de poursuivre l'exploitation : 1- remarquer la croissance des produits des activités maintenues, mais la décroissance du résultat net 2- commenter l'évolution négative des flux d'opération 3- cibler les charges ayant beaucoup augmenté 4- soumettre des suggestions pour contrôler les coûts – Dans le cadre de « l'analyse des divers événements de la période », il faut expliquer de quelle manière « la fraude » a été perpétrée. Il faut tout d'abord relever les faiblesses de fonctionnement, pour ensuite expliquer, à l'aide d'exemples tirés du cas, ce qui s'est probablement passé.

6 Cette activité peut naturellement être réalisée – du moins en partie – en concomitance avec l'une ou l'autre des activités décrites dans les pages précédentes.

IDÉES PERTINENTES ET NOUVELLES

↓

SEUIL DE RÉUSSITE

➢ ***La présentation du texte.*** Le but est de prendre connaissance de façons différentes de présenter les idées afin d'accélérer la démarche de réflexion ou d'analyse.

Élément à observer	Exemples
Présentation des idées Existe-t-il une manière plus efficiente de présenter la réponse?	– Tableau intitulé « Analyse quantitative de l'environnement du secteur des jouets électroniques ». <table><tr><td>ratio</td><td>ajusté X5</td><td>non ajusté X4</td><td>commentaire/ interprétation</td></tr><tr><td>...</td><td>...</td><td>...</td><td>...</td></tr></table> – Énumération des responsabilités du comité d'audit. Remarque : Il s'agit d'une « LISTE DE(D')... » commentée et accompagnée d'exemples tirés du cas, lorsque disponibles.

inapproprié / inadéquat	RÉUSSITE
→ oublier des étapes dans le développement ou fournir des calculs comportant des incohérences ou des éléments non expliqués.	→ développer une réponse méthodique, se dirigeant vers l'objectif, accompagné de calculs justifiés et faciles à suivre.

Analyser le guide d'évaluation

L'évaluation de la performance d'un candidat à un cas est en étroite relation, il va sans dire, avec les compétences qu'il doit démontrer. Chaque guide d'évaluation contient ainsi la liste des occasions qui en découlent, évaluées la plupart du temps sur une base individuelle en fonction d'exigences ou de critères qui leur sont propres. En d'autres termes, chaque occasion d'évaluation est distincte. Leur appellation, de même que leur nombre, varie en fonction des particularités de chaque cas. On peut comprendre, par exemple, que la compétence Finance fasse partie du guide d'évaluation d'un cas où le client se demande « quel sera le prix d'émission des titres d'obligations compte tenu du marché actuel ». De même, la compétence Certification peut se trouver deux fois dans le même cas, pour deux aspects différents. Puisque les modalités de la correction sont généralement présentées dans un texte succinct, qui mentionne seulement les grandes lignes de l'évaluation, il faut régulièrement faire appel à la solution proposée.

Il est indispensable de trouver la justification de chaque composante du guide d'évaluation.

Pour chacune des compétences (occasions d'évaluation), le guide énonce les critères nécessaires à l'obtention de chacun des différents niveaux de performance. Pour un niveau donné, une telle échelle de mesure implique l'ajout d'exigences supplémentaires aux critères à satisfaire au niveau précédent. Notons également que les critères d'évaluation s'expriment habituellement de manière à permettre au correcteur de récompenser toute idée pertinente et nouvelle. En d'autres termes, dans le cadre des paramètres du cas, deux candidats peuvent obtenir le seuil de réussite en offrant un contenu différent. Supposons, par exemple, que le niveau « Compétent » d'une occasion d'évaluation exige « l'analyse de quelques procédures d'audit ». Il va de soi que diverses combinaisons des procédures avancées dans la solution proposée peuvent former une réponse appropriée. Nous reviendrons sur ce point dans la Partie 7.

POINT DE VUE

Il m'apparaît nettement préférable d'adopter une attitude constructive face au guide d'évaluation. Or, je sais que certains candidats critiquent facilement son contenu en mentionnant par exemple ceci « Il n'y a pas assez d'importance accordée à la gestion dans ce guide, ils ne comprennent pas la situation! » ou cela « Si le guide était bien fait, j'aurais réussi le cas! ». C'EST UNE PERTE D'ÉNERGIE.

Votre tâche est d'essayer de comprendre et d'expliquer
– COMMENT et POURQUOI –
afin d'éviter de refaire les mêmes erreurs d'un cas à l'autre.

Lorsqu'il s'agit d'étudier un guide d'évaluation, la première étape est de **faire ressortir les composantes**. On s'attarde ainsi à l'organisation du guide en relevant tout d'abord les diverses compétences évaluées. Compte tenu de l'analyse précédente de la solution proposée, il faut maintenant s'assurer de comprendre la présence de chacune des occasions d'évaluations individuelles qu'elle contient ou, dans certaines circonstances, d'en justifier l'absence, eu égard aux diverses demandes. On peut constater, par exemple, que les considérations éthiques sont suffisamment importantes pour faire l'objet d'une évaluation distincte. **Il faut donc constamment examiner la relation entre les informations du cas (incluant les paramètres DEMANDES, rôle et contexte), la solution proposée et le guide d'évaluation.** Quant aux niveaux de performance d'une compétence (occasion d'évaluation) donnée, notons qu'ils se présentent généralement comme suit : Non traité (NT), Compétence minime (CM), En voie vers la compétence (EVC), Compétent (C) (seuil de réussite), Compétent avec distinction (CD).

Objectif d'analyse	Exemples d'observations
Faire le **lien** entre la structure de la solution proposée et le guide d'évaluation.	– Outre la mention d'une problématique (P) de la structure de gouvernance de l'entité, et de son impact (I), la solution proposée envisage au moins une recommandation (R) d'amélioration pour chacune d'elles. Il ne sera pas surprenant de constater que le seuil de réussite exigera l'analyse complète (P-I-R) d'un nombre minimal de déficiences. – En sus de l'analyse FFMO requise, la solution proposée s'interroge à savoir si l'entreprise est bien positionnée pour faire face aux récentes augmentations des coûts. Au seuil de réussite, de tels liens seront nécessaires.

Partie 9
p. 118

Après avoir pris connaissance de la structure du guide de correction, il faut par la suite chercher à **comprendre de quelle manière les critères d'évaluation s'appliquent.** Pour y arriver, la lecture attentive des mots utilisés est fort révélatrice. Il m'apparaît essentiel de trouver la justification ainsi que la signification de **chaque composante** du guide d'évaluation. À mon avis, aucune d'entre elles ne doit être négligée, même si vous jugez qu'il s'agit d'un point plus complexe ou qui ne vous paraît pas important. Il arrive que des candidats passent outre telle ou telle partie du guide d'évaluation sous prétexte qu'ils l'ont complètement ratée ou, à l'inverse, qu'ils l'ont très bien réussie. Ce n'est pas une bonne idée.

SOLUTION PROPOSÉE
↓
RÉPONSE RAISONNABLE
↓
SEUIL DE RÉUSSITE

L'étude d'un guide de correction n'a pas seulement pour but l'évaluation d'une réponse.
Il n'y a pas que le résultat qui compte.

BIEN COMPRENDRE LES FONDEMENTS DU PROCESSUS D'ÉVALUATION FAVORISE LE DÉVELOPPEMENT DE VOTRE CAPACITÉ À RECONNAÎTRE LA MEILLEURE DÉMARCHE D'ANALYSE.

POINT DE VUE

Nombre d'observations relevées au fil de l'étude de vos études de cas méritent d'être colligées pour fins de référence future.
Nous reviendrons sur la façon de consigner vos observations dans les Parties 8 à 10.

Objectif d'analyse	Exemples d'observations
S'attarder sur les **mots utilisés** afin de pouvoir expliquer chaque exigence du guide d'évaluation.[6] L'**action requise** a sa signification propre : « aborder », « analyser », « calculer », « comparer », « élaborer »,« estimer », « évaluer », « expliquer », « identifier », « prioriser », « reconnaître », « tenter de », « traiter », « voir », etc.	– Simplement **aborder** le choix entre vendre les actifs ou les actions permet tout juste d'obtenir le niveau d'évaluation le plus bas (niveau CM). Pour atteindre le niveau juste en dessous du seuil de réussite (niveau EVC), il faut **traiter** de l'un **ou** de l'autre en avançant quelques arguments pertinents. – Le fait de **voir** que le directeur des finances semble avoir volontairement caché de l'information permet l'obtention du niveau EVC. Au seuil de réussite (niveau « Compétent »), il faut **analyser** les conséquences de ce comportement sur les décisions de l'entité.
Identifier les **interrelations** ou les **interconnexions** entre les sections.	– Il faut **déterminer** le prix de vente révisé de l'entreprise AVANT de calculer, pour fins de comparaison, l'impact fiscal de la vente des actions ou des actifs. Sans ce prérequis, il est plus difficile, voire impossible, d'obtenir le seuil de réussite (niveau C) à la compétence Fiscalité. – Il existe un lien indéniable entre l'aspect critique d'une question comptable et l'objectif des procédures d'audit à mettre en œuvre.
Observer l'usage des deux conjonctions – **et** – **ou** – à différents endroits.	– Au seuil de réussite (niveau C), il faut **expliquer** les diverses options offertes à l'entreprise en difficultés financières qui désire continuer son exploitation **et élaborer** un plan de mise en œuvre. – Pour atteindre le seuil de réussite (niveau C), il faut **effectuer** une analyse quantitative **et** une analyse qualitative raisonnables concernant l'achat de cet équipement, **et formuler** une recommandation.

Il est nécessaire de comprendre ce qu'il faut faire pour atteindre le seuil de réussite.

7 Aux pages 176 et 177 du Guide de compétences des comptables professionnels agréés de CPA Canada publié en 2020, on y trouve la définition de plusieurs verbes utilisés dans les descriptions des compétences et des résultats d'apprentissage.

Lorsque vous étudiez le contenu d'un guide d'évaluation, je vous suggère DE PORTER UNE ATTENTION PARTICULIÈRE À TOUT CE QUI PEUT FAIRE LA DIFFÉRENCE, ENTRE RÉUSSIR OU NON. Il faut pouvoir identifier quelles sont les idées nécessaires à la réussite de chacune des compétences (occasions d'évaluation) du guide. Soyez conscients que la plupart des réponses de candidats oscillent entre le niveau juste en dessous du seuil de réussite (« En voie vers la compétence ») et le seuil de réussite (« Compétent »). Il faut donc porter une attention particulière aux critères d'évaluation de ces deux niveaux. Je vous encourage aussi à prendre connaissance de ce qui est requis au niveau supérieur (« Compétent avec distinction »). « L'extra » nécessaire à l'obtention de ce niveau mérite d'être examiné même s'il vous paraît inaccessible. Est-ce la prise en compte d'un plus grand nombre de facteurs? Une analyse plus complète? Est-ce la considération d'un élément plus complexe? Une intégration élargie?

Objectif d'analyse	Exemples d'observations
Repérer la présence d'une exigence ou d'un critère d'évaluation **déterminant**, **indispensable** ou **inhabituel**.	– Le seuil de réussite (niveau C) exige l'analyse des avantages **et** des inconvénients (risques) des **trois** propositions de financement. Remarque : Puisque plus de deux propositions doivent être analysées – ce qui n'est pas très courant –, il faut relire les informations du cas afin de comprendre pourquoi il en est ainsi. – Le niveau CD requiert la reconnaissance du fait qu'une faible erreur quant à l'estimation des produits futurs pourrait faire la différence entre accepter – ou non – le projet d'investissement.
Examiner la **gradation** nécessaire d'un niveau d'évaluation à un autre.	– Au niveau EVC, niveau sous le seuil de réussite, il faut **identifier diverses** questions fiscales, puis **analyser l'une** des questions **importantes**. Au seuil de réussite (niveau C), il faut **analyser quelques** – remarquez le « s » – questions fiscales. une → quelques (2-3) – Le seuil de réussite C requiert l'**analyse** de **plusieurs** facteurs qualitatifs dans le choix de l'alternative à retenir. Au niveau inférieur EVC, **un certain nombre** de facteurs qualitatifs doivent être considérés. considération (2-3) → analyse (3-4)
Considérer les **commentaires sur la performance** des candidats ou les commentaires des correcteurs.	– « Les candidats n'ont pas fourni de discussion sur le type d'assurance qui pouvait répondre aux besoins des utilisateurs. » *Quant il y a* un type de rapport à choisir, *il faut penser aux* besoins des utilisateurs. – « Les candidats ont d'abord cherché à déterminer si les coûts engagés répondaient à la définition d'un actif, sur la base des avantages futurs, pour ensuite se pencher sur le caractère identifiable, propre aux actifs incorporels. » 1- Est-ce un actif? 2- Est-ce un actif incorporel?

Q + R p. 144

Partie 7
Évaluer la performance d'une réponse

Distinguer les idées pertinentes et nouvelles
Déterminer le niveau de performance obtenu
Bonifier la correction d'une réponse

« Le défi est d'évaluer correctement la réponse à un cas – sans sous-évaluer, sans surévaluer. »

Partie 7
Évaluer la performance d'une réponse

L'évaluation de la performance d'une réponse s'effectue lorsque l'analyse de la solution proposée et du guide d'évaluation est terminée. D'emblée, je désire attirer votre attention sur deux points. Premièrement, la solution proposée ou officielle d'une étude de cas est une « excellente réponse », quasiment parfaite, pour ne pas dire qu'elle l'est. Elle atteint confortablement le seuil de réussite – et même le niveau supérieur – dans toutes les compétences (occasions d'évaluation). On a répondu à toutes les demandes, tous les aspects (ou sujets) sont analysés, qu'ils soient importants ou de moindre importance, et les calculs effectués sont complets comme s'il n'y avait aucune contrainte de temps! Rien n'a été omis. Il va de soi qu'un candidat peut difficilement rivaliser avec la solution proposée d'un cas dans le temps qui lui est allouée.

IL FAUT DÉTERMINER CE QUI EST NÉCESSAIRE AU SEUIL DE RÉUSSITE.

Deuxièmement, face à sa propre réponse, un candidat doit adopter une attitude objective et constructive. Le but étant de prendre en compte la valeur des idées écrites afin de déterminer le résultat obtenu.

FAIRE RESSORTIR SES FORCES ET SES FAIBLESSES
EST UNE ÉTAPE ESSENTIELLE À L'AMÉLIORATION.

Distinguer les idées pertinentes et nouvelles

Lorsque vous corrigez ou évaluez votre réponse à une étude de cas, il faut tout d'abord faire ressortir les idées que vous avez écrites et qui sont appropriées, c'est-à-dire les idées pertinentes et nouvelles. Comme discuté dans les parties précédentes, les idées se situant en dehors des paramètres du cas ne sont pas considérées dans l'évaluation; elles sont négligeables.

Supposons, par exemple, qu'il est demandé « de déterminer si des économies ou des gains d'efficience sont possibles ». La phrase suivante serait pertinente : « La location du terrain adjacent plutôt que celui situé à 250 kilomètres permettrait certainement des économies au niveau des coûts de transport actuellement hors de contrôle. » Par contre, expliquer quelles seraient les étapes à franchir pour l'acquisition éventuelle de ce terrain ne serait pas pertinent, eu égard à la demande énoncée précédemment.

Dans le cadre du travail à faire, les idées doivent être exprimées dans le contexte approprié. On ne peut pas, par exemple, lire une idée écrite sous le titre Risques financiers comme si elle faisait partie de la section Risques d'audit, et *vice versa*. Rappelez-vous aussi que les répétitions, les introductions ou les résumés du cas ne sont pas des idées nouvelles.

Il peut arriver qu'une idée, pertinente et nouvelle, ne soit pas explicitement mentionnée dans la solution proposée. Un candidat peut certainement énoncer une façon de réaliser des économies ou des gains d'efficience qui ne figure pas dans la liste fournie par la solution officielle. Bien que les guides d'évaluation soient habituellement suffisamment flexibles pour en permettre la considération, la prudence est de mise puisque les idées les plus importantes ou les plus critiques en font généralement partie.

Une idée émise dans le cadre des paramètres du cas est une idée appropriée.

Je vous suggère de commencer tout d'abord par mettre en évidence les idées de votre réponse qui seront prises en compte dans l'évaluation. Faites également référence à la partie du guide d'évaluation – compétence ou occasion d'évaluation; critère d'évaluation – à laquelle elles se rapportent.

Il n'est pas toujours facile de savoir quand une idée écrite dans sa réponse est appropriée. Une phrase rédigée lors d'une simulation est rarement identique à celle de la solution officielle d'une étude de cas. Les idées de la réponse d'un candidat sont également régulièrement incomplètes ou mal exprimées.

Il faut se demander si l'idée écrite a le MÊME SENS que celle véhiculée dans la solution proposée, même si les mots utilisés diffèrent.

EXEMPLES D'IDÉES POUVANT ÊTRE RETENUES (OU NON) DANS L'ÉVALUATION

Idée de la solution proposée	Idée du candidat NON retenue dans l'évaluation	Idée du candidat retenue dans l'évaluation
« Il est nécessaire de faire enquête sur tout indice de chèque falsifié. »	« Tous les chèques émis doivent être examinés. »	« Il faut examiner tous les chèques dont le nom ou le montant a été changé. »
L'idée majeure concerne le fait que des chèques falsifiés ont été émis et qu'ils doivent donc faire l'objet d'une enquête approfondie.	L'idée d'enquêter sur les chèques falsifiés n'est pas là puisqu'on réfère à « tous » les chèques sans exception. L'idée d'examiner les chèques est correcte, mais pas assez adaptée aux circonstances.	L'idée d'examiner les chèques falsifiés est là puisque le candidat a précisément défini ce qu'il cherche. L'idée importante est donc présente.
« Il faudra présenter un état des flux de trésorerie à la banque, car... »	« Il faudra faire part de la situation financière à la banque, car... »	« Il faudra présenter un état des rentrées et des sorties de trésorerie au créancier, car... »
L'idée majeure concerne l'état des flux de trésorerie. Le candidat doit montrer qu'il a compris la pertinence de cette information pour la banque.	L'idée des flux de trésorerie n'est pas présente. L'expression « situation financière » manque de précision. L'idée de communiquer l'information à la banque est valable, mais ce n'est pas l'aspect le plus important.	L'expression « rentrées et sorties de trésorerie » est un synonyme acceptable à « flux de trésorerie ». L'idée importante est donc présente. Parler du créancier plutôt que de la banque ne fait pas de différence.
« Nous devons contacter l'auditeur précédent au sujet du différend. »	« Il faut contacter l'autre auditeur et discuter de tout élément inhabituel avec lui. »	« Il faut contacter l'autre auditeur et discuter de sa position au sujet des immobilisations incorporelles. »
L'idée majeure a trait au différend. Le candidat doit montrer qu'il saisit la nécessité de discuter de celui-ci avec l'auditeur précédent.	L'idée de discuter du différend actuel n'est pas présente, car l'expression « tout élément inhabituel » ne fait référence à rien de précis. L'idée de contacter l'auditeur est valable, mais n'est pas suffisamment justifiée.	En parlant de la position de l'autre auditeur au sujet des immobilisations incorporelles, le candidat fait directement référence au différend soulevé dans l'étude de cas. L'idée importante est donc présente.

Remarque : L'usage de synonymes est acceptable pourvu que l'idée majeure soit présente dans le texte. Il faudra toutefois faire attention et **utiliser le plus précisément possible les concepts clés théoriques pertinents**.

POINT DE VUE

Lorsqu'ils évaluent leur réponse à une étude de cas, certains candidats ne font pas suffisamment la différence entre **ce qu'ils savent, ce qu'ils ont pensé** et **ce qu'ils ont écrit**. Je rencontre couramment des candidats qui disent avoir bien réussi un cas… sans avoir relu leur propre réponse! Ils déterminent leur note en se basant uniquement sur le « souvenir » de ce qu'ils ont fait pendant la simulation! En procédant comme tel, le candidat surévalue souvent son résultat ou dispose d'excuses pour justifier une contre-performance comme suit : « J'ai voulu dire ceci… », « J'y ai pensé, mais j'ai oublié d'écrire cela… » ou « Je vais sûrement en parler la prochaine fois! ».

Je n'endosse pas cette façon de faire. Premièrement, il m'apparaît difficile de se souvenir de tout ce qu'on a écrit. Deuxièmement, il arrive fréquemment que l'idée écrite ne transmette pas assez clairement la pensée. Connaître une idée et savoir l'exprimer de manière appropriée sont deux choses différentes. Finalement, l'interprétation d'un tel résultat, qui manque d'objectivité, n'est pas très utile. Lors de l'évaluation officielle d'une solution à un cas, le candidat n'a pas l'opportunité d'expliquer ce qu'il veut dire, de compléter ses idées ou de montrer toute l'étendue de sa connaissance au correcteur.

Seules les idées écrites sont évaluées, sans considération de ce que le candidat sait ou pense.

En identifiant les idées pertinentes et nouvelles de votre réponse, je vous suggère en même temps de commenter votre texte. On peut, par exemple indiquer en rouge ce qui manque pour compléter une idée, barrer le texte inutile, établir une relation de cause à effet, dessiner un schéma qui rappelle les étapes ou remarquer que la conclusion est trop générale. À cette fin, la commande « suivi des modifications » d'un logiciel de traitement de texte est particulièrement appréciée.

EXTRAIT DE LA RÉPONSE COMMENTÉE D'UN CANDIDAT

Participation dans Clean ~~Co~~
Influence notable?

enjeu bien identifié — *théorie/cas ↓ conclusion*

- Net ~~inc.~~ vient d'acheter 19 % des actions de Clean Co au prix de 125 000 $ dans le but de faire, comme le dit Raphaël, de l'intégration verticale. *intro inutile*
- La participation de 19 % dans Clean Co se situe en deçà du pourcentage habituellement exigé pour déterminer s'il s'agit d'un satellite. *OK*
- Dans le Manuel ~~de CPA Canada, on dit ceci au chapitre~~ 3051 ~~paragraphe~~ 05 : *Si la participation confère moins de 20 % des droits de vote, il est présumé, sauf preuve décisive du contraire, que l'entité détentrice n'est pas en mesure d'exercer une influence notable.* *THÉORIQUE*
- Cela veut donc dire qu'il est possible d'avoir une influence notable avec moins de 20 % des actions avec droits de vote. Allons voir ce qui se passe ici. *OK* — *2e phrase inutile*
- ~~Ici, nous savons que~~ Net ~~inc.~~ effectue déjà environ 25 % de son chiffre d'affaires avec Clean Co, ce qui est important. De plus, Net ~~inc.~~ a obtenu l'assurance que des informations techniques sur les nouveaux produits inventés par Clean Co lui seraient remises. *bon lien au cas!* — *DONC? où est la conclusion?*
- Allons maintenant voir comment comptabiliser la participation dans CleanCo. *inutile*

Remarque : Outre de légères différences au niveau terminologique, l'analyse serait similaire sous l'IAS 28.

Pour fins d'amélioration, déterminer le niveau de performance ne suffit pas, il faut commenter!

Voici une liste d'abréviations ou de symboles pouvant être utilisée afin de faciliter l'analyse de votre réponse, ou encore, d'accélérer la correction de celle de l'un de vos collègues.

- « car » pour la justification d'une idée. Il est utile de signaler la présence, mais surtout l'absence, de ce qui justifie l'idée émise.
- « REC » pour recommandation et « CONC » pour conclusion. Il s'agit de désigner les idées qui sont des actions à entreprendre ou des commentaires globaux. On peut aussi utiliser le mot « donc » pour relever la présence – ou l'absence – de la finalité de l'analyse.
- « cont » pour contradictoire. On relève ainsi les endroits où le candidat contredit une idée précédemment avancée, ou encore, lorsque la conclusion ne concorde pas avec l'analyse.

POINT DE VUE

Les candidats se demandent souvent si le fait d'écrire une « fausse » idée nuit lors de l'évaluation d'une réponse. Par exemple, un candidat peut écrire quelque chose comme : « Vous n'avez pas besoin d'emprunter, car le solde de vos résultats non distribués (bénéfices non répartis) est très élevé. ». Or, on sait que ce solde n'a pour ainsi dire rien à voir avec le niveau de la trésorerie.

Il faut tout d'abord comprendre que nous sommes tous un peu nerveux quand on simule un cas. Il arrive à tout le monde – même aux candidats qui atteignent le niveau d'évaluation supérieur CD – d'écrire une idée un peu « bizarre ». *A priori*, disons que la présence d'une ou deux idées malencontreuses ne dérange pas vraiment l'évaluation du correcteur. Il n'en tient tout simplement pas compte.

Néanmoins, si l'idée erronée est significative eu égard à la problématique, si les idées erronées s'accumulent ou démontrent que le candidat manque de connaissances ou de jugement, cela finit par influencer l'évaluation de la compétence concernée.

En voie vers la compétence ou Compétent?

- « INC » pour incomplet. On peut ainsi signaler que l'analyse manque de profondeur, qu'une idée est incomplète, ou encore, que l'argument est subtil à l'excès.
- « +/– » pour plus ou moins clair ou exact ou « W » pour faible (ou « *weak* »). Cela permet de pointer les idées qui ne seront probablement pas retenues dans l'évaluation, par manque de précision ou de cohérence.
- « GEN » pour « général » ou « DUMP » pour « *dumping* » de la théorie sans application aux particularités de l'étude de cas. Vous le savez déjà, il faut intégrer simultanément les concepts théoriques et les informations du cas.

inapproprié / inadéquat	**RÉUSSITE**
→ recommander des solutions générales, superficielles ou non liées aux problèmes soulevés.	→ recommander concrètement comment remédier aux problèmes soulevés, compte tenu des particularités du cas.

- « Ⓡ » pour répétition de la même idée. Une idée répetée, même en des mots différents, n'est pas prise en compte deux fois dans l'évaluation.

POINT DE VUE

Chaque compétence doit faire l'objet d'une évaluation individuelle.
Un candidat peut très bien réussir la compétence Finance, par exemple, mais rencontrer des difficultés avec la compétence Stratégie et gouvernance, et *vice versa*.

Il est nécessaire de faire attention au contexte dans lequel les idées sont écrites afin d'identifier à quelle partie du guide d'évaluation elles se rapportent.

- « + » ou « pour » et « – » ou « contre » pour signaler les arguments qui constituent des avantages ou des inconvénients (risques). Cela facilite l'évaluation globale en mettant en évidence le contenu et l'équilibre de l'argumentation dans l'analyse.
- *1-, 2-, 3-...* ou *a), b), c)*... Ces annotations servent à indiquer le nombre d'idées (ex.: nombre de suggestions pour améliorer l'échange d'informations) ou le nombre d'éléments avancés sur un sujet particulier (ex.: nombre de mesures de performance). On peut également relever les idées pertinentes et nouvelles du texte à l'aide d'un signe quelconque (ex.: √).
- « NP » ou « N/A » pour « non pertinent » ou « non applicable ». Cela signifie que l'idée, la phrase, le paragraphe ou la section est inutile, compte tenu des paramètres du cas.

Déterminer le niveau de performance obtenu

La plupart des guides d'évaluation présentent succinctement les critères à satisfaire à chacun des niveaux de performance. Lorsque le guide est très sommaire, en sortir un *modus operandi* n'est pas une tâche facile. Il faut alors déterminer ce qui est suffisant, voire « raisonnable », pour réussir chaque compétence. J'ai présenté un peu plus tôt (Partie 6, p. 80) l'exercice de faire ressortir les idées pertinentes et nouvelles de la solution proposée. Au seuil de réussite (niveau C), on peut en général dire qu'un candidat doit avoir écrit une bonne partie des idées importantes de la solution proposée dans sa propre réponse. Cette balise indique le niveau de profondeur à atteindre.

Dans l'objectif de déterminer le plus exactement possible ce qui est requis au seuil de réussite (niveau C), je suggère deux étapes. Il faut tout d'abord s'assurer d'avoir sous la main la liste des aspects (ou sujets) faisant partie d'une compétence ou d'une occasion d'évaluation donnée, classés en fonction de leur importance, s'il y a lieu. Pour certaines demandes, le nombre d'aspects sera limité (ex.: la comptabilisation d'une perte de valeur) alors que pour d'autres, il faudra choisir entre diverses possibilités (voir exemple, Partie 2, p. 22 et p. 93). Je suggère par la suite de faire ressortir la démarche d'analyse utilisée (structure de réponse).

Le seuil de réussite exige la considération appropriée de ce qui est fondamental à l'analyse. Quels sont les aspects critiques? Quels sont les concepts clés?

EXEMPLE – DÉMARCHE D'ANALYSE

Seuil de signification

ID : évaluer la nécessité de réviser le seuil de signification

ANALYSE :

– utilisateurs : capacité de rembourser la dette; éventuel PAPE

– impact des ajustements comptables sur le résultat net avant impôts

REC : calculer un seuil révisé

établir un seuil pour les travaux

Bien que ce ne soit pas nécessaire de présenter une réponse aussi complète que la solution proposée, il faut tout de même considérer la nature et le nombre d'idées qu'elle contient. Pour la demande « évaluer la nécessité de réviser le seuil de signification », deux aspects figurent dans l'analyse : l'intérêt accru de certains utilisateurs (banque et investisseurs éventuels) ET l'impact des ajustements comptables. À mon avis, une réponse « raisonnable » doit à tout le moins traiter de chacun de ces deux aspects importants. Certes, une bonne analyse de l'un pourrait compenser une « certaine » faiblesse chez l'autre, mais je demeure sur la position qu'il faut traiter des deux aspects pour que la réponse à cette demande soit considérée comme étant réussie. En d'autres termes, seulement discuter des besoins des utilisateurs sans traiter de l'impact des ajustements comptables OU recalculer le seuil en tenant compte des ajustements comptables sans parler des utilisateurs ne suffira pas au niveau Compétent.

Pour chacune des demandes ou chacune des parties d'une compétence (occasion d'évaluation), je vous suggère de répondre par OUI ou par NON à la question suivante :

« Est-ce que j'ai écrit un nombre raisonnable d'idées pertinentes et nouvelles sur l'essentiel du sujet? »

En cas de doute, abstenez-vous de répondre « oui ».

Au fil de la correction d'une compétence (occasion d'évaluation) donnée, on évalue les différents aspects (ou sujets) individuellement (ex.: est-ce que l'application de chacun des critères comptables clés au cas est bien faite?). Par la suite, le correcteur prend du recul afin d'effectuer une évaluation globale de ce qu'il a lu. Est-ce que le développement des éléments essentiels à l'analyse répond aux exigences?

Tel l'exemple ci-dessous, pour certaines demandes permettant l'analyse de plusieurs éléments différents, le correcteur peut préparer un compte rendu succinct de la performance.

EXEMPLE DU COMPTE RENDU DE LA COMPÉTENCE FINANCE :
« MOYENS POUR AMÉLIORER LES LIQUIDITÉS À COURT TERME » √ réussi

Occasion d'évaluation : Finance

	ID (identification)	ANALYSE (justification)	REC
CLIENTS :			
– **accélérer le recouvrement**	√	?	√
– **réviser la politique de crédit**	√	√	+/-
– amorcer des procédures sur le compte ABC			
STOCKS :			
– **diminuer les quantités de commande**	√	√	√
– vendre au rabais les produits désuets			
FINANCEMENT :			
– **renégocier les conditions de l'effet à payer**	√	?	?
Autres :			
– suspendre le versement de dividendes			
– diminuer les dépenses discrétionnaires	X		
– ...			

Remarque : Les éléments en caractère gras sont plus importants que les autres.

Ce compte rendu de la compétence Finance contient la liste des diverses actions ou moyens pouvant être mis en œuvre pour « améliorer les liquidités à court terme ». La réussite de cette compétence nécessite – il va de soi – la justification de toute recommandation suggérée.

Le fait de pouvoir contempler le portrait global de ce qui a été réussi ou non, pour une compétence donnée, facilite l'évaluation de la performance.

Nous pouvons d'emblée constater que le candidat ci-dessus a identifié quelques moyens pour ensuite suggérer ou « tenter » de suggérer des recommandations. On remarque peu de lignes complètes dans ce compte rendu. Une seule en fait, ce qui fera dire au correcteur que la réponse manque de profondeur. Ce candidat a toutefois abordé les moyens les plus importants.

Pourquoi? Quel est l'impact? et Comment s'y prend on?

inapproprié / inadéquat	RÉUSSITE
→ se limiter à des améliorations génériques, ou de base, plus ou moins expliquées.	→ fournir plusieurs suggestions pratiques et justifiées couvrant un éventail d'éléments.
→ traiter seulement des questions simples et courantes.	→ traiter des questions difficiles et inhabituelles.

Un tel compte rendu de l'évaluation doit naturellement être utilisé avec jugement. **Le processus d'évaluation ne résulte pas d'une simple addition mathématique du nombre de crochets obtenus.** Les correcteurs se trouvent fréquemment face à des idées « +/– » complètes, « +/– » claires ou « +/– » exactes. Lorsque le correcteur doit se demander si chacune des idées qu'il lit est suffisamment bonne pour être considérée, cela influence certainement l'évaluation finale, qui sera probablement sous le seuil de réussite.

Il est indéniable que la « qualité » de la réponse du candidat entre en ligne de compte. Un candidat qui fournit des recommandations pratiques pour deux ou trois aspects parmi les plus importants devrait obtenir une meilleure évaluation que celui qui fournit un grand nombre de recommandations +/– appropriées. **La quantité ne compense certainement pas le manque de qualité.** De même, présenter une longue liste de recommandations non justifiées ne suffit pas. Le but étant de fournir une analyse complète telle qu'illustrée par chacune des lignes du compte rendu. En contrepartie, rappelons qu'un nombre minimal d'idées doit être présent dans la réponse du candidat. Une ou deux recommandations justifiées ne suffiront probablement pas au seuil de réussite (niveau C). L'analyse « raisonnable » d'une problématique exige la couverture de tous – la majorité lorsqu'il y en a beaucoup – les aspects importants.

QUALITÉ et QUANTITÉ, ainsi que DIVERSITÉ, sont nécessaires au seuil de réussite. revoir Partie 2 p. 20

JUGEMENT PROFESSIONNEL

EXEMPLE : EXTRAIT DU GUIDE D'ÉVALUATION

Compétence : Finance

Catégories d'évaluation	*groupe*
Non traité ou Compétence minime	17,1 %
En voie vers la compétence – Le candidat propose certains moyens pour améliorer la situation de liquidité à court terme. OK	23,0 %
Compétent – Le candidat justifie la mise en place de plusieurs moyens pour améliorer la situation de liquidité à court terme. INC	58,3 %
Compétent avec distinction – Le candidat évalue la situation de liquidité et propose plusieurs moyens pour améliorer la situation de liquidité à court terme. Il tient compte des changements prévus par la société mère.	1,6 %

EVC

C = EVC + …

CD = C + « extra »

compte rendu p. 93

ÉVALUATION : « En voie vers la compétence »

L'extrait du guide d'évaluation ci-dessus soulève une interrogation fort légitime. Que signifient le mot « certains » au niveau EVC et le mot « plusieurs » au niveau C? La plupart des candidats vont d'ailleurs se demander « Combien de moyens justifiés faut-il énoncer pour obtenir le seuil de réussite »?

Je vous le dis d'emblée, la réponse n'est pas fixe.

Il y a sûrement un nombre minimal de « lignes complètes » à fournir, mais il faut tenir compte des circonstances. Je peux vous dire que les recommandations qui comptent doivent être concrètes, précises, et contribuer à l'amélioration des liquidités à court terme. « Recommander de vendre un actif immobilisé » ne serait, par exemple, pas approprié dans les circonstances. Il y a deux secteurs importants dans cette étude de cas, les débiteurs et les stocks, et quatre éléments plus importants que les autres (signalés en caractère gras). Personnellement, si je corrigeais ce cas, j'exigerais trois « moyens d'amélioration justifiés », dont au moins un pour les débiteurs et au moins un pour les stocks. Toutefois, un candidat présentant deux « moyens d'amélioration justifiés » et deux tentatives à d'autres moyens (analyse avec recommandation incomplète ou recommandation avec analyse incomplète) pourrait aussi atteindre le seuil de réussite.

La question fondamentale est donc la suivante :

« Est-ce que le candidat démontre suffisamment (QUALITÉ **et** QUANTITÉ) sa compétence lorsqu'il s'agit de recommander des moyens pour améliorer les liquidités à court terme? »

Diverses combinaisons d'idées permettent la démonstration de cette compétence!

POINT DE VUE

J'insiste régulièrement sur le fait qu'il faut s'attarder davantage sur les aspects (ou sujets) importants. On peut alors se demander de quelle façon les idées pertinentes et nouvelles sur des éléments de moindre importance sont considérées dans l'évaluation. Quoique valables, mais d'une valeur moins élevée par définition même, ces idées peuvent, jusqu'à un certain point, contribuer à la réussite. Un candidat qui discute de la « présentation » d'une subvention liée à des actifs en tant que crédit à l'immobilisation concernée ou en tant que crédit dans un compte de passif n'a pas tout faux. Une telle discussion, de moindre importance comparée au « traitement comptable », à savoir si la subvention peut être comptabilisée par l'entité, lui permettra peut-être d'obtenir le niveau EVC. En l'absence de l'aspect important ou significatif, il lui sera toutefois impossible d'obtenir le niveau C. La résolution d'aspects (ou sujets) de moindre importance ne remplace pas la nécessité d'élaborer plus en profondeur sur les aspects (ou sujets) importants. *Priorisons.*

IAS 20
3800

Les idées n'ont pas toutes le même poids ou la même valeur dans l'évaluation.

C'EST ESSENTIELLEMENT LA PERFORMANCE OBTENUE DANS LA RÉSOLUTION DE CE QUI EST IMPORTANT QUI DÉTERMINE LA RÉUSSITE D'UNE ÉTUDE DE CAS.

Je vous suggère de commencer l'évaluation de la performance d'une réponse en examinant les critères du niveau inférieur au seuil de réussite (niveau EVC). Puisque la majorité des candidats obtiennent au moins ce niveau-là, c'est plus encourageant. Par la suite, après avoir bien compris la signification de chacun des critères du seuil de réussite (niveau C), on peut examiner s'ils sont satisfaits. Personnellement, je souligne toute partie ayant été réussie ou presque réussie, que le seuil de réussite soit atteint ou non. Je vais naturellement voir quelles sont les parties du niveau supérieur (niveau CD) qui ont été accomplies.

Dans l'application du guide d'évaluation, je vous suggère également de :

- ➢ ***tenir compte des objectifs de la compétence – des attentes.*** La plupart des guides d'évaluation vont signaler en peu de mots ce que la compétence (occasion d'évaluation) désire essentiellement mesurer. Cela permet d'établir rapidement ce qui est indispensable à la réussite. Par exemple, on peut trouver la mention suivante : « Le candidat conseille ses clients au sujet des opportunités de planification fiscale. ». Il est alors clair que ce sont les « opportunités » qui sont évaluées. Un candidat qui présente le traitement fiscal, sans analyser les possibilités qui s'offrent au client, ne peut espérer atteindre le seuil de réussite pour cette compétence particulière.

inapproprié / inadéquat	RÉUSSITE	RÉUSSITE +
→ relever de nombreux facteurs sans expliquer pourquoi chacun d'eux aurait une incidence sur le risque lié à l'acquisition.	→ soulever plusieurs facteurs clés et fournir une explication raisonnable quant à leur incidence sur le risque lié à l'acquisition.	→ niveau précédent bien fait + suggérer de négocier la proposition afin d'atténuer certains risques relevés.

- ➢ ***tenir compte du niveau d'évaluation visé.*** Vous savez déjà que le seuil de réussite (niveau C) est le niveau critique puisqu'il fait la différence. Il est certainement avisé d'adopter une attitude un peu plus sévère lors de l'évaluation des critères de ce niveau. Les idées « +/– » claires ou exactes, par exemple, ne sont alors pas ou sont très peu considérées. On peut se permettre d'être un peu plus généreux lorsqu'on évalue un niveau inférieur, mais pas lorsque la réussite d'une compétence est en jeu.

La montée d'un niveau inférieur à un autre (CM à EVC) peut être teintée de facilité. Il faut par contre faire preuve de rigueur dans l'évaluation du seuil de réussite.

AU SEUIL DE RÉUSSITE, LA RÉPONSE DOIT OFFRIR UNE VALEUR AJOUTÉE.

Est-ce que les idées émises vont au-delà des notions de base?

A-t-on identifié l'aspect critique ou fondamental se trouvant au cœur de l'analyse?

Est-ce que la réponse est d'une profondeur suffisante?

Un candidat qui ne fait qu'énoncer des idées génériques, qui résument les renseignements du cas, qui présente peu d'idées dans son analyse, qui s'attarde sur les aspects de moindre importance ou qui n'utilise pas les concepts appropriés ne peut espérer réussir une compétence (occasion d'évaluation).

Dans l'application du guide d'évaluation, je vous suggère finalement de :

- ***lire les commentaires des correcteurs ou des examinateurs***, lorsque l'information est disponible. Fort souvent, ces commentaires viennent préciser le guide d'évaluation en soulignant les faiblesses, oublis et erreurs des candidats. Par exemple, on pourrait lire que : « Les candidats n'ont pas appliqué leurs connaissances au contexte particulier d'une clinique médicale. ». Cela signifie qu'un candidat qui présente une réponse trop générale, qui ne tient pas compte des particularités propres à ce type d'entité, n'atteindra probablement pas le seuil de réussite. Dans ce genre de contexte, procéder à la visualisation de ce qui se passe est fort utile. Quelles sont les idées propres à l'environnement d'une clinique médicale dans la solution proposée?
- ***tenir compte de la performance des autres candidats***, lorsque l'information est disponible. En fait, sous toutes réserves, il faut réaliser que la performance des autres candidats a une certaine influence sur l'évaluation de votre réponse. Par exemple, supposons que la plupart des candidats n'ont pas vu le sérieux manque de contrôle au niveau des achats de l'entité, tandis que vous avez abordé le sujet. La « valeur » de vos idées s'en trouve accrue par le fait que peu de candidats y ont pensé. L'inverse est également possible. En d'autres termes, une même idée, reprise dans deux cas différents, n'aura pas nécessairement la même valeur dans l'évaluation.

POINT DE VUE

Certains candidats ne vont jamais voir quels sont les critères nécessaires à l'obtention du niveau supérieur CD. Pour eux, il n'y a que le seuil de réussite qui est intéressant, ou encore, ils se disent que « De toute manière, c'est presque impossible à atteindre! ». Que ce soit vrai ou non ne rend pas l'exercice inutile lorsque l'objectif est de parfaire ses connaissances. Qui sait? Cela sera peut-être un critère indispensable à l'atteinte du seuil de réussite (niveau C) de la prochaine étude de cas.

J'ai la même opinion lorsqu'il s'agit d'une compétence mal réussie par la plupart des candidats. Se dire « Puisque presque personne n'a abordé cette compétence (ou cette demande), je n'ai pas besoin de l'étudier. » est une contre-indication.

La difficulté de réussir une compétence n'invalide pas l'utilité d'en analyser le contenu.

BONNE COMPRÉHENSION DE LA SOLUTION PROPOSÉE

↓

MEILLEURE APPLICATION DU GUIDE D'ÉVALUATION

Au seuil de réussite, qualité, profondeur et couverture sont nécessaires.

POINT DE VUE

Je sais que certains candidats visent systématiquement l'obtention du niveau de performance supérieur, soit le niveau Compétent avec distinction. Ils me disent vouloir ainsi se hisser sur le tableau d'honneur de l'Examen final commun (EFC) de CPA Canada. Je connais d'ailleurs deux ou trois candidats qui y sont arrivés.

Je respecte cette volonté de vouloir la meilleure performance possible. J'énonce toutefois quelques réticences. Disons tout d'abord que le poids d'un résultat de niveau Compétent est habituellement le même que le poids d'un résultat de niveau Compétent avec distinction. Outre la fierté d'être arrivé au niveau CD, il faut savoir que cela ne changera pas l'évaluation globale à savoir si vous atteignez le seuil de réussite pour un cas donné ou un groupe de cas.

Disons ensuite que ce qui fait la différence entre le niveau C et le niveau CD n'est pas si évident à prévoir. On peut se douter, par exemple, que l'analyse d'un plus grand nombre de déficiences mènera au niveau supérieur. Analyser « la plupart des... » au lieu d'analyser « quelques-unes des... » fait régulièrement la différence entre C et CD, quoique le nombre minimum nécessaire puisse être une variable inconnue au moment de la rédaction de la réponse. Bien que j'aie beaucoup d'expérience dans les simulations d'études de cas, je dois avouer que j'ai parfois de la difficulté à figurer à l'avance quel sera cet « extra » nécessaire au niveau CD. Il s'agit parfois d'une considération supplémentaire, pas si facile à déterminer.

Et finalement, eu égard au temps limité d'un cas, perdre du temps à chercher quel est « l'extra » nécessaire au niveau supérieur ne me paraît pas une bonne stratégie d'examen. Sous l'analyse coûts-avantages, cela n'en vaut pas la peine.

1 niveau EVC + 1 niveau CD ≠ 2 niveaux C

Les habiletés professionnelles

La grande majorité des cas comptables créés pour fins pédagogiques ou pour fins d'évaluation d'examens professionnels se concentrent sur les grands domaines de notre profession, soit Comptabilité financière (ou Information financière), Certification, Comptabilité de gestion, Stratégie et gouvernance, Fiscalité et Finance. Puisque certains domaines sont plus fondamentaux que d'autres, leur importance dans l'évaluation d'un cas ou d'un groupe de cas peut différer. Gardons toutefois en tête que les études de cas ont, entre autres comme objectif de « simuler » le monde réel afin de parfaire ces connaissances nécessaires à votre développement professionnel. Ne soyons donc pas surpris de rencontrer la compétence Technologies de l'information, ou encore, la compétence Gestion des risques dans une étude de cas. voir Q1 p. 143

Je désire particulièrement attirer votre attention sur les habiletés professionnelles qu'il faut développer et démontrer dans la résolution de cas. Ces habiletés font rarement l'objet de la liste des compétences (occasions d'évaluation) individuellement évaluées, du moins ces dernières années. Elles font plutôt partie intégrante de la résolution de l'une ou l'autre des demandes ou apparaissent au niveau supérieur Compétent avec distinction. Quoi qu'il en soit, je crois personnellement qu'il faut s'interroger sur les habiletés professionnelles qu'il faut particulièrement démontrer dans chacun des cas simulés.

POINT DE VUE

Le candidat CPA développe ses habiletés professionnelles, en sus de ses compétences techniques, au fil de ses simulations d'études de cas. Ces compétences dites « comportementales » (ou « habilitantes ») chapeautent et guident la rédaction. Dans l'analyse post-simulation, remarquer leur présence inhérente à la résolution d'une réponse adéquate favorise leur prise en compte continuelle, pour un meilleur succès.

Oublier l'aspect technique d'un sujet? Cela peut arriver.
Perdre de vue ses habiletés professionnelles? Pas vraiment.

Voici quelques-unes des habiletés professionnelles pouvant être démontrées dans la résolution de cas :[8]

- ***Maîtriser les concepts techniques.*** La compréhension adéquate et correcte des concepts clés fondamentaux est l'une des habiletés de base. Réciter par cœur que « l'identifiabilité d'un actif incorporel résulte de droits contractuels » est une chose, comprendre ce que cela signifie et l'appliquer correctement aux indices du cas en est une autre.
- ***Savoir intégrer.*** Outre l'application adéquate des concepts clés aux faits du cas, il faut pouvoir évaluer les implications et les interrelations des problématiques analysées. On fait ainsi ressortir les liens entre les différents sujets (ex.: impact du type de centre de responsabilité sur l'évaluation de la performance) ou entre les différents domaines (ex.: impact du traitement fiscal sur une décision de gestion).
- ***Savoir prendre une décision.*** Il y va de cette capacité de considérer différents éléments à la fois (ex.: contrainte de production, cibles, règlements), dans une analyse critique, pour une décision optimale éclairée. Discerner l'important du secondaire aussi.
- ***Faire preuve de sens pratique.*** Ou, en d'autres termes, « faire preuve de bon sens ». L'adaptabilité aux particularités du cas permet de faire valoir sa capacité de répondre adéquatement aux besoins de l'employeur ou du client (ex.: faire une différence entre une petite et une grande entreprise), ou encore, de proposer des actions adaptées (ex.: mesures qui cadrent avec la vision environnementale du propriétaire).
- ***Faire preuve de sens éthique.*** En réalisant le travail qui lui est confié, le CPA doit s'assurer d'adopter un comportement intègre qui démontre un certain sens des valeurs, par une éthique appliquée aux circonstances (ex.: justesse de l'imputation des coûts réclamés).

Le but de mes propos est de sensibiliser sur ces habiletés intrinsèques, moins tangibles, qui doivent être régulièrement démontrées dans la résolution d'études de cas. À la rigueur, il n'est pas absolument nécessaire de déterminer s'il s'agit « de compréhension » ou « d'intégration ». L'important est d'en prendre note, dans un objectif d'amélioration! Savoir, Savoir-être et Savoir-faire!

Bonifier la correction d'une réponse[9]

La correction d'une réponse doit certes fournir le résultat obtenu à chacune des compétences (occasions d'évaluation). J'insiste toutefois sur le fait que cette correction doit être commentée en fournissant des pistes de solutions, des trucs ou des moyens pour mitiger, voire éliminer, toute faiblesse relevée. Le candidat doit terminer l'analyse de sa réponse en étant mieux outillé – et non découragé – pour continuer son apprentissage. Une phrase telle que « La discussion est incomplète. » n'est pas très utile. ***Il faut être pertinent.*** Suggérons plutôt quelque chose comme : « Les conséquences du non-respect des conditions de l'entente ne sont pas mentionnées. ». ***Il faut être constructif.***

FAIBLESSE

↓

OBJECTIF

↓

MOYEN(S)

En outre, à moins que cela se fasse un peu à la blague pour attirer l'attention, je considère qu'il faut éviter de dire quelque chose comme « Tu ne comprendras jamais rien à l'analyse d'écarts. », ou pire, « Tu ne seras jamais Compétent! ». Au lieu de s'attarder sur la faiblesse elle-même, cherchons plutôt comment l'éliminer. Face à un sujet mal résolu, on pourrait prendre le temps d'en réviser les bases et de construire une Fiche-Info (Partie 10), ou encore, de demander des explications à un collègue. ***Il faut être proactif.*** Considérer « ce qui ne va pas bien » dans la résolution d'études de cas comme étant des occasions de s'améliorer et non comme un obstacle insurmontable valorise tout le processus. ***Il faut être positif.***

La résolution d'études de cas est un perpétuel apprentissage.

8 Les habiletés professionnelles qu'un CPA en pratique développe sont nombreuses. Attardons-nous ici à celles qui peuvent être particulièrement développées au fil des simulations et analyses d'études de cas.

9 Tiré de Deslauriers, Sylvie, *Trucs payants pour enseigner un cas*, AB + Publications, 2012, pages 89 et 90.

Face à un résultat décevant ou une faiblesse qui déstabilise, prendre du recul, dans la neutralité, facilite l'apprentissage.

L'idéal serait de pouvoir analyser « sa » réponse comme si elle appartenait à quelqu'un d'autre!

POINT DE VUE

Il est stimulant et enrichissant de procéder régulièrement à l'échange de réponses entre collègues. Le fait de demander à quelqu'un d'autre de déterminer, puis de commenter le niveau de performance obtenu (ex.: p. 90 et p. 94) en lui rendant le même service en contrepartie, offre plusieurs avantages.

revoir symboles p. 91-92

- *Cela permet de prendre connaissance d'une façon différente de rédiger.* La démarche d'analyse d'un collègue peut être mieux structurée ou sa rédaction plus efficiente. En outre, un autre candidat-correcteur peut faire part de sa difficulté à comprendre les idées véhiculées, à suivre la logique rédactionnelle ou à reconnaître les chiffres utilisés dans les calculs. Un candidat peut ainsi corriger la réponse d'un cas pour deux ou trois de ses collègues, en plus de la sienne, de manière à mieux comparer les différentes façons de réussir le même cas. À tour de rôle, chacun des membres du groupe pourra réaliser cette même tâche.
- *L'évaluation est plus objective.* Lorsqu'il s'agit d'évaluer leur propre réponse, certains candidats sont soit trop sévères, soit trop généreux. Un correcteur indépendant évalue plutôt ce qu'il lit – NOIR SUR BLANC – et non tout ce que l'auteur d'une réponse sait ou a voulu dire. En l'occurrence, une autre personne peut soulever différents « Points forts à retenir » et « Points faibles à mitiger ».

  Remarque : Lorsque votre réponse est corrigée par quelqu'un d'autre, je vous suggère tout de même de l'évaluer afin de confronter les deux résultats.
- *Cela permet l'échange constructif d'idées.* Outre la correction d'une réponse, la formation d'un groupe de travail dans l'objectif d'analyser une solution proposée permet aux candidats d'échanger différents points de vue. Les implications des paramètres du cas, la compréhension des aspects plus complexes ou la détermination de ce qu'est une réponse raisonnable peuvent être débattues en groupe.

✓ Lecture du cas

✓ Planification de la réponse

✓ Rédaction d'idées pertinentes

✓ Efficience dans la rédaction

✓ Calculs appropriés

✓ Habiletés professionnelles

Au fil de mes années d'enseignement, il m'est régulièrement arrivé d'entendre des questions ou commentaires concernant l'évaluation d'une réponse à un cas. Certaines choses entendues m'ont surprise, ce qui m'amène à la présente mise au point.

Un candidat ne devrait pas...

– énoncer des idées sans se soucier de leur valeur, de leur pertinence ou de leur importance.	Un candidat n'obtiendra pas le seuil de réussite s'il ne présente que des éléments de moindre importance ou pas vraiment pertinents, même s'il en a beaucoup! De même, la présentation de plusieurs idées de base ne peut compenser l'absence ou la faiblesse d'idées de survaleur. Cela pourra peut-être faire passer la réponse du niveau CM au niveau EVC, mais ce ne sera pas suffisant pour passer du niveau EVC au niveau C.
– croire qu'un exposé théorique (ou que la reproduction des paragraphes clés du *Manuel de CPA Canada*) remplace un lien d'intégration à l'étude de cas.	À moins que ce soit clairement demandé, un exposé théorique n'est pas utile en soi, même s'il est bien fait. Rappelons que les extraits du *Manuel* servent d'aide-mémoire, et ne font pas partie de la conversation. Les concepts clés (mots précis) doivent être repris et utilisés dans l'analyse. L'application correcte des connaissances techniques au scénario particulier de l'étude de cas doit être démontrée par VOUS, dans VOTRE TEXTE.

La quantité d'idées ne peut compenser leur manque de qualité.

Un correcteur ne devrait pas...

– penser que la réussite d'une compétence influence positivement l'évaluation des autres, et *vice versa*.	Chaque compétence est évaluée séparément, de manière objective. En d'autres termes, le résultat obtenu pour une compétence donnée n'a pas d'effet d'entraînement sur le résultat aux autres. Il faut faire ses preuves à chaque fois! Remarque : Ne pas confondre ce commentaire avec la nécessité de présenter des interrelations entre les diverses problématiques.
– accorder le niveau supérieur (CD) dès que « l'extra » requis est présent dans la réponse.	Le niveau CD part du fait que le niveau précédent, soit le seuil de réussite, est bien fait. Supposons, par exemple, que faire le lien avec le nouveau programme de bonification est « l'extra » requis pour CD. Une réponse ayant obtenu de justesse le niveau C n'obtiendra pas automatiquement le niveau CD, et ce, même si « l'extra » requis est là. Disons aussi que « l'extra » requis au niveau CD permet le passage de C à CD, pas de EVC à C.

Une « force » ici ne compense pas nécessairement une « faiblesse » ailleurs.

inapproprié / inadéquat	RÉUSSITE	RÉUSSITE +
→ formuler des améliorations au processus sans discuter de l'incidence des faiblesses relevées.	→ adopter une structure permettant d'analyser les conséquences aux déficiences relevées pour ensuite formuler des améliorations appropriées.	→ niveau précédent bien fait + traiter de l'impact des améliorations proposées sur l'allocation des coûts entre les divisions.

Q + R p. 145

Partie 8
Suivre son apprentissage par cas

Apprécier sa performance
Faire ressortir l'essentiel du(des) cas simulé(s)
Évaluer sa progression dans le temps

« Il y a sûrement des faiblesses que je ne vois pas,
alors je dois à tout le moins m'occuper de celles que je vois. »

Partie 8
Suivre son apprentissage par cas

Je considère que la résolution adéquate d'études de cas est l'un des plus grands défis des études en comptabilité. D'une part, cela exige la prise en compte d'un vaste ensemble de connaissances techniques multidisciplinaires dans un contexte particulier; contexte qui diffère d'un cas à l'autre. Soyez au fait que chaque cas comporte sa part d'imprévus. Les auteurs cherchant constamment à surprendre leurs lecteurs! D'autre part, le processus d'apprentissage s'étend sur une longue période, voire plusieurs mois, pour aboutir sur l'écriture d'examens universitaires ou d'examens professionnels. Le processus d'apprentissage est long; le parcours sinueux.

IL EST ESSENTIEL D'ASSURER UN SUIVI DES CAS SIMULÉS
AFIN DE FAVORISER LA CONSOLIDATION DES ACQUIS.

Apprécier sa performance

À juste titre, le premier réflexe de tout candidat est d'évaluer s'il a réussi le cas qu'il vient de simuler. Il est indéniable que l'obtention du seuil de réussite (niveau compétent) aux diverses compétences (occasions d'évaluation) d'un guide d'évaluation démontre la qualité d'une performance. Sachez toutefois que les résultats obtenus lors des premières simulations sont particulièrement faibles. Il n'est effectivement pas rare d'avoir carrément raté l'une des demandes, de ne pas avoir compris la complexité de la situation, de ne pas avoir identifié ce qui est important, d'avoir oublié les concepts théoriques pertinents ou tout simplement d'avoir manqué de temps!

RECUL et OBJECTIVITÉ sont les maîtres-mots.

Je vous demande de relativiser vos résultats puisque le niveau de performance obtenu ne révèle pas tout. La réussite d'une simulation ne veut pas nécessairement dire qu'on a tout compris et qu'il est moins utile de simuler d'autres cas. Il arrive fréquemment que le seuil de réussite soit obtenu de justesse, parfois même un peu par inadvertance. **Il faut éviter l'excès d'optimisme.**

En contrepartie, un faible résultat ne signifie pas qu'on ne connaît rien et que l'on ne sera jamais capable de réussir adéquatement une étude de cas. **C'est un excès de pessimisme.** En fait, il faut voir tout résultat comme étant un message constructif, avec impartialité. L'objectif est d'évaluer des idées et des habiletés, pas la valeur d'une personne. Nuance.

POINT DE VUE

Je vous suggère **d'analyser la réponse de toutes les études de cas que vous simulez**, qu'elles aient été bien réussies ou non. Certes, il est normal d'effectuer une analyse plus détaillée des cas qui vous ont occasionné davantage de difficulté, particulièrement s'il y en a deux ou trois d'affilée.

Ne négligez pas pour autant ceux que vous avez mieux réussis.

Puisqu'il y a toujours quelque chose qui peut être mieux fait, leur analyse vous aidera aussi à améliorer vos performances futures.

IL N'Y A PAS DEUX CAS IDENTIQUES :
CHACUN CONTIENT SES SURPRISES ET SES NOUVEAUTÉS.
IL FAUT FAIRE PREUVE D'ADAPTABILITÉ.

Dans l'appréciation de votre performance, je vous suggère de considérer les éléments suivants :

- ***les particularités du cas.*** Certaines demandes ou problématiques, et certains contextes sont plus difficiles à saisir ou analyser que d'autres. Par expérience, je sais que les candidats ont davantage de difficultés à résoudre un cas portant sur une entreprise dont la prestation de services ou la construction de biens s'étend sur plus d'un exercice. Il en est de même des rôles inhabituels. Lorsque l'une des compétences de l'étude de cas est difficile à cerner ou à développer, l'obtention du niveau inférieur (niveau EVC) au seuil de réussite peut être un bon résultat en soi.

  Comment s'est-on adapté aux circonstances inhabituelles du cas?

- ***la performance des autres candidats ainsi que les commentaires des correcteurs.*** Qu'on le veuille ou non, le positionnement par rapport au groupe est une référence importante dans notre domaine. Par exemple, lire, que « En général, les candidats ont su proposer des moyens appropriés pour améliorer les liquidités à court terme. » est à considérer. La tolérance des correcteurs aux idées incomplètes ou inappropriées sera alors plus faible (Partie 7, p. 93 et p. 94). En d'autres termes, les critères d'accession au niveau « Compétent » seront plus exigeants.

  Quelle est ma position par rapport à la moyenne?

  Certes, il faut progresser en fonction d'objectifs individuels, mais il faut autant que faire se peut également viser l'obtention de résultats au-dessus de la mêlée.

- ***vos forces et faiblesses personnelles.*** Les prédispositions d'une personne pour accomplir la résolution d'études de cas sont différentes d'un candidat à l'autre. Ainsi, l'aisance personnelle face à certains sujets, rôles ou contextes peut influencer la performance. Un candidat peut être à l'aise en audit, mais se trouver démuni face à une mission d'examen, par exemple. Dans cette situation, l'obtention du niveau juste en dessous du seuil de réussite (niveau EVC) n'est pas nécessairement une mauvaise nouvelle. L'inverse pouvant être vrai pour un collègue.

  Ai-je amélioré mes statistiques personnelles?

Lorsque vous avez évalué le niveau de performance de chacune des compétences (occasions d'évaluation) d'un cas, je vous suggère ensuite d'analyser votre réponse sous différentes facettes. Il faut examiner ce qui s'y trouve et ce qui manque. Les candidats ayant pris le temps d'annoter leur réponse au fil de la correction, comme suggéré précédemment, ont déjà une bonne idée de ce qui peut être ressorti de ce questionnement. Le mot « général » inscrit à plusieurs endroits, par exemple, révèle le manque d'intégration. Quant à l'abréviation « REC? », elle rappelle au candidat qu'il n'a pas su terminer adéquatement sa discussion. Je vous suggère de prendre le temps de vous interroger eu égard aux cinq thèmes correspondant aux Parties 1 à 5 du présent volume, soit Lecture, Planification, Rédaction, Efficience et Calculs. En sus de ces thèmes, il faudrait évaluer votre maîtrise des habiletés professionnelles sollicitées par l'étude de cas.

Dans le processus d'appréciation de la performance d'une réponse, la tendance est de considérer seulement « ce qui ne va pas ». C'est naturel. Je vous suggère néanmoins de prendre le temps de **faire ressortir les points forts ET les points faibles**. Personnellement, je commence par les points forts, en guise de motivation. Il y en a toujours, quel que soit le résultat obtenu. Je vous suggère aussi de souligner ce qui s'est amélioré – ou non – depuis la dernière fois. *Surveillons l'évolution d'une étude de cas à l'autre.*

EXEMPLES DE « POINTS FORTS À RETENIR »

- « Potentiel de fraude du responsable de la gestion des inventaires identifié et expliqué dès le départ. Peu l'ont vu! »
- « Demande de « discuter la nature des différents coûts » bien comprise. »
- « Super! Tu as vu qu'il fallait établir le prix de cession interne avant de discuter de l'évaluation du rendement. »
- « Plusieurs écarts adéquatement interprétés, tenant compte des informations fournies à différents endroits dans le cas. » *(Faire preuve de sens pratique.)*

Il faut assurément identifier les faiblesses de votre réponse afin de pouvoir éventuellement trouver des moyens pour les mitiger ou les éliminer.

EXEMPLES D'ANALYSE DE LA PERFORMANCE

Lecture et annotation d'un cas	*Est-ce que les paramètres du cas ont été bien identifiés dès le départ?* Ex.: « NON. Le fait que l'entité fonctionne à sa capacité maximale de production est une contrainte inhérente à l'analyse. »

Partie 1

Partie 2

Est-ce que le plan de réponse a été correctement établi, puis suivi? Ex.: « +/–. Certains aspects ont été analysés avec trop de profondeur sans égard à leur importance. Il n'y a pas assez d'éléments différents abordés en comptabilité de gestion. »	**Planification de la réponse**

Rédaction d'idées pertinentes	*Ai-je intégré les concepts théoriques aux particularités du cas?* Ex.: « PAS ASSEZ! Les liens d'intégration ne sont pas suffisamment explicites (trop de « W »). » *(Savoir intégrer.)*

Partie 3

POINT DE VUE

Il est parfois révélateur **de calculer le nombre d'idées pertinentes et nouvelles d'une réponse**; pas le nombre de phrases ou de paragraphes, mais le nombre d'idées. Si une réponse contient, par exemple, seulement 10 ou 12 « bonnes » idées, vous comprendrez qu'il est difficile de réussir un cas de 90 minutes (environ 37,5 points sur 100 pour une période de simulation de 4 heures). Certes, le nombre d'idées nécessaires pour atteindre le seuil de réussite dépend de la difficulté du cas et de la qualité des idées émises. Toutefois, il m'apparaît difficile, voire impossible, de réussir un tel cas sans avoir au moins présenté une vingtaine de « bonnes » idées.

Il est également intéressant **de relever où sont situées les idées pertinentes et nouvelles.** Un candidat pourrait ainsi se rendre compte que les bonnes idées qu'il écrit se situent dans la deuxième moitié de la solution à chaque demande. Il pourrait aussi remarquer qu'il a écrit seulement une bonne idée dans la dernière demande.

Il ne suffit pas de « savoir quoi faire », il faut « être capable de le faire ».

Partie 4

Est-ce que j'ai perdu du temps dans la présentation de ma réponse? Ex.: « EH OUI. Les idées sont trop souvent répétées (trop de «Ⓡ»), par le biais de synonymes. Inutile de résumer l'analyse dans la conclusion! »	**Présentation efficiente des idées**

Est-ce que le calcul peut être présenté de manière plus efficiente? Ex.: « À TRAVAILLER! L'analyse quantitative est tellement détaillée que l'analyse qualitative n'est pas terminée. Il faut mieux équilibrer la réponse! »	**Calculs appropriés**

Partie 5

Y A-T-IL DES HABILETÉS PROFESSIONNELLES À PEAUFINER?

La liste des faiblesses relevées lors de l'analyse d'une réponse est souvent plus longue que celle des forces, particulièrement lors des premières simulations de cas.

Il faut insister davantage sur les faiblesses qui ont empêché l'accès au seuil de réussite.

Dressez tout d'abord votre liste de faiblesse sous la forme de « Points faibles à mitiger » lors de la(des) prochaine(s) simulation(s). Par la suite, essayez de trouver par quel moyen concret vous pouvez améliorer la situation. Quelle solution pourrait contrecarrer telle ou telle faiblesse? ou encore, Quel exercice peut-on faire pour s'entraîner à mieux résoudre un cas? Tels les exemples présentés ci-dessous, je suggère d'exprimer ce que vous désirez faire en débutant par un verbe D'ACTION, c'est-à-dire un verbe à l'infinitif.

FAIBLESSE
↓
SOLUTION ou EXERCICE

EXEMPLES DE « POINTS FAIBLES À MITIGER »

- « Présenter moins de détails superflus dans la liste des arguments. »

  Exercice : reprendre le texte en barrant tout ce qui est inutile, puis calculer le nombre d'idées pertinentes et nouvelles.

- « Mieux préciser l'aspect comptable à discuter. »

  Exercice : relire les informations du cas qui peuvent être utilisées et voir comment elles pointent vers l'aspect critique.

- « Accorder davantage de temps (plus de profondeur) à l'analyse. »

  Exercice : procéder à l'ajout d'idées à la réponse actuelle ou réécrire certaines parties, dans un temps limité, afin d'apprendre à déterminer ce qu'est une réponse appropriée ou « raisonnable ».

- « Établir correctement l'ordonnancement des sujets comme retraiter l'état des résultats avant de commenter la performance financière de l'entité. »

  Solutions : – prendre le temps de planifier la réponse.
  – considérer les liens de cause à effet entre les demandes.

- « Diminuer le temps nécessaire à la réalisation de calculs. »

  Solutions : – refaire les calculs en utilisant une structure plus efficace.
  – établir une structure de réponse. (voir Partie 10)

  direct ou indirect? Partie 5

Faire ressortir l'essentiel du(des) cas simulé(s)

La tendance actuelle – et c'est naturel de le faire – est d'effectuer l'analyse des cas simulés individuellement, un à la fois. Les candidats rattachent ainsi leurs notes et observations au cas analysé. Les intervenants et les correcteurs de cas font généralement de même, se concentrant sur le cas du jour, en ne faisant pas – ou peu – de référence aux autres cas simulés. Au fil des simulations, les candidats reçoivent ainsi un grand nombre d'indications, toutefois isolées cas par cas. En garde-t-il la trace écrite? Ce ne sont bien souvent que des notes rapidement griffonnées ou tapées ici et là sans véritable organisation ou structure.

Or, dans le processus d'apprentissage par études de cas, il est régulièrement utile de revenir sur une simulation passée. On peut désirer revoir, par exemple, de quelle manière une telle question comptable a été analysée, ou encore, on peut vouloir comparer entre eux les différents cas portant sur des entreprises en difficultés financières. Encore une fois, comme dans tout processus d'apprentissage, il m'apparaît important de régulièrement prendre du recul afin de faire le point sur l'évolution de sa performance.

Mon point de vue consiste à dire qu'il me paraît essentiel de pouvoir disposer d'une banque de données concernant vos simulations de cas. Cela demande de la rigueur puisque le candidat doit, cas par cas, dès les premières simulations, cumuler les renseignements dans un fichier. Croyez-moi sur parole, prendre quelques minutes pour faire ressortir les éléments particuliers et déterminants de chacun des cas simulés est un temps bien investi. Je suggère ainsi la création de deux fichiers, soit le fichier « Suivi des cas simulés » et le fichier « Suivi de mes résultats aux cas simulés ». Nous reviendrons un peu plus loin (p. 108-) sur la nécessité d'évaluer sa progression d'une période à l'autre, autant au niveau des résultats globaux que des résultats par compétences (occasions d'évaluation) ou domaines d'études, voire même par sujet.

« Fiche-Info sur un cas »

Le fichier « Suivi des cas simulés » cumule vos observations de manière pratique et succincte afin de pouvoir retracer rapidement l'information recherchée. Son contenu est de nature factuelle puisqu'il rappelle ce qui caractérise chacune de vos simulations, placées côte à côte. La page suivante offre un exemple de ce que j'appelle la « Fiche-Info sur un cas », fiche à remplir pour chacun des cas simulés. Voici quelques considérations relatives à cette Fiche-Info :

- La colonne de gauche présente en caractère gras la liste des différentes rubriques à remplir. Elle contient tout d'abord les renseignements de base tels que la **Date de la simulation**, la **Référence du cas** (nom, provenance ou numéro) et la **Durée de la simulation**.
- Le **Contexte** rappelle les particularités du cas qui ont influé sur la résolution des diverses problématiques. Il peut s'agir, entre autres d'un facteur clé de succès, des objectifs ou comportements de la direction, d'une politique de l'entité ou d'une contrainte (revoir Partie 1, p. 7).
- Les demandes sont le paramètre clé d'un cas dans le sens où elles dictent le travail à faire. Une solution qui atteint le seuil de réussite ne peut certainement pas passer à côté de celles-ci. Bien que le **Rôle** principal (poste occupé par le CPA) soit habituellement mentionné, il faut se rappeler qu'il doit essentiellement être considéré dans la perspective de chacune des demandes. La « Fiche-Info sur un cas » peut mentionner ce rôle et ses conséquences, lorsque cela facilite la compréhension du cas. Dans l'exemple ci-joint, on fait ressortir le fait qu'il s'agit d'un mandat d'audit « standard ».

COMMENT RETRACER RAPIDEMENT L'INFORMATION RECHERCHÉE?

- La Fiche-Info contient la liste des **DEMANDES** du cas en soulignant les aspects (ou sujets) qui répondent à l'une ou l'autre d'entre elles. Personnellement, je les organise en fonction des grands domaines de notre profession multidisciplinaire : **Comptabilité financière**, **Certification**, **Comptabilité de gestion**, **Stratégie et gouvernance**, **Fiscalité** et **Finance**. Je suggère l'inscription succincte des renseignements, en points clés, quoique certains candidats puissent décider d'y inscrire plus de détails que d'autres. En certaines circonstances, on pourrait vouloir reproduire les mots exacts de la demande comme celle en Finance dans l'exemple ci-joint.

  Bien que le cas IFX, objet de notre exemple, fasse appel au référentiel comptable IFRS, on remarque entre parenthèses la mention de la norme correspondante sous le référentiel NCECF. Un candidat désirant éventuellement examiner en concomitance les cas ayant pour sujet d'analyse la constatation des produits, par exemple, disposera alors d'une banque de données plus complète. Il pourra comparer les discussions sur le même référentiel comptable, ou encore, tout simplement essayer de répondre à la même question à partir de normes différentes.

  La Fiche-Info est de longueur variable, établie en fonction de vos besoins et objectifs.

inapproprié / inadéquat	RÉUSSITE
→ présenter une liste de facteurs peu commentés pouvant être considérés dans la prise de décision.	→ évaluer les facteurs critiques pertinents dans l'analyse d'une prise de décision éthique.

EXEMPLE D'UNE « FICHE-INFO SUR UN CAS »
EXTRAIT DU FICHIER « SUIVI DES CAS SIMULÉS »

Date de la simulation	*14/06/X2*	...
Référence du cas	*IFX (X1_3-3)*	...
Durée de la simulation	*80 minutes*	...
Contexte	*IFRS – PME taille moyenne – sources de financement limitées – ratio liquidité générale ≥ 1,0 – PAPE prévu dans deux ans*	...
Rôle (poste occupé par le CPA)	*Auditeur – renouvellement de mandat « standard » – planification initiale faite par l'associée*	...
Comptabilité financière	• *IFRS 15 : Acompte (contrepartie) sur contrat (3400)* • *IAS 37 : Provision pour garanties (3290)*	...
Certification	• *Seuil (% résultat, ajustements comptables, révision, travaux)* • *Risques (erreurs comptables, clause restrictive, PAPE à venir)* • *Stratégie* • *Procédures (réalité, exactitude, évaluation, séparation périodes, classement)*	...
Comptabilité de gestion	–	...
Stratégie et gouvernance	–	...
Fiscalité	• *Déductibilité des dépenses liées au développement d'un produit*	...
Finance	• *« Moyens pour améliorer les liquidités à court terme »*	...
Habiletés professionnelles	• *Ratio liquidité générale ≥ 1,0* → *À considérer dans l'impact des deux questions comptables!* → *Voir que la diminution des clients et des stocks favorise le ratio.*	...
Autre(s) observation(s) (s'il y a lieu)	• *Biais : parti pris de la direction de montrer une croissance stable dans le temps (PAPE)*	...
Question(s) en suspens (s'il y a lieu)	• *Pourquoi est-ce que le PAPE prévu dans deux ans n'est pas un facteur de risque d'audit à considérer?*	...
...	...	...

Remarque : Les sections remplies par le candidat sont écrites en italique.

- Tel l'exemple ci-dessus, je suggère l'ajout de la rubrique **Habiletés professionnelles**, section qui devrait figurer sur toutes les Fiches-Info que vous remplissez. La présence de cette section rappelle de prendre du recul et de s'interroger sur les habiletés autres que techniques auxquelles le cas a fait appel. Quels sont les endroits où il fallait faire preuve d'une aptitude particulière? Fallait-il synthétiser l'information, voir une question « *moins explicite* » ou faire preuve de sens pratique face à une situation inhabituelle? Relever les habiletés que le professionnel CPA doit démontrer, en les accompagnant d'un exemple concret en provenance de la solution proposée, favorise leur assimilation. À un moment donné, après plusieurs simulations ou lorsque la date d'un examen officiel approche, il est utile de se remémorer ces situations rencontrées.
- La Fiche-Info permet l'ajout de toute **Autre observation** découlant de votre analyse personnelle d'un cas. On peut ainsi indiquer les interrelations entre les sujets du cas (ex.: tenir compte des améliorations suggérées au processus d'approbation des achats dans les prévisions de trésorerie), ou encore, mentionner les implications d'une particularité du cas sur la solution (ex.: relations avec le comité d'audit d'une société ouverte).

  On peut finalement isoler les **Questions en suspens** lorsqu'un élément de la solution proposée ou du guide d'évaluation n'a pas été compris afin de ne pas oublier d'y revenir.

inapproprié / inadéquat	RÉUSSITE
→ être déstabilisé par une demande inhabituelle au point de ne pas y répondre ou de ne pas arriver à élaborer une réponse convenable.	→ faire une petite pause, recenser les connaissances techniques pertinentes et utiliser au mieux ses habiletés professionnelles, en se basant sur l'acquis des expériences vécues.

POINT DE VUE

En remplissant la « Fiche-Info sur un cas », il ne faut pas perdre de vue que l'objectif est de faciliter tout retour éventuel au cas simulé. Il faut donc être clair, succinct et précis, en relevant seulement ce qui est essentiel. À cette fin, l'exemple de l'étude de cas IFX contient, entre autres la liste des aspects discutés dans le cadre du sujet Seuil de signification ainsi que les assertions d'audit en référence.

L'usage de « mots-clés » facilite le repérage de l'information.

Il est également préférable de choisir les mêmes mots de référence d'un cas à l'autre et, naturellement, de choisir des mots qui vous sont familiers. Certains candidats vont écrire le mot « biais » alors que d'autres vont préférer l'expression « parti pris ». L'important est de s'y retrouver. Je vous suggère, dès vos premiers cas, d'adopter un système d'organisation qu'il vous est facile d'appliquer et de reconnaître.

Prenez le temps de maintenir votre fichier « Suivi des cas simulés » à jour!

Je me permets toutefois de vous suggérer de séparer la tâche avec vos collègues. Le contenu de la « Fiche-Info sur un cas » est factuel et pratiquement impersonnel. On peut donc créer cette Fiche-Info à partager avec d'autres candidats qui feront de même à leur tour lors des prochaines simulations.

« Fiche-Info sur ma performance à un cas »

Quant au fichier « Suivi de mes résultats aux cas simulés » précédemment annoncé, il cumule vos résultats de manière pratique et succincte afin de vous permettre de faire régulièrement le point sur l'avancée de votre performance. Il met en évidence l'amélioration par l'expérience. À la différence du fichier « Suivi des cas simulés », son contenu est de nature personnelle puisqu'il fait état de vos résultats. Cela vous permettra d'évaluer votre progression au fil du temps afin de pouvoir fixer des objectifs d'amélioration d'une simulation à l'autre ou d'une période à l'autre. Le classement de ces fiches par ordre chronologique en facilite le suivi. La page suivante présente un exemple de ce que j'appelle la « Fiche-Info sur ma performance à un cas », fiche en deux parties, à remplir pour chacune des études de cas simulées. Prenez le temps d'en observer le contenu afin de pouvoir déterminer ce qui vous sied le mieux.

POINT DE VUE

Il est grandement préférable de créer le fichier « Suivi de mes résultats aux cas simulés » à l'aide d'un tableur de feuilles de calcul, tel *Excel*, où les deux parties de la Fiche-Info peuvent s'inscrire dans deux onglets distincts. Cela permet la création d'une base de données conviviale permettant l'analyse rapide de vos résultats.

Cela dépasse l'objectif du présent volume, mais sachez qu'il n'est pas très compliqué de créer une « barre déroulante » qui vous permet d'entrer plus rapidement le type de compétence, de « trier et filtrer » les données afin d'observer plus attentivement une catégorie ciblée de résultats, ou encore, d'appliquer « la mise en forme conditionnelle » qui vous permet de souligner vos résultats par différentes couleurs.

Nous ferons référence un peu plus loin à l'outil « créer des graphiques » (p. 113), outil permettant l'appréciation rapide et visuelle de l'évolution de votre performance.

EXEMPLE D'UNE « FICHE-INFO SUR MA PERFORMANCE À UN CAS »[10]
EXTRAIT DU FICHIER « SUIVI DE MES RÉSULTATS AUX CAS SIMULÉS »

partie 1

	Date de la simulation **Référence du cas** **Durée de la simulation**	*14/06/X2* *IFX (X1_3-3)* *80 minutes*							
	Compétence (Occasion d'évaluation)	**CD**	**C**	**EVC**	**CM**	**NT**	**Correcteur** (s'il y a lieu)	**Que manque-t-il pour réussir?**	**Autre(s) observation(s)** (s'il y a lieu)
#1	*Comptabilité financière*	*CD*					*C*		*Trop long avant d'arriver au but.*
#2	*Comptabilité financière*			*EVC*			*EVC*	*Écrire impact DT-CT.*	
#3	*Certification*		*C*				*EVC*	*Justifier la base du seuil.*	
#4	*Certification*			*EVC*			*CM*	*Élaborer des procédures concrètes et utiles.*	*Moyenne des autres candidats : CM : 38 % – EVC : 31 %*
#5	*Fiscalité*					*NT*	*EVC*		
#6	*Finance*				*CM*		*CM*		*Temps perdu à rassembler les chiffres.*
	...							...	...
	TOTAL	**1**	**1**	**2**	**1**	**1**			

partie 2

	Date de la simulation **Référence du cas** **Durée de la simulation**		*14/06/X2* *IFX (X1_3-3)* *80 minutes*		
	Points forts À RETENIR		**Points faibles À MITIGER**		**COMMENT mitiger cette faiblesse** **Exercice / Solution**
1-	*Toutes les analyses se terminent par une recommandation ou une conclusion.*	1-	*Manque de temps pour faire les 2 dernières demandes.*	→	*Ne pas perdre de temps à résumer la problématique avant l'analyse.*
2-	*La révision de la planification de l'audit tient compte des NOUVEAUX événements.*	2-	*Seulement 1 « bonne procédure » sur les 5 écrites!*	→	*Améliorer mes liens Assertion et Procédure.* *« Regarder si l'acompte reçu du client a bel et bien été encaissé » ne répond pas au risque d'audit particulier à la situation. La procédure doit plutôt permettre de déterminer QUAND constater le produit.*
3-	*Bon usage des indices du cas.*	3-	*Mauvaise identification de la question à analyser. Inutile de remettre en question le coûteux programme de garanties, il faut plutôt traiter de l'aspect comptable.*	→ →	*– Respecter le plan! Ne pas sortir de la demande même si j'ai des idées intéressantes à dire!* *– Utiliser la norme précise (IAS 37) quand il y en a une au lieu d'une norme plus générale (IAS 32).*
	...		...		...

Remarque : Les sections remplies par le candidat sont écrites en italique.

10 Un merci particulier à Émilie Portelance pour sa participation à l'élaboration de la première version de ce Fichier, en 2010.

Voici quelques considérations relatives à cette Fiche-Info scindée en deux parties dans notre exemple :

- Les diverses rubriques de la « Fiche-Info sur ma performance à un cas » ont essentiellement pour but d'activer votre processus de réflexion. Les résultats obtenus pour l'une ou l'autre des compétences évaluées sont le point de départ de l'analyse de la performance.

  IL FAUT ADÉQUATEMENT ÉVALUER SA PERFORMANCE
  AFIN DE DÉTERMINER CE QU'IL FAUT AMÉLIORER POUR RÉUSSIR.

  Il m'apparaît évident qu'un candidat doit lui-même corriger chaque cas qu'il simule, même s'il sait qu'un correcteur externe le fera aussi. D'une part, cela accélère l'analyse qui peut alors se faire dès la simulation terminée au lieu d'attendre le retour de la correction. D'autre part, cela permet la comparaison de votre évaluation avec cette correction objective.

  Êtes-vous trop sévère ou trop indulgent? Ni l'un ni l'autre n'est recommandé.

  Pouvez-vous comparer votre performance à la moyenne des autres candidats (si connue)?

  Avez-vous bien compris les subtilités de la grille de correction?

- Comme discuté au début de cette Partie, l'objectif ultime de l'analyse de sa performance est de faire ressortir les **Points forts À RETENIR** et les **Points faibles À MITIGER**. Naturellement, il faut penser aux moyens, exercices ou trucs à mettre en place afin de viser l'élimination de toute faiblesse relevée. Dans l'objectif de vous aider à identifier ce qui doit être corrigé dans vos futures simulations, je vous invite à considérer ce qui suit :

  - Outre le perfectionnement de ses compétences techniques et habiletés professionnelles, nul doute que l'un des objectifs majeurs de simuler des études de cas est d'arriver à atteindre le seuil de réussite. Ainsi, **se demander ce qui fait la différence entre réussir ou pas** (niveaux C-CD ou niveau EVC) devrait être un élément constamment présent dans l'analyse de vos performances. Quels sont les facteurs déterminants pour obtenir le niveau Compétent? Certes, le passage du niveau CM au niveau EVC mérite aussi d'être étudié, mais quelques simulations vous y mèneront plus facilement que ce qui fait la différence entre réussir ou non.

    QUE MANQUE-T-IL POUR OBTENIR LE SEUIL DE RÉUSSITE?

  - Il faut s'efforcer d'exprimer les **Difficultés rencontrées** en cours de rédaction par des termes clairs. Un candidat peut se rendre compte, par exemple, qu'il a eu de la difficulté à commencer un calcul et que cela lui a fait perdre un temps précieux. Résoudre cette difficulté ne sera peut-être pas une tâche facile, mais le fait de la reconnaître est un bon point de départ.
  - On peut aussi faire ressortir les concepts ou les notions qui ont été manqués ou oubliés. Ne pas maîtriser la théorie sous-jacente à la résolution d'une demande limite certainement la capacité d'effectuer une analyse adéquate. Il faut noter ces **Notions à réviser**.

- Un dernier point. Le fichier « Suivi de mes résultats aux cas simulés » vous appartient. Il est unique, construit pour vos besoins. Il peut donc être davantage – ou moins – élaboré. Observez les signaux et les tendances, puis prenez en note toute **Autre observation** qui vous paraît utile, dans la considération du rapport coûts-avantages. Une chose demeure essentielle, c'est que cette base de données DOIT SERVIR! Je vous suggère donc d'examiner, par exemple si les mêmes « Points faibles à mitiger » se répètent, ou encore, si les simulations de 60 minutes sont systématiquement les plus manquées. Faites des analyses comparatives transversales!
  Au fil des simulations, du moins à moyen terme, on devrait remarquer des améliorations.

**Il est important de faire régulièrement le point,
de manière objective et constructive.**

Évaluer sa progression dans le temps

Comme discuté précédemment, je vous suggère de fixer des objectifs d'amélioration ou d'apprentissage à la suite de l'analyse de chacune de vos simulations. Par expérience, il semble que l'idéal soit d'établir tout au plus trois objectifs à la fois (ex.: p. 109). Cela permet une meilleure concentration des efforts.

IL FAUT ÊTRE RÉALISTE DANS LA DÉTERMINATION DES POINTS À AMÉLIORER.

ON NE PEUT PAS TOUT RÉGLER EN MÊME TEMPS.

Quelles sont les faiblesses qui freinent le plus l'amélioration de votre performance?

Dans la détermination de vos objectifs, il faut être conscient que les faiblesses que vous désirez atténuer n'ont pas toutes la même importance. Ainsi, le fait de comprendre exactement ce que les mots de la demande signifient ou impliquent est certainement plus important que de diminuer la longueur de ses phrases. Certes, il faudra éventuellement travailler ce dernier point, mais chaque chose en son temps.

QUEL EST VOTRE PLAN D'ACTION?

POINT DE VUE

La détermination d'objectifs à atteindre requiert à la fois humilité et détachement, dans une attitude positive. Il faut tout d'abord accepter le fait que l'on ne se souvienne pas nécessairement de tout ce que l'on a précédemment étudié, que l'on peut avoir de la difficulté à appliquer ses connaissances au bon endroit ou que l'on ne maîtrise pas convenablement la façon de résoudre une étude de cas. Il arrive aussi qu'une faiblesse qui ne se manifeste pas pour deux ou trois cas d'affilée refasse surface un peu plus tard. Cette situation n'est pas rare. Par exemple, sans raison apparente, un candidat qui était parvenu à exécuter plus rapidement ses calculs peut rencontrer de la difficulté à le faire à la simulation suivante.

Il m'apparaît préférable d'énoncer tout objectif d'amélioration sous la forme d'une action à réaliser ou d'exprimer ce qui est souhaité avec confiance. Une phrase telle que « Je cible mieux les procédures d'audit en fonction des risques relevés. » est indéniablement constructive et motivante. Je vous suggère d'ailleurs d'épingler la phrase sur votre tableau d'affiche, ou encore, de lire une ou deux fois vos objectifs à atteindre avant ou pendant la simulation d'un cas.

Persévérez!, malgré les embûches!

Dès qu'il a quelques simulations à son actif, il est normal qu'un candidat veuille évaluer s'il fait des progrès. Il faut toutefois savoir que l'évaluation par compétences rend cette tâche difficile puisqu'un long moment – voire plusieurs mois – peut s'écouler avant que l'on puisse réussir à régulièrement atteindre le seuil de réussite (niveau visé C). Il n'est pas rare d'observer une certaine progression pendant quelques simulations; situation à laquelle succède une période de stagnation.

Il n'est pas évident de statuer sur une quelconque amélioration,
même après quelques simulations.

De plus, chaque cas est unique. Le prochain cas peut grandement surprendre par sa mise en contexte ou par la façon dont les problématiques s'amènent et se résolvent. La rédaction de cas est un processus un peu plus compliqué que l'apprentissage de l'aspect technique d'un sujet, tel le calcul d'un gain ou d'une perte de change. La réussite ultime d'une simulation de cas requiert un bon entraînement qui comprend la pratique de cas et l'évaluation objective de chacune de ses performances.

POINT DE VUE

LA COURBE D'APPRENTISSAGE DE LA RÉSOLUTION DE CAS N'EST PAS LA MÊME POUR TOUS.

Mentionnons d'emblée qu'il est assez rare que l'amélioration de la performance soit régulière ou en pente constante. Pour la majorité des candidats, la progression vers la réussite se fait plutôt par à-coups. Une série de cas offrant une performance mitigée sera soudainement suivie d'une certaine amélioration. Arrive alors une contre-performance à l'étude de cas suivante venant ébranler toute idée du progrès. En d'autres termes, un candidat peut atteindre – confortablement de surcroît – le seuil de réussite dans deux ou trois cas de suite pour la compétence Comptabilité de gestion, par exemple, mais obtenir un niveau inférieur dans le cas suivant. Toutefois, croyez-moi sur parole, les acquis des simulations antérieures finissent toujours par se concrétiser. C'est plus long pour certains, plus court pour d'autres.

Il faut également savoir qu'il est toujours possible d'améliorer sa performance dans la résolution d'études de cas. L'obtention du seuil de réussite à chaque occasion d'évaluation ne signifie pas nécessairement que tout est parfait.

Il y a et il y aura TOUJOURS quelque chose qui pourrait être mieux fait et qui pourrait faire la différence au prochain cas.

La comparaison de la performance obtenue d'un cas à l'autre permet l'identification des demandes, sujets, contextes ou rôles avec lesquels vous éprouvez davantage de difficulté. Un candidat peut réaliser qu'il est maladroit lorsqu'il s'agit d'analyser différents types de placements, par exemple. Il peut alors recenser tous les cas qui contiennent ce genre de question afin de les étudier dans un même mouvement. Un autre candidat peut se rendre compte qu'il ne réussit pas bien tous les cas utilisant l'entreprise de fabrication comme toile de fond. Une telle constatation soulève l'urgence de corriger cette faiblesse en révisant les concepts particuliers à ce genre d'entités (ex.: calcul du coût de revient), tout en s'entraînant à mieux les appliquer. Il faut prendre du recul, puis évaluer sa progression d'une période à l'autre.

L'une des caractéristiques inhérentes à l'évaluation par compétences est que le nombre de niveaux de performance du guide d'évaluation n'est pas très élevé. En outre, comme mentionné à la Partie 6 (p. 86), la plupart des candidats obtiennent soit le seuil de réussite, soit le niveau juste en dessous. En conséquence, il arrive fréquemment que des candidats aient l'impression de « stagner » au niveau « En voie vers la compétence » pendant plusieurs mois, parfois même jusqu'à l'examen officiel! Il est alors plus difficile de demeurer motivé, particulièrement lorsqu'on se dit « incapable d'être Compétent », ce qui devient péjoratif.

En guise d'encouragement, je vous suggère donc d'utiliser une gradation simple pour les niveaux autour du seuil de réussite, telle que : faible, moyen ou fort. Il y a parfois très peu de différence entre l'obtention d'un niveau « En voie vers la compétence » FORT (EVC +) et l'obtention d'un niveau « Compétent » faible ou obtenu de justesse (C-).

Comme mentionné précédemment, une base de données construite à l'aide du logiciel *Excel* permet la création rapide et fort utile de statistiques sous la forme de graphiques de diverses formes. Vous trouverez ci-après quelques exemples montrant la façon d'évaluer la progression de votre performance au fil du temps.

inapproprié / inadéquat	RÉUSSITE
→ obtenir de bons résultats dans quelques domaines de compétences au détriment des autres; manque d'équilibre dans la performance globale.	→ satisfaire aux critères d'évaluation spécifiques à chacun des domaines de compétences.

On peut, par exemple, considérer l'ensemble des compétences (occasions d'évaluation) et préparer un graphique statistique illustrant l'évolution vers la réussite en fonction des différents niveaux d'évaluation (CD, C, EVC, CM et NT). Ce graphique, ainsi que pour ceux qui vont suivre, peut être généré par période ou par type d'études de cas (ex.: courts ou longs).

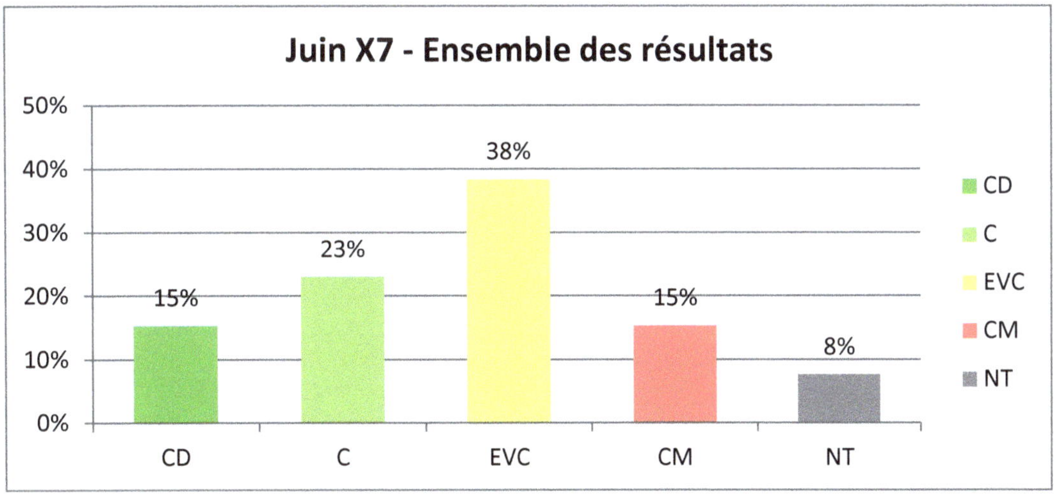

L'analyse statistique de données permet d'exposer le passé dans l'objectif de faire le nécessaire pour améliorer le futur.

Il m'apparaît également indispensable de procéder à l'évaluation de la progression des résultats obtenus, compétence par compétence (occasion d'évaluation par occasion d'évaluation).

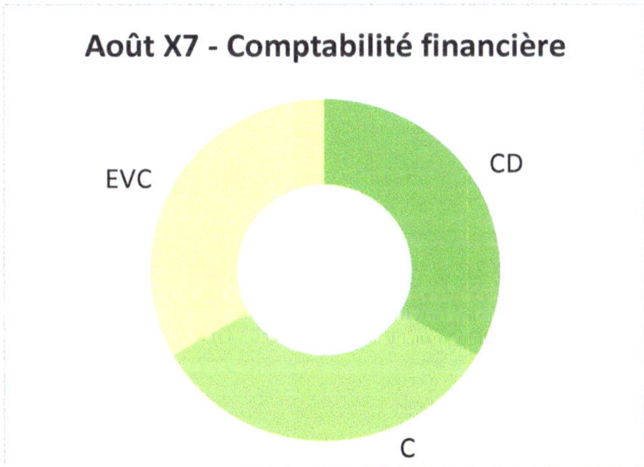

On peut dire que certaines compétences sont régulièrement jugées plus importantes que d'autres, telles la comptabilité financière et la comptabilité de gestion. Je vous suggère évidemment l'analyse de toutes les compétences au programme. Tout candidat aspirant devenir CPA devant s'assurer de démontrer un minimum de compétences multidisciplinaires.

Il arrive aussi que l'on veuille cibler les résultats pour un rôle en particulier.

L'analyse statistique détaille la performance, pour un portrait plus juste de la situation.

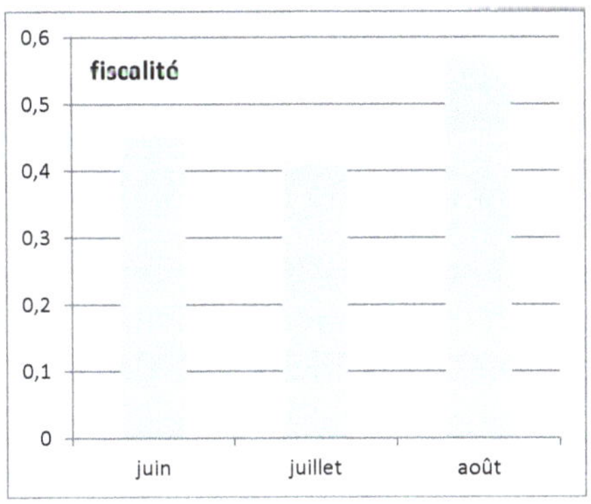

Une alternative serait de calculer le ratio qui suit par type de compétences ou par groupes de cas simulés. Le ratio ainsi obtenu (axe des « y ») est placé dans un graphique relevant la progression d'une période à l'autre (axe des « x »), par ordre chronologique.

$$\frac{\text{nombre de compétences au seuil de réussite (C ou CD)}}{\text{nombre total de compétences}}$$

Et finalement, notons qu'il est possible de convertir les résultats en points. Je sais que cette approche peut paraître paradoxale puisque la correction par compétences s'est installée dans nos mœurs en remplacement d'une correction auparavant effectuée par un pointage de ½ à 2 points par idée. Ce n'est pas la même chose ici où l'objectif consiste plutôt à valider un seuil de réussite global pour l'ensemble des compétences des cas simulés ou pour un sous-groupe de compétences données. Il est facile de décréter qu'on atteint le seuil de réussite lorsqu'une compétence est regardée individuellement. Qu'en est-il pour le cas qui vient d'être simulé? L'a-t-on réussi? Et, pour un ensemble d'études de cas?

La réponse à cette question n'est pas simple et je vous suggère une façon, certes non sans faille, de le faire. Cela mettra davantage en lumière ce qu'il vous faut travailler. Je vous suggère de convertir vos résultats en points comme suit : CD = 10; C = 10; EVC = 5, CM = 0, NT = 0, de manière à obtenir une gradation plus facile à analyser, puis comparer dans le temps. C'est plus encourageant![11]

EXEMPLE D'ÉVALUATION DE LA RÉUSSITE – COMPÉTENCE COMPTABILITÉ DE GESTION

	A	B	C	D	E	F	G
1	**juin X7**						
2	**Comptabilité de gestion**	**CD**	**C**	**EVC**	**CM**	**NT**	**cumul**
3	nombre de fois	*1*	*2*	*3*	*1*	*0*	***7***
4		14%	29%	43%	14%	0%	100%
5	**Pointage individuel**	10	10	5	0	0	
6	**Pointage total**	10	20	15	0	0	45
7	**Pointage maximum**					(=G3*10)	**70**
8	Ai-je réussi la compétence Comptabilité de gestion **dans l'hypothèse où...?** – il faut au moins 60% des résultats à C ou CD? NON, puisque 3/7 représente 43%.					=(B3+C3)/G3	
9	– et, s'il faut 50% + 1 des résultats à C ou CD? PAS PLUS! puisque 3/7 représente 43%.					=(B3+C3)/G3	
10	– il faut un pointage d'au minimum 60%? OUI, car 45/70 = 64%.					=G6/G7	

Remarque : N'hésitez jamais à faire ressortir ce qui va bien.

Comptabilisez vos Succès!

POINT DE VUE

Voici le témoignage d'une candidate :

« Pour chaque cas simulé, je faisais le suivi de ma performance pour chacune des compétences (occasions d'évaluation) à l'aide d'un logiciel (*Excel*). Je pouvais ainsi faire le triage des données par compétences. Je mettais particulièrement en évidence les situations où je me situais sous la moyenne ou sous le niveau C. Cela m'a énormément aidée, car j'ai pu identifier les sujets qui m'occasionnaient davantage de difficulté, et observer l'amélioration dans le temps. Je me suis alors rendu compte que je n'obtenais jamais le niveau C lorsqu'il s'agissait d'écrire des procédures, quel que soit le type de mandat. J'ai aussi clairement vu que je n'arrivais pas à dépasser le niveau CM en Finance. J'ai donc redoublé d'efforts sur tous les points problèmes que j'ai ainsi identifiés. Avant de faire cela, je voyais que mes résultats étaient globalement adéquats, mais je ne voyais pas clairement les endroits où j'avais des faiblesses. »

11 Certains candidats utilisent plutôt la conversion suivante :
CD = 10; C+ = 8; C = 7; C- = 6; EVC+ = 5, EVC = 4, EVC- = 3, CM+ = 2, CM = 1, NT = 0.

Q + R p. 145

Partie 9
Tirer profit de ses expériences

Faire ressortir les structures d'analyse
Effectuer une analyse comparative des cas simulés
Adopter les attitudes adéquates

« Le défi est de reconnaître les similitudes, sans en faire des certitudes. »

Partie 9
Tirer profit de ses expériences

La Partie 8 (p. 106 à p. 108) a mis en évidence l'utilité de consigner sur une « Fiche-Info sur un cas » l'essentiel de chacune de vos simulations. L'accumulation des renseignements, dans un fichier unique (« Suivi des cas simulés »), vous permet de retracer rapidement tout élément que vous désirez revoir, mais surtout de pouvoir effectuer diverses analyses comparatives. Vous pouvez ainsi dégager des façons de faire et des tendances qui seront très utiles lors de la rédaction de vos prochaines études de cas. Ce genre d'analyse peut certainement vous amener à établir un grand nombre d'observations judicieuses.

Faire ressortir les structures de réponse

J'ai auparavant abordé, dans la Partie 3 (p. 38) et dans la Partie 6 (p. 82), la nécessité d'examiner la démarche d'analyse des diverses demandes. Quelle est précisément la problématique à résoudre? Qu'est-ce qui constitue le cœur de l'analyse ou de l'évaluation? Quelles sont les étapes inhérentes à la résolution? Quels sont les différents aspects (ou sujets) et comment les aborder? Quelle est la finalité de la question?

Le fait de rencontrer plus d'une fois le même genre de demandes met fréquemment en évidence des façons de faire qui sont similaires d'un cas à l'autre. Vous remarquerez facilement, par exemple, que la structure d'analyse de la « Planification d'un mandat d'audit » est habituellement la suivante : Appréciation des risques – Seuil de signification – Seuil pour les travaux – Stratégie (p. 119). Je vous suggère, et j'insiste, de vous pencher aussi sur ces demandes qu'on ne voit pas souvent, car ce sont elles qui déstabilisent en cours de simulation. Quoi qu'il en soit, plus vous ferez ressortir les structures de réponse, plus vous serez à même de mieux réagir aux circonstances imprévues.

IDENTIFICATION DE LA PROBLÉMATIQUE
↓
ANALYSE / ÉVALUATION
↓
RECOMMANDATION / CONCLUSION

Il est utile de faire ressortir les grandes lignes ou les grandes sections

QUI PEUVENT FAIRE PARTIE DE LA RÉPONSE D'UN CAS.

Quoique les pages qui suivent offrent des exemples de structures de réponse, je vous encourage fortement à les créer vous-mêmes, au fil de vos simulations. Pourquoi? Tout simplement parce que le fait de s'interroger et d'analyser stimule votre capacité à définir et planifier, habileté très sollicitée en résolution de cas. Ainsi, pour chaque demande de chacun des cas simulés, il faut faire ressortir la structure de réponse, ou encore, la démarche d'analyse. Puisque certaines demandes reviennent plus souvent que d'autres, ce processus gagnera en vitesse. Je vous suggère de créer une page (ou une Fiche-Info) pour chaque type de demande, à bonifier au fil du temps. Tel l'exemple qui suit, présenté en deux phases, on peut trouver le moyen de dresser la structure de base pour ensuite y ajouter des explications ou des exemples.

EXEMPLE DE LIEN ENTRE LA DEMANDE ET LA DÉMARCHE D'ANALYSE

Demande	Structure de réponse
« Analyse d'une question comptable... »	– Identifier clairement ce qui est problématique. (ID) – Faire appel aux **concepts clés pertinents** du *Manuel* (recopier la norme de référence est utile). – Intégrer! Appliquer les **concepts clés** aux faits du cas. – Recommander le traitement comptable. (REC)

EXTRAIT D'UNE FICHE-INFO – STRUCTURE DE RÉPONSE

DEMANDE : « Analyse d'une question comptable... »

Identifier clairement ce qui est problématique (quand, comment ou combien). (ID)

- Ne pas perdre de temps à résumer la situation actuelle – aller au but et mentionner rapidement et clairement le problème. (ex.: Quel type d'événement postérieur est-ce?)

  Truc : poser la question à répondre.
- ...

Faire appel aux concepts clés pertinents du *Manuel (recopier la norme de référence est utile).*

- Pas toute la norme, seulement les paragraphes pertinents.
- Erreur fatale : Prendre le mauvais référentiel → sera peut-être EVC ou même CM.
- ...

Intégrer! Appliquer les concepts clés aux faits du cas.

- Bien utiliser les faits et expressions du cas.
- Différencier tes idées de ce qui a été copié du *Manuel.*
- Reprendre les **concepts/mots-clés** dans l'application au cas.
- Analyser tous les critères même si la conclusion est connue après l'analyse du 1er!
- Écrire seulement OUI ou NON, ce n'est pas assez... Il faut expliquer.
- ...

cœur de l'analyse

Indiquer clairement le traitement comptable recommandé. (REC)

- Débit - Crédit (ou écriture de correction) ET Impact, s'il y a lieu.

  Ex.: impact sur clause restrictive, sur subvention à réclamer.
- Énoncer une procédure SI demandé, sinon c'est inutile.
- ...

ce qui a été fait
↓
ce qu'il faut faire
↓
correction

On établit une structure de base; structure qui s'ajuste aux situations rencontrées.

La Fiche-Info ci-dessus contient des observations sur la structure de réponse pour l'« analyse d'une question comptable » donnée. On y trouve, entre autres des exemples, des trucs de rédaction, des mises en garde, une situation d'erreur « fatale » ou des tableaux. De telles fiches découlent de vos analyses, mais aussi de ce que vous avez entendu ou lu de vos professeurs et correcteurs. Elles sont uniques, dans le sens où vous y inscrivez ce qui **vous** est nécessaire, de la manière qui **vous** plaît. Les Fiches-Info que vous créez vous appartiennent et peuvent donc naturellement être abrégées ou même colorées!

EXEMPLE DE LIEN ENTRE LA DEMANDE ET LA DÉMARCHE D'ANALYSE

Demande	Structure de réponse
« savoir si vous pensez que les nouvelles idées d'Émilie sont compatibles avec les énoncés de vision et de mission de SD ltée. »	Pour chaque nouvelle idée : – Voir si va dans le sens (OUI ou NON) de l'un ou l'autre des aspects de l'énoncé de vision. – Voir si va dans le sens (OUI ou NON) de l'un ou l'autre des aspects de l'énoncé de mission. Conclusion : Prendre du recul et mentionner laquelle des nouvelles idées est davantage en lien avec la vision et/ou la mission.

Remarque : chaque partie de la structure de réponse débute par un verbe à l'infinitif afin de mieux signaler l'action à entreprendre.

L'exemple présenté ci-après met en évidence la manière dont la demande « Évaluation des procédures de contrôle interne » est habituellement résolue. Encore une fois, le nombre d'observations et l'ampleur des explications peuvent varier d'un candidat à l'autre. Certains vont seulement faire ressortir les points critiques alors que d'autres vont joindre des exemples appuyant leurs observations; exemples amassés au fil des simulations. Est-ce que ce genre de demande est l'une de vos forces ou l'une de vos faiblesses?

Les situations où une structure d'analyse semblable peut être utilisée ont aussi été relevées. On y trouve également une façon différente de rédiger la réponse lorsqu'il s'agit d'aspects de moindre importance, lorsqu'il y a moins à dire, ou encore, lorsqu'on manque de temps.

EXTRAIT D'UNE FICHE-INFO – STRUCTURE DE RÉPONSE

DEMANDE : « Évaluation des procédures de contrôle interne »

Structure d'analyse :	Déficience/Faiblesse (ou Problème)	« P »
	Conséquences/Répercussions de la déficience (ou Impact)	« I »
	Recommandation d'amélioration justifiée	« R »

Observations :

→ Il n'y a généralement pas d'options à envisager avant de recommander.
On indique la déficience et ses conséquences/incidences, puis on y remédie en tenant compte, le plus souvent possible, des informations du cas : nom des personnes, documents et pièces justificatives, montants en cause, etc.

Savoir intégrer.

→ Il faut régulièrement expliquer la nature de la déficience (en quoi cela pose-t-il un problème?) ou justifier son existence à l'aide des indices du cas.

Ex.: « Comme il n'y a pas de limite quant aux montants qu'il peut engager (P), le secrétaire a effectué d'importants achats sans l'autorisation des propriétaires. S'en suit la nécessité de recourir davantage à la marge de crédit, ce qui est coûteux (I). »

Partie 3 p. 41

→ Il faut toujours recommander concrètement (QUOI FAIRE) et précisément (COMMENT FAIRE) l'amélioration à mettre en place. Qui? Quoi? Quand? parfois COMBIEN et OÙ.

Ex.: « Je recommande que tous les achats excédant une limite préétablie, disons de 1 000 $, soient approuvés par Daniel (R). »

La même structure PEUT également être utilisée lorsqu'il faut :

- « analyser les risques financiers ou les clauses d'une convention entre actionnaires ».
- « commenter les contrôles liés au système informatique ».
- « évaluer la structure de gouvernance ou les processus décisionnels ».

Remarque : On peut adopter la structure de réponse qui suit pour des questions de moindre importance. Chacune des parties de l'analyse y est présentée, mais le texte définitif est plus court.

Titre (Identification de la déficience (P))

Recommandation justifiée (R) par un argument. La justification (« car ») correspond alors à la conséquence de la déficience (I) dorénavant éliminée.

Mise en garde : La structure P-I-R ne peut être adoptée pour toute demande, quelle qu'elle soit. Utiliser le mode P-I-R dès qu'une demande sort de l'ordinaire n'est vraiment pas une bonne idée. Vous le savez déjà, il faut constamment demeurer dans le cadre des paramètres du cas.

Afin de ne pas oublier l'une ou l'autre des parties de l'analyse, il est possible d'écrire le code de rédaction P-I-R sur sa réponse au cas. Un tel code est un aide-mémoire utile puisqu'il rappelle constamment au candidat de mentionner l'impact (I) – facile à oublier – de chacune des déficiences (P) relevées. CE GENRE DE CODE DOIT TOUJOURS ÊTRE APPLIQUÉ AVEC JUGEMENT. Il ne doit pas, par exemple, entraîner la répétition inutile des mêmes idées. Donner l'impact d'une déficience pour ensuite répéter la même idée en guise de justification de la recommandation est une perte de temps. *Soyons efficients!*

EXTRAIT D'UNE FICHE-INFO – STRUCTURE DE RÉPONSE

DEMANDE : « Planification d'un mandat d'audit »

Structure d'analyse :
- Examen analytique (lorsque la situation s'y prête)
- Appréciation des risques
- Seuil de signification (états financiers)
- Seuil de signification pour les travaux ou pour des postes particuliers
- Stratégie d'audit

Observations :

→ Les facteurs à considérer découlent directement des informations du cas, et sont particuliers à l'entité. → Impact sur le risque d'anomalies significatives (RAS)

La plupart du temps, ces facteurs concernent des événements NOUVEAUX, c'est-à-dire qui sont apparus au cours de la période courante.

Ex.: « Puisque les opérations au comptant sont beaucoup plus nombreuses, il se peut que la piste d'audit soit minime, voire inexistante. Le risque que les produits soient sous-évalués est donc plus élevé. » *(voir cas X - bon modèle)*

Lorsque l'audit a déjà été planifié, il faut METTRE À JOUR cette planification en tenant compte des événements NOUVEAUX survenus depuis.

→ Il faut TOUJOURS terminer l'appréciation des risques par une conclusion claire et précise quant au niveau de risque du mandat d'audit ET comparer à l'an dernier, s'il y a lieu.

Remarque : La plupart du temps, ce niveau est élevé. RESTER NÉANMOINS ALERTE!

→ La détermination d'un seuil de signification est influencée par la perception des besoins d'informations financières des utilisateurs des états financiers.

UTILISATEURS et BESOINS → SEUIL

Exemple : « La possibilité que les états financiers servent maintenant aux autorités étrangères qui veulent s'assurer de la plausibilité de la marge brute nous amène à établir le seuil de signification à un niveau plus bas que l'an dernier. »

→ La discussion sur la stratégie d'audit n'est habituellement pas très longue. À tous les coups, elle tient compte du contrôle interne de l'entité. En fait, il faut chercher à appuyer le choix de la stratégie par des indices du cas. Nouvelles déficiences? Nouveaux contrôles?

Ex.:

rotation du personnel comptable → qualité de la tenue de livres? → stratégie

→ Le seuil de signification pour les travaux varie de 60 % à 75 % en lien avec la découverte d'éventuelles anomalies non détectées.

Ex.: « Étant donné qu'on s'attend à un plus grand nombre d'anomalies durant l'exercice en raison du départ du contrôleur, un pourcentage de 60 % a été appliqué. »

→ En fonction des particularités du cas, on peut envisager un seuil pour postes particuliers.

Ex.: « Il serait plus prudent de fixer un seuil de signification moins élevé pour les éléments ayant une incidence sur le ratio de liquidité générale, compte tenu du manquement à la cible de 1,0 établie par la banque. »

→ ...

Remarque : pour cette Fiche-Info, ainsi que pour les autres de ce volume, les mots pourraient être davantage abrégés.

EXEMPLE DE LIENS ENTRE LA DEMANDE ET LA DÉMARCHE D'ANALYSE

Demande	Structure de réponse
« ne comprend pas quelle est la différence entre une mission d'examen et une mission d'audit » *Remarque : structure de réponse adéquate pour déterminer quel type de mandats spéciaux exécuter.*	Faire ressortir les caractéristiques, puis les différences entre Examen et Audit, dans un même mouvement, en expliquant : ✓ le niveau d'assurance ✓ le type de travail ✓ le coût ✓ le référentiel utilisé (s'il y a lieu) ✓ les règles d'indépendance (s'il y a lieu) REC : l'une des missions selon les BESOINS des utilisateurs
« veut savoir quels seraient les avantages et les inconvénients de ce projet d'agrandissement »	*Avantages :* Nommer l'avantage ET expliquer pourquoi / mentionner l'incidence à l'aide des indices du cas (CE QUI... DONC...) *Inconvénients :* (section distincte – même processus) → Viser un « certain » équilibre dans le nombre d'éléments analysés, mais les inconvénients (risques) sont souvent plus nombreux que les avantages.

POINT DE VUE

Les diverses structures de réponse ou d'analyse que vous établissez au fil de votre apprentissage vous permettent de déterminer plus rapidement la marche à suivre dans une situation donnée. Comme mentionné dans la Partie 2 (p. 28), je vous suggère tout d'abord de déterminer la finalité de toute demande à l'étape de la planification de la réponse, puis d'entrevoir les étapes nécessaires à la démarche. Puisque les études de cas doivent être résolues dans un temps limité, déterminer « la » bonne structure dès le départ est un sérieux avantage.

LES STRUCTURES DE RÉPONSE SONT DES GUIDES.

Prendre note, par exemple, qu'il faut régulièrement discuter de l'aspect financement au cours de ou à la suite de l'analyse d'un projet d'investissement peut vous rappeler de considérer cet aspect. Restera tout de même la nécessité d'en évaluer la pertinence en fonction des paramètres du cas. Est-ce demandé?

Cette observation sert d'aide-mémoire, à utiliser avec discernement.

Il peut certainement arriver qu'une étude de cas mentionne que « Le conseil d'administration a décidé d'utiliser les surplus investis dans des placements pour financer le projet. ». Cette information vient alors influencer votre réponse puisque la question du Financement est, pour l'heure, une question réglée. Ce sera tout au plus un avantage au projet, s'il y a lieu d'effectuer une telle analyse qualitative.

TOUTE STRUCTURE D'ANALYSE
DOIT ÊTRE AJUSTÉE AUX DEMANDES DU CAS.

Y penser? OUI; Imposer une discussion? NON.

Lorsque plus d'une possibilité doit être analysée, il arrive fréquemment que le type d'arguments pouvant être avancés soit de même nature – du moins en partie – pour l'une et pour l'autre. Cela survient plus particulièrement lorsqu'il s'agit d'options concurrentielles où seulement l'une d'entre elles doit être retenue. Le choix entre deux sous-traitants ou la décision d'acheter ou de louer un équipement spécialisé en sont des exemples. Ce genre d'analyse exige régulièrement la considération des avantages et des inconvénients (risques) de chacune des options dans la prise de décision. Vous comprendrez certainement que les avantages de l'une peuvent correspondre – du moins en partie – aux inconvénients de l'autre.

Il ne faut pas perdre de vue qu'une même idée répétée – même dans le sens inverse – ne comptera probablement pas deux fois. Certes, vous pouvez « copier/coller » très rapidement l'idée, pour l'ajuster correctement, mais cela demeure la même idée. Afin de bonifier votre analyse, je vous suggère de :

1- *Présenter tout d'abord les points communs aux deux options avant d'aborder leurs différences.*

Savoir prendre une décision.

STRUCTURE DE RÉPONSE
OPTIONS CONCURRENTIELLES

Option #1 et Option #2
Avantages…
Inconvénients…

Option #1
Avantages…
Inconvénients…

Option #2
Avantages…
Inconvénients…

OPTIONS CONCURRENTIELLES?
↓
PENSER COMPARAISON
↓
BASE COMPARABLE

2- *Faire ressortir les différences entre les deux options par une comparaison de leurs caractéristiques.*

Ex.: Financement par emprunt : « Le taux d'intérêt net d'impôts de 5 % [6,25 % x (1 - 0,20)] est nettement inférieur au taux de dividende non déductible de 11 %. »

est préférable à : « Le taux d'intérêt net d'impôts est seulement de 5 % [6,25 % x (1 - 0,20)]. »

Prenez note qu'il ne sera pas nécessaire d'écrire le sens inverse de cette idée sous l'en-tête « Financement par émission d'actions ». Vous conviendrez qu'écrire « Le taux de dividende non déductible de 11 % est nettement supérieur au taux d'intérêt net d'impôts de 5 % (6,25 % x 80 %). » n'est qu'une répétition du même concept. L'idée de la comparaison du coût de financement est pertinente, mais ne sera considérée qu'une seule fois dans l'évaluation de la réponse.

Cette façon de présenter l'analyse minimise la répétition inutile des mêmes idées. Elle permet également une meilleure compréhension de la situation en faisant ressortir plus clairement les critères à considérer dans la décision. Supposons, par exemple, que les deux sources de financement couvrent la totalité des besoins de trésorerie. Cet avantage « commun » aux deux options ne fera pas la différence au moment d'énoncer la recommandation (1-). On peut certes le mentionner dans l'analyse – quoique brièvement –, mais il faut savoir que la décision définitive sera essentiellement basée sur ce qui différencie les deux possibilités (2-). Le fait que le créancier exige, par exemple un « endossement personnel des actionnaires », serait un critère important dans la décision de financer par l'émission d'actions plutôt que par emprunt. Cela en fait donc un **point de différence** important à souligner.

ÊTRE COMPÉTENT?

C'est démontrer sa compréhension de la situation en effectuant une analyse solide.
C'est recommander ou conclure en fonction des données du cas et de l'environnement de l'entité.

Il est régulièrement possible d'établir une structure de réponse sous la forme d'un tableau afin de résoudre – parfois en partie – l'une ou l'autre des demandes d'une étude de cas. Lorsque la situation s'y prête, chaque colonne du tableau peut correspondre à l'un des aspects requis, tels l'analyse FFOM ou l'examen analytique des postes de résultats. Un tableau permet de mieux structurer la pensée et d'accélérer l'élaboration de la réponse, tout en servant d'aide-mémoire. Le fait d'inscrire, par exemple les trois principaux objectifs stratégiques de l'organisme dans la colonne de gauche, rappelle de suggérer, puis de justifier, au moins un indicateur de performance pour chacun d'entre eux, en une ou deux colonnes à droite. On peut visualiser les parties de l'analyse de cette manière ou dresser le tableau lui-même dans la réponse, au choix. L'important est de structurer la discussion.

EXEMPLES DE TABLEAU

Risque découlant du regroupement d'entités	Moyen(s) pour relativiser les conséquences négatives
...	...

Facteur qualitatif de décision	Justification de son importance
...	...

Tel le tableau qui suit, il n'est pas toujours simple de séparer clairement les parties d'une démarche d'analyse. Lorsqu'il s'agit d'expliquer « pourquoi » un indicateur de performance est inadéquat, la raison peut, entre autres être en lien avec les objectifs stratégiques. Le fait de distinguer cette possible intégration rappelle au candidat d'y penser. Lorsqu'il vient de terminer sa critique de l'indicateur de performance actuel, il pourrait ensuite se demander si un lien peut être établi avec l'un ou l'autre des objectifs.

Indicateur de performance actuel	Critique (ce qui ne fonctionne pas ET pourquoi) ↔	Lien avec objectif(s) stratégique(s)	Suggestion(s) d'amélioration
...	...	...	...

Lorsqu'il s'agit d'« énoncer des procédures d'audit à mettre en œuvre » dans le cadre d'un plan d'audit, les idées de la réponse peuvent être présentées dans un tableau comme suit :

Élément	Assertion(s)	Risque(s) spécifique(s)	Procédure(s)
...	...	...	...

voir Partie 10 p. 139

Naturellement, il n'est pas nécessaire d'encadrer chaque colonne de texte simplement pour en améliorer l'apparence. L'important est de pouvoir facilement distinguer chacune des parties.

inapproprié / inadéquat	RÉUSSITE
→ seulement proposer des indicateurs financiers de performance.	→ proposer des indicateurs financiers ET des indicateurs non financiers de performance, comme demandé.

Effectuer une analyse comparative des cas simulés

Lorsque vous avez complété quelques simulations de cas, il devient alors possible de confronter le contenu des uns à celui des autres **afin de faire ressortir les ressemblances et les différences**. Bien que l'ensemble des particularités de chaque cas soit unique, certaines demandes et problématiques, rôles et particularités du contexte reviennent plus d'une fois. L'objectif d'une analyse comparative des cas simulés est de prendre conscience de ce qui se répète et de ce qui est distinct, en quoi et pourquoi. Il existe des points de repère ou des règles de conduite, souvent implicites, qu'il faut reconnaître. Éventuellement, les observations qui découleront de toute analyse comparative devraient être colligées de manière à être relues, bonifiées et retenues.

Comme mentionné dès la Partie 1, dans la perspective de chacune des demandes, le rôle détermine l'angle avec lequel les problématiques doivent être abordées. Il définit la personnalité ou les attitudes que vous devez adopter. Dans cette optique, je vous suggère d'étudier les différents rôles attribués dans les cas que vous avez simulés. Prenons, par exemple un cas qui requiert du conseiller de gestion d'effectuer une analyse qualitative de l'opération pour le vendeur. Ce qu'il faut, entre autres remarquer, c'est qu'il n'envisagera pas le point de vue de l'acheteur, même si de bonnes idées pourraient être partagées.

EXEMPLES

- Dans un rôle d'auditeur externe, on constatera qu'il est inapproprié de mentionner ou de discuter du fait que la marge des produits fabriqués sur commande est faible. Il faut plutôt utiliser ce pourcentage dans le calcul de l'estimation du coût des travaux exécutés à inscrire aux résultats, sans remettre en question la politique de prix de l'entité. Un auditeur ne discute généralement pas de gestion, à moins qu'une demande à cet effet ait été expressément établie.
- Dans un rôle de fiscaliste, on constatera qu'il est inapproprié d'analyser s'il s'agit d'une location simple (exploitation) ou d'une location-financement (acquisition) du point de vue de la comptabilité. Ce sont les règles fiscales qui lui servent de base de référence, pas les normes comptables.
- Dans un rôle d'auditeur interne, on constatera qu'il est inapproprié d'élaborer le plan d'audit des états financiers. Il faut plutôt discuter de ce qui peut faciliter le travail de l'auditeur externe, pas le planifier à sa place.

Remarquons que ce qui est suggéré par les propos précédents n'est pas erroné en soi. Ce n'est tout simplement pas pertinent, eu égard au rôle, compte tenu de la demande du cas.

Le candidat qui écrit de telles idées ne perd pas de points. Il perd du temps!

DEMANDE ET RÔLE

↓

ANGLE D'APPROCHE

inapproprié / inadéquat	RÉUSSITE	RÉUSSITE +
→ analyser des sujets non pertinents vu la situation ou analyser des aspects que rien dans le cas ne justifie.	→ se concentrer sur les questions importantes à analyser en gardant en tête le rôle à jouer.	→ niveau précédent bien fait + fournir une analyse qui tient compte de la décroissance de la demande.
→ analyser si la décision d'investissement est fondée alors que le cas mentionne que la décision d'investir a été prise et entérinée par le conseil d'administration.	→ évaluer les diverses propositions de financement eu égard à l'investissement projeté.	→ niveau précédent bien fait + élaborer des hypothèses de calcul adaptées au secteur d'activité.

Dès que vous aurez quelques simulations à votre actif, il vous sera possible de faire ressortir les caractéristiques de base de certaines demandes plus répétitives, telles l'analyse d'une question comptable (p. 117) ou la planification d'un mandat d'audit (p. 119). Ce sont des structures de réponse « standard ». Je vous invite naturellement à vous interroger aussi lorsqu'il s'agit de demandes, de rôles ou de contextes inhabituels ou rencontrés pour la première fois. C'est une activité un peu plus difficile à réaliser, car il s'agit de situations moins fréquentes, ce qui la rend d'autant plus utile. On peut aussi chercher, dans le fichier « Suivi des cas simulés », les cas qui pourraient mettre en lumière l'aspect distinctif du cas en cours.

RELEVER LES RESSEMBLANCES ET LES DIFFÉRENCES
PERMET DE COMPRENDRE COMMENT SE CONSTRUIT UNE RÉPONSE.

CET EXERCICE ACCÉLÈRE LA VITESSE DE RÉACTION
PAR LE DÉVELOPPEMENT DE LA CAPACITÉ D'ADAPTATION.

EXEMPLES D'OBSERVATIONS
RESSEMBLANCES DANS LES ATTITUDES À ADOPTER
SELON LA DEMANDE OU LE RÔLE À JOUER

Rôle à jouer	Ressemblances dans les attitudes à adopter
Conseiller en gestion	– Il faut penser « affaires », c'est-à-dire aux flux de trésorerie, au coût de revient réel ou standard, à la contribution marginale, etc. – On doit tenir compte des besoins ou des préférences des parties prenantes, des incertitudes ou des risques, ainsi que des contraintes. – Les normes comptables sont peu utiles, sauf lorsqu'elles ont une incidence indirecte sur une situation de gestion. Ex.: impact de la comptabilisation d'un contrat de location sur le calcul d'une prime au rendement.
Spécialiste à qui on demande « d'arbitrer un différend quant au calcul des redevances d'un auteur ». **OU** **Spécialiste** à qui on demande « d'évaluer les dommages subis à la suite d'un retard de construction ». Savoir prendre une décision.	– Les clauses du contrat sont la référence de base; clauses qui peuvent suivre les référentiels connus ou faire référence à un autre mode de calcul. On doit donc être ouvert à l'usage d'autres règles et le démontrer dans la résolution du cas. Ex.: comptabilité de trésorerie, coût standard, juste valeur. – S'il n'y a pas de clause précise ou s'il y en a une qui est vague, il faut tout d'abord regarder si l'une des clauses actuelles peut être utilisée. Ex.: lorsque le contrat mentionne qu'aucune provision pour retours sur ventes ne doit être prise en compte, on pourrait en déduire qu'il en est de même pour les escomptes sur ventes. – Dans d'autres circonstances, il faut exercer son jugement professionnel, faire preuve de sens pratique, et s'inspirer de « l'esprit » du contrat dans la détermination d'une base de référence permettant la justification adéquate du traitement recommandé. Ex.: dans l'objectif « d'évaluer les dommages subis par le report du début des activités », les coûts de la publicité annonçant le report de la date d'ouverture du restaurant pourraient être réclamés.

L'analyse des cas passés favorise la réussite des cas futurs.
Par contre, rien ne garantit que le futur sera le reflet du passé.

POINT DE VUE

L'objectif de tout exercice d'analyse et de comparaison **est de comprendre les modalités et caractéristiques de la résolution de cas.**

L'objectif n'est surtout pas d'apprendre des phrases « par cœur » pour les reproduire telles quelles dès qu'une étude de cas « ressemble » à l'une ou l'autre des études de cas précédentes.

Utilisez vos connaissances et votre expérience en vous adaptant, avec jugement et flexibilité, à chaque étude de cas. Prenez garde aux automatismes infondés!

EXEMPLES D'OBSERVATIONS DIFFÉRENCES DANS LES ATTITUDES À ADOPTER SELON LA DEMANDE OU LE RÔLE À JOUER

Rôle à jouer	Différences dans les attitudes à adopter
Membre du conseil d'administration à qui on a demandé « de commenter les résultats financiers à l'intention des membres présents ».	– Il doit effectuer son analyse d'un point de vue externe en tenant compte des diverses parties prenantes, telles que les actionnaires et les créanciers. – Il peut devoir expliquer la définition des termes utilisés aux autres membres (non-initiés) qui ne sont pas dans le domaine de la comptabilité ou qui ont moins d'expérience en gestion.
Contrôleur à qui le président a demandé « de lui commenter les résultats financiers ».	– Il doit effectuer son analyse d'un point de vue interne en tenant compte des objectifs et pratiques de l'entreprise, tels que l'amélioration de la productivité ou la minimisation des rejets. – S'il s'adresse au président, il n'a pas besoin d'expliquer certains termes comptables ou le vocabulaire propre à l'entité. On suppose naturellement que ce dernier a de l'expérience en gestion!

JUGEMENT PROFESSIONNEL

COMPARONS!

ÉTUDES DE CAS

↓

ANALYSE + RÉFLEXION

↓ ↓ ↓

RESSEMBLANCES / DIFFÉRENCES

↓

OBSERVATIONS

inapproprié / inadéquat	RÉUSSITE
→ présenter une analyse qualitative des options de conversion alors qu'on demande de déterminer laquelle est la moins coûteuse.	→ répondre à la demande! Remarque : Il n'est pas toujours nécessaire de regarder le point de vue qualitatif et le point de vue quantitatif. *Faisons preuve d'adaptabilité.*

POINT DE VUE

Vous remarquerez que je privilégie grandement la préparation de tableaux dans le cadre de l'analyse comparative des cas simulés.

Cette approche dynamise l'activité d'apprentissage.

La nécessité de structurer les observations dans un tableau aboutit sur l'obtention d'une information concise.

Il sera ultérieurement plus facile de réviser la matière étudiée.

Il est particulièrement utile de relever, puis d'expliquer toute différence dans la composition des idées pertinentes des solutions proposées. Il arrive, par exemple, que la démarche d'analyse ne soit pas la même pour deux cas, alors qu'*a priori*, la demande ou l'information fournie paraît semblable. Il faut alors CHERCHER POURQUOI IL EN EST AINSI, ce qui n'est pas toujours un exercice facile. Cela requiert tout d'abord une excellente compréhension des cas simulés. En outre, il faut être attentif à toute différence résultant de la confrontation de deux cas ou plus offrant des caractéristiques similaires. Finalement, il n'est pas toujours évident de trouver l'explication d'une différence relevée. Il s'agit parfois d'une légère nuance pouvant se trouver n'importe où dans le texte.

inapproprié / inadéquat	**RÉUSSITE**
→ répéter les faits du cas sans les analyser ou en émettant des commentaires vagues sans valeur ajoutée.	→ évaluer l'incidence pratique des faits à prendre en considération en fonction des diverses demandes.

EXEMPLES D'OBSERVATIONS – DIFFÉRENCES RELEVÉES ENTRE DEUX CAS

	Différence relevée	**Explication**
Cas A :	Il faut envisager deux ou trois types de centres de responsabilité différents, puis justifier le meilleur choix pour l'entité.	Mention spécifique au cas B : « Considérant que les trois divisions fonctionnent avec succès en tant que centres de profit, veuillez analyser le bien-fondé de l'usage du bénéfice contrôlable en tant que mesure de performance. »
Cas B :	Il n'est pas nécessaire d'envisager d'autres types de centres de responsabilité que le centre de profit.	
Cas C :	Il n'est pas nécessaire d'examiner s'il s'agit ou non d'un actif incorporel, mais d'analyser la nécessité de déprécier.	Situation particulière au cas C : L'actif sous analyse a été acquis il y a trois ans et la question a été réglée par les auditeurs à ce moment-là. *Remarque : La nécessité de déprécier ne change pas la nature de l'actif.* IAS 36 3063
Cas D :	Il est nécessaire d'examiner s'il s'agit ou non d'un actif incorporel, puis d'analyser la nécessité de déprécier.	

Il suffit parfois de peu pour faire la différence entre réussir ou non.

Adopter les attitudes adéquates

Tout au long de l'élaboration d'une réponse à un cas, quel que soit la demande, le rôle ou le contexte, certaines attitudes fondamentales doivent être adoptées. En fait, dans la manière de résoudre les diverses problématiques, le comportement du candidat doit suivre certaines règles, explicites ou implicites, qui influencent l'expression des idées.

- ***Être un comptable professionnel.*** En tant que professionnel CPA, il est indispensable de demeurer objectif face aux événements. Il faut examiner les faits, puis les interpréter sans parti pris. Cela est plus facile à dire qu'à faire puisque, sans en avoir pleinement conscience, vos expériences personnelles et votre personnalité peuvent influencer votre perception des choses. Prenons, par exemple la situation où une mésentente survient lors du transfert de l'entreprise familiale à la génération suivante. Par expérience, je sais que certains candidats vont naturellement « pencher » du côté des parents alors que d'autres vont plutôt « pencher » du côté des enfants. Une phrase telle que « Ils devraient se considérer chanceux qu'il y ait de la relève à leur entreprise. » n'est pas appropriée. Un tel commentaire démontre un manque de neutralité dans l'analyse de la situation.

Faire preuve de sens éthique.

Les opinions personnelles, sociales ou politiques ne doivent pas s'ingérer dans la résolution d'un cas. DEMEUREZ LUCIDE, OBJECTIF ET CONSTRUCTIF!

- ***Jouer un rôle de premier plan.*** Tout tourne autour de vous, car vous êtes le seul qui remarque ce qui ne va pas et ce qui change; le seul qui comprend, évalue, analyse et règle tout. Il y a certes d'autres acteurs dans le cas, mais ils n'ont pas le détachement ni le temps nécessaire pour répondre aux diverses demandes. Ce sont des acteurs secondaires. Ainsi, il ne faut pas se dire que « C'est une entreprise à capital fermé créée il y a plus de 20 ans où travaille une équipe de trois gestionnaires expérimentés qui peuvent assurément déterminer le prix de cession interne. »

  Si la demande est là ou si des indices d'une problématique sont fournis, il n'y a pas d'autre choix que d'y répondre.

  D'un autre côté, vous ne deviendrez jamais un expert en toute discipline. Un comptable n'est ni un avocat ni un spécialiste de l'environnement ni un expert en informatique. Il ne vous revient donc pas « d'évaluer la probabilité » de perdre une poursuite, mais plutôt « d'analyser la comptabilisation du passif éventuel » à la suite de l'obtention de l'évaluation du conseiller juridique. De même, votre rôle n'est pas « d'évaluer si des dommages ont été faits à l'environnement », mais plutôt « de déterminer comment obtenir des éléments probants suffisants ».

  Tenez-vous-en aux compétences faisant essentiellement partie de notre domaine. Ne perdez jamais cela de vue afin d'éviter de vous lancer dans des discussions non pertinentes.

- ***Considérer l'aspect financier des événements.*** Tout au long de la résolution d'un cas, la considération de l'aspect financier est omniprésente. Et ce, que le cas fournit des chiffres ou non. Dans le cœur d'une analyse ou lors de l'élaboration d'une recommandation ou d'une conclusion, il faut se rappeler que l'aspect financier prédomine. Prenons l'analyse de l'impact d'une déficience dans la gestion de la trésorerie. Il sera préférable de s'attarder sur le risque de vol ($) plutôt que sur la valorisation de la tâche pour l'employé. De même, un projet d'investissement ayant une valeur actualisée nette positive devrait être recommandé. Certes, des considérations humaines ou sociales peuvent être relevées, à titre d'opportunité ou de risque, mais c'est généralement d'une influence limitée.

Pendant la résolution d'un cas, VOUS ÊTES l'acteur principal.

- ***Adresser sa réponse à un exécutant.*** Le lecteur de votre réponse doit comprendre ce qui est écrit ou pouvoir mettre en application ce qui est suggéré **sans avoir besoin de clarifications supplémentaires**. Afin de vous aider dans l'application de ce propos, je vous suggère d'agir comme si votre texte s'adressait à quelqu'un ayant réussi une année de formation universitaire. Il n'est pas nécessaire d'expliquer la différence entre débit et crédit, alors qu'on peut devoir expliquer l'impact de la méthode de la mise en équivalence (valeur de consolidation) sur les états financiers. Il ne devrait d'ailleurs pas être nécessaire d'expliquer comment vérifier la conformité aux conditions du nouveau contrat à l'associé d'un cabinet d'experts-comptables, par exemple. Toutefois, dans le cadre d'une étude de cas, ça l'est.

IL EST NÉCESSAIRE D'ÊTRE PRÉCIS DANS L'EXPRESSION DES IDÉES.
QUOI FAIRE ET POURQUOI
COMMENT? QUI, QUOI, QUAND, OÙ, COMBIEN

revoir Partie 3 p. 41

En outre, lorsqu'on s'adresse à une personne qui œuvre en dehors de notre champ d'expertise, tels une avocate ou un notaire, la définition de certains mots ou des explications plus détaillées peuvent être appropriées. Il ne faut d'ailleurs pas présumer que tout un chacun est au fait des particularités de notre domaine. Un chef d'entreprise, par exemple, peut évaluer la rentabilité de ses produits de manière différente, voire inappropriée. *Adaptons-nous.*

- ***Respecter les pratiques de gestion de l'employeur ou du client.*** Pendant la résolution d'un cas, il ne faut pas perdre de vue les caractéristiques et besoins particuliers de l'employeur ou du client. Essentiellement, les objectifs de la direction, les préférences des parties prenantes (ex.: obtenir un titre de créance plutôt que des actions), la tolérance au risque (ex.: ne pas excéder un ratio d'endettement – passif/actif – de 50 %) et les politiques de l'entité (ex.: ne pas facturer d'intérêts sur les comptes en souffrance de moins de 60 jours) doivent être pris en considération. Certes, vous devez répondre au mandat et suggérer, s'il y a lieu, des améliorations à la situation actuelle. Toutefois, il faut tenir compte de ce que le récipient de votre rapport souhaite et ne pas bouleverser outre mesure ou écarter impunément ce à quoi il tient.

voir Partie 1 p. 7

inapproprié / inadéquat	**RÉUSSITE**
→ ne pas tenir compte des contraintes de production dans la réponse.	→ énoncer des recommandations adaptées à la situation de l'entité.

- ***Être honnête.*** Il est impératif de faire preuve d'honnêteté dans la résolution de toute étude de cas en respectant les lois, en adoptant un comportement éthique et en faisant preuve de morale. Il faut ainsi mentionner au propriétaire d'une petite entreprise que les avantages personnels reçus de celle-ci (ex.: automobile fournie) sont imposables et doivent être inscrits sur son relevé d'emploi. Un comptable n'a pas vraiment la capacité « de l'empêcher » de s'octroyer de tels avantages, car ce sont « ses » affaires, mais il a la responsabilité de l'informer des implications fiscales ou légales. De même, il est acceptable et même recommandé de favoriser la position de l'employeur ou du client en minimisant les impacts fiscaux des opérations d'affaires (ex.: au moment de la disposition d'actifs), en respectant naturellement les règles fiscales.

PROFESSIONNALISME → COMPÉTENCE

Faire preuve de sens éthique.

- ***Faire preuve de considération.*** On doit faire preuve de considération envers les individus, particulièrement à l'égard de nos collègues CPA. Ainsi, les critiques personnelles dirigées ou drastiques sont à éviter, particulièrement lorsqu'elles blâment la personne à qui s'adresse votre rapport! Faites preuve de diplomatie. Lorsque vous le jugez nécessaire, il est toujours possible d'émettre votre opinion sur l'attitude d'un employeur ou d'un client dans un mémo distinct destiné exclusivement au comité d'audit ou à votre supérieur immédiat, par exemple.

  Personnellement, je préfère critiquer ou émettre une opinion sur des rapports ou des façons de faire plutôt que de porter un jugement direct sur les individus eux-mêmes. Par exemple, écrire, que « L'auditeur précédent est incompétent. » ne me paraît pas convenable. On écrira plutôt ceci : « Les normes d'audit n'ont pas été suivies. ». On pourra aussi « soupçonner la présence d'une fraude » au lieu d'affirmer que « l'individu est un fraudeur ». Et finalement, certains candidats sautent un peu trop vite à la conclusion de congédier un employé. Souligner les erreurs, oublis et déficiences? Oui; Prendre la décision à la place du supérieur immédiat? Non.

Q + R p. 146

Partie 10
Se donner les moyens de réussir

Faire ressortir les concepts théoriques
Décoder les outils quantitatifs
Favoriser l'apprentissage

« Ne banalisez pas les questions qui surgissent dans votre esprit en cours d'analyse. Quand un doute survient face à ce qui vous est dit ou présenté, ou si vous réalisez que vous manquez de connaissances sur un sujet, il faut pousser plus loin vos recherches, même si cela ralentit votre démarche. »

Partie 10
Se donner les moyens de réussir

La rétention de ce que l'on étudie est fondamentale, car il faut se souvenir de la matière pour l'appliquer. On dit bien souvent que l'important est de comprendre. C'est vrai, mais il faut aussi être rapide dans l'exécution. Dans le temps limité d'une simulation de cas, on ne dispose pas – ou quasiment pas – d'espace pour l'apprentissage. Ce n'est pas le moment de « chercher à comprendre » le sens de ceci ou la signification de cela. Il faut déjà le savoir, pour accéder à votre banque de connaissances et pouvoir rapidement identifier les extraits pertinents des références mises à votre disposition. La présente partie du volume propose plusieurs moyens pouvant être mis en œuvre afin de colliger et retenir les informations.

Faire ressortir les concepts théoriques

Parmi les nombreuses raisons justifiant l'utilisation d'études de cas dans la formation CPA, savoir appliquer les connaissances acquises est l'une des plus importantes. Un cas, c'est un outil pédagogique qui présente un scénario unique (demandes, rôle, contexte) servant de prétexte à l'évaluation de vos habiletés professionnelles. Cela exige, il va de soi, la maîtrise de ce que vous avez étudié tout au long de votre formation. Or, vous en conviendrez, la quantité et la diversité des sujets au programme ne sont pas négligeables. Il faut, à mon avis, se trouver des moyens pour retenir l'essentiel des notions et concepts étudiés afin de pouvoir plus facilement déterminer « quand » et « comment » s'en servir.

Il est habituellement permis de consulter certaines références (normes comptables, règles fiscales) pendant la résolution d'une étude de cas. Toutefois, dans un temps limité – voire serré –, il faut être conscient qu'une telle consultation doit être ciblée, particulièrement lorsqu'il s'agit de courts cas. Il faut minimiser les pertes de temps à « chercher » de quoi il peut s'agir. Eu égard à ce qui précède, on entend bien souvent dire « qu'il est préférable de connaître les concepts fondamentaux (de base) de tous les sujets importants au programme que de maîtriser en profondeur la moitié d'entre eux ».

POINT DE VUE

Bien connaître le matériel mis à votre disposition est un atout certain pendant la résolution d'un cas. Un candidat qui a besoin de préciser sa pensée ou qui a besoin de confirmer quelles sont les exceptions à la règle doit pouvoir le faire rapidement. Il doit ainsi connaître la nomenclature ou la Table des matières des références dont il dispose afin d'aller droit au but sans perdre de temps. Il faut se rappeler, par exemple, que le test de dépréciation peut devoir être appliqué à une unité génératrice de trésorerie (à un groupe d'actifs). IAS 36 3063

Il est compréhensible de ne pas se souvenir de tout, mais il est nécessaire de déterminer, puis de trouver rapidement ce que l'on cherche.

Un candidat qui ne voit pas, par exemple, que le nouvel équipement pourrait être considéré comme un bien de remplacement au niveau fiscal, ne pourra certainement pas effectuer une analyse appropriée de cette question. Il discutera alors des règles fiscales générales concernant la disposition de biens sans se préoccuper du reste. Sa réponse incomplète sur cet aspect n'atteindra probablement pas le seuil de réussite. art. 13

inapproprié / inadéquat	RÉUSSITE
→ sauter directement à la discussion de la juste valeur à utiliser pour comptabiliser l'opération non monétaire.	→ se demander d'abord si l'opération non monétaire a une substance commerciale, puis discuter de la juste valeur à utiliser.

EXEMPLE

Prenons un cas requérant « l'analyse de la question de l'accord de vente conclu avec un nouveau client ». Disons aussi que la problématique se situe au niveau de la « comptabilisation des produits des activités ordinaires – vente de biens ».

Une fois cela établi, le candidat doit déterminer **quel est l'aspect critique à analyser**, compte tenu des informations du cas. En d'autres termes, il doit **identifier les concepts théoriques auxquels faire référence**. Il ne discutera pas de tout! Un candidat ayant préalablement fait ressortir la liste des concepts clés du sujet concerné pendant son étude pourra, dans sa tête, les revoir rapidement afin de reconnaître ce qui est approprié; ce qui est le plus critique. Avec l'expérience, le processus est quasiment instantané. Dans la situation en titre, il faudra peut-être discuter du « transfert des risques et avantages inhérents à la propriété ». Une discussion sur la nécessité d'évaluer la « probabilité de recouvrer la contrepartie », par exemple, pourrait être inutile ou rapidement réglée. Dans un autre cas, on pourrait rencontrer la situation inverse.

Le candidat doit donc tout d'abord se souvenir des différents concepts – et aussi des différentes sections de la norme – relatifs à la comptabilisation des produits afin d'effectuer un choix éclairé sur ce qui est pertinent. Puisqu'il s'agit de concepts fondamentaux, il ne devrait pas avoir à relire l'IFRS 15 (3400) en cours de route. En outre, le candidat doit s'assurer de connaître les termes avec précision puisque dire, par exemple, que « le stock n'a pas changé de main », ne veut pas nécessairement dire la même chose que « les risques reliés à la propriété n'ont pas été transférés ».

La compréhension et l'assimilation des connaissances sont indispensables à la réussite. Comme mentionné précédemment, avoir développé une bonne technique dans la résolution des cas facilite la rédaction d'une réponse, mais cela ne compense pas le manque de connaissances. Il faut donc :

- connaître les **différents aspects d'une question ou d'un sujet** afin de pouvoir identifier précisément quel(s) est(sont) l'(les) aspect(s) critique(s) clé(s) en jeu.
- comprendre les **modalités d'application de base** pour pouvoir correctement s'en servir.

Comprendre les concepts techniques.

Préparer des résumés sur les sujets étudiés est une activité qui varie grandement d'un candidat à l'autre, en fonction de leurs besoins et de leur personnalité. Certains font des résumés très détaillés alors que d'autres n'écrivent que quelques phrases ou n'en font pas du tout. Certains résument systématiquement tous les sujets au programme alors que d'autres vont le faire sporadiquement. Nonobstant votre façon d'étudier, je vous suggère et vous recommande fortement à tout le moins de :

PRENDRE LE TEMPS DE FAIRE RESSORTIR EN QUELQUES TIRETS LES CONCEPTS THÉORIQUES DES SUJETS IMPORTANTS.

Je tiens à préciser qu'il y a une différence entre un résumé et la liste des concepts théoriques que je vous suggère d'établir. Un concept théorique se compose de mots précis, extraits clés de volumes de référence[12]. Ce sont les mots que l'on devrait retrouver dans votre intégration de la théorie aux faits du cas, pour quelque sujet que ce soit. Mentionner la règle du « plus faible du coût et de la valeur nette de réalisation » est exact. Écrire « plus faible du coût et de la valeur marchande » ne l'est pas. La deuxième expression n'est pas équivalente à la première. Ne vous y trompez pas. La terminologie des concepts clés doit être utilisée. Lorsqu'on en fait la liste, on prend aussi connaissance des différents aspects pouvant être interrogés sur un sujet donné. Je suggère fortement la création de Fiches-Infos pendant votre révision de la matière au programme. Bien qu'il soit plus facile de vous donner des exemples en comptabilité financière, sachez qu'il est utile de procéder comme tel dans les autres domaines.

12 Tout au long du présent volume, les concepts clés utilisés dans les exemples ont été, à dessein, surlignés en orange.

Les concepts relevés doivent être énoncés de manière succincte et précise, à l'aide de mots-clés qui mettent en évidence les différents aspects d'un sujet. Par expérience, je peux vous dire que **c'est l'un des moyens les plus efficaces pour retenir l'information**. Apprendre à faire ressortir les concepts clés fondamentaux vous servira non seulement à résoudre des cas, mais aussi tout au long de votre vie professionnelle.

EXEMPLE – EXTRAIT D'UNE FICHE-INFO

Sujet : Contrôle interne

→ OBJECTIFS :
  information financière fiable
  prévention et détection des erreurs et des fraudes
  sauvegarde des actifs
→ autorisation des opérations
→ séparation des fonctions
  3 aspects : autorisation, garde de l'actif, enregistrement
→ contrôles physiques
→ cheminement et traitement de l'information
→ documentation et rapports
→ analyse coûts-avantages de l'implantation d'un contrôle
→ respect des directives, des politiques, des lois
→ ...

LECTURE/ RÉSUMÉS
↓
CONCEPTS CLÉS
↓
FICHES-INFO

EXEMPLE – EXTRAIT D'UNE FICHE-INFO

Contexte : Organismes sans but lucratif

Caractéristiques :
→ L'objectif premier n'est pas de réaliser des profits → équilibre budgétaire
→ Économie, Efficience, Efficacité
→ Organisme de bienfaisance enregistré? AUCUN impôt à payer
→ Pas de titres de capital pouvant être transférés
- pas d'actionnaires (seulement des membres); personne n'est propriétaire
- financement externe par subventions/apports/emprunts
→ États financiers doivent obligatoirement être audités
- restriction « usuelle » sur l'exhaustivité des apports reçus en argent NCA 705.7b)
- possibilité de rapport sur respect de dispositions légales/réglementaires
→ Gouvernance : équipe de direction et conseil d'administration NCMC 3530/3531
→ Importance des contrôles internes
  tenue des comptes, comptabilité par engagement, apports par donation
→ Faire la différence entre les apports affectés et les apports non affectés
→ Utiliser les normes comptables pour les organismes sans but lucratif Partie III
→ ...

Ce dernier exemple de Fiche-Info présente succinctement l'essentiel de ce qui caractérise les « organismes sans but lucratif ». L'ordre dans lequel les idées sont présentées n'est d'ailleurs pas si important. Lorsque le candidat aura à résoudre un cas portant sur une telle entité, il pourra « considérer » les caractéristiques qu'il a ressorties afin de l'aider à présenter une réponse complète et intégrée. Il ne discutera pas de tous ces points; seulement de ceux qui sont pertinents. Avoir créé une Fiche-Info permet donc l'accès à un plus grand nombre d'idées. Ajoutons aussi qu'une telle fiche se bonifie tout au long de l'apprentissage par cas.

EXEMPLE – EXTRAIT D'UNE FICHE-INFO

Sujet : Les stocks (IAS 2)

3031

→ DÉFINITION : détenus en vue de la vente – cours normal
(+ stocks en cours de production + matières premières et fournitures pour production)

→ ÉVALUATION : au plus faible du coût et de la valeur nette de réalisation (VNR)

→ COÛTS : pour amener les stocks à l'endroit et dans l'état où ils se trouvent

coûts d'acquisition ↓ COÛTS DIRECTS	coûts de transformation ↓ COÛTS DIRECTS + INDIRECTS	coûts exclus ↓ CHARGES
prix d'achat + droits de douanes + taxes (non récupérables) + transport + manutention + autres coûts directs - rabais, remises, ristournes	coûts directs (MP, MO) + coûts indirects (frais généraux production) FIXES et VARIABLES ↓ affectation systématique FGF : fondé sur capacité normale niveau réel OK si proche FGV : utilisation effective	– déchets/coûts anormaux (MP, MO) – coûts stockage – généraux administratifs – commercialisation – frais généraux non affectés (variation de production) – coûts financement

→ DÉTERMINATION DU COÛT :
Biens fongibles : Premier entré premier sorti OU Coût moyen pondéré
même méthode pour stocks de même nature ou usage similaire
Projet spécifique (sur commande) → PAS fongible : identification spécifique du coût
Méthode du prix de détail / Méthode du coût standard : OK si résultats proches du coût réel

→ VALEUR NETTE DE RÉALISATION = Prix vente - coûts d'achèvement - coûts de vente
– habituellement élément par élément (ou grouper éléments similaires)
– fondée sur éléments probants les plus fiables disponibles à la date de clôture
→ considérer influence événements APRÈS confirmant conditions en FIN DE période
– si augmentation de la VNR → reprise limitée dépréciation initiale (plus faible de...)

EN CHARGES : – stock vendu → coût ventes → même période que produits (rattachement)
– dépréciation → dans période où elle se produit
– reprise → diminue coût ventes → dans période où elle se produit

Cet exemple fait ressortir les principaux concepts théoriques par le surlignement en orange. Les explications sont claires et brèves; les cinq grandes sections de la norme sont relevées (→). Elles ne seront assurément pas toutes questionnées dans un même cas, d'où l'importance de les différencier afin d'identifier adéquatement et rapidement la problématique en jeu. Les concepts clés sont accompagnés des explications que le candidat juge nécessaires. Par exemple, un tableau résumant ce qui compose – ou non – le coût des stocks a été préparé. On pourrait aussi s'attarder davantage sur l'affectation des coûts de transformation/fabrication. L'important est **d'identifier clairement quels sont les concepts clés afin de pouvoir rapidement les consulter**, et ce, quelle que soit la longueur de vos résumés initiaux! Il faut naturellement que toute activité d'apprentissage, quelle qu'elle soit, vous soit personnellement bénéfique. Mentionnons finalement que certains mots ou expressions pourraient certainement être davantage abrégés.

Le candidat Compétent possède une solide base de connaissances techniques.

Il comprend les concepts théoriques et les applique judicieusement.

Maîtriser les concepts techniques.

EXEMPLE – EXTRAIT D'UNE FICHE-INFO

IFRS IAS 10 / NCECF 3820 – Événements postérieurs à la date de clôture / du bilan

ÉVÉNEMENTS FAVORABLES OU DÉFAVORABLES ENTRE DEUX DATES

↓ **date de clôture / de bilan**

↓ **date autorisation de publication des ÉF (IFRS)** (J)
date de mise au point définitive des ÉF (NCECF)

CONCEPT séparation des périodes

PÉRIODE OÙ DES ÉVÉNEMENTS POSTÉRIEURS SURVIENNENT
– INFORMATIONS SUPPLÉMENTAIRES OBTENUES –

Type 1	**Type 2**
Événements qui contribuent à confirmer une situation qui existait à la date de clôture **AVANT** (J) ↓ **ajustements des ÉF, s'il y a lieu** SI ajustements → mise à jour notes ÉF CONCEPT QUAND AJUSTER	**Événements qui indiquent une situation apparue après la date de clôture** (J) **APRÈS** ↓ **PAS d'ajustements des ÉF** CONCEPT significatif / important NOTE ÉF : SI significatif/imp : description + impact financier (Ex.: regroupement, AA, acquisitions, litiges)
Ex.: indices APRÈS de détérioration du crédit du client AVANT (idem détérioration du stock) Ex.: erreurs ou fraudes découvertes APRÈS; survenues AVANT Ex.: primes si obligations crées AVANT	Ex.: baisse de valeur placement APRÈS la date du bilan Ex.: dividendes déclarés APRÈS? Pas un passif à la date de clôture

CONCEPT Note ÉF / utilisateurs

DÉFINITIONS :

- IFRS : date d'approbation du C.-A. ou date de soumission au conseil de surveillance
- (J) NCECF : date où il y a jeu complet ÉF préparé + réguls définitives dans ÉF + aucun changement prévu + ÉF approuvés selon processus de finalisation des ÉF

PARTICULARITÉS/EXCEPTIONS :

- (J) voir si dégradation APRÈS date de clôture indique la nécessité de remettre en doute l'hypothèse de la continuité de l'exploitation / permanence de l'entreprise à la date de clôture → modification fondamentale des ÉF

En vert : différences NCECF – En rouge : CONCEPTS CLÉS – (J) : Jugement requis

Par expérience, je peux vous dire que les Fiches-Info par sujet peuvent être particulièrement bonifiées au fil de votre apprentissage :

- ***par la reconnaissance des relations de « cause à effet ».*** Personnellement, je fais régulièrement ressortir les **ressemblances** d'un cas à l'autre, observations exprimées de la manière suivante :

  « QUAND IL Y A…, IL FAUT PENSER À (AUX)… »[13]

  Cela vous permettra de déceler ce qui revient fréquemment dans les études de cas afin de le retenir et de pouvoir s'y référer lors des prochaines simulations. En outre, cela vous permettra également de déterminer plus rapidement l'impact de la demande ou du travail à faire, ou encore, de considérer l'influence des indices du cas sur la rédaction de la réponse. On peut ainsi isoler les relations de cause à effet par sujet, par compétence ou par contexte (ex.: entreprise de service, entreprise réglementée). Ces relations peuvent d'ailleurs faire partie intégrante de vos diverses Fiches-Info.

Il est indispensable de maîtriser les connaissances fondamentales de notre domaine.

EXEMPLES D'OBSERVATIONS
RESSEMBLANCES RELEVÉES D'UN CAS À L'AUTRE

Quand il y a…,	il faut penser…
un contrôle diligent à planifier	– à une mission de procédures convenues (NCSC 4400). – à adapter son langage en fonction du rôle à jouer.
des actionnaires sans contrôle	à ce qui pourrait leur porter préjudice (ex.: opérations entre personnes liées (apparentées)).
un créancier qui menace de rappeler son prêt	– à inscrire le prêt dans le passif courant (court terme). – à mettre en doute la continuité d'exploitation.
un programme de primes à la direction	– à la possibilité que les données financières aient été manipulées. – aux éléments contrôlables.
une petite entreprise	– à la difficulté de séparer les fonctions. – à soumettre des recommandations qui tiennent compte de la taille de l'entreprise.

- ***par l'ajout d'exemples tirés des cas simulés.*** L'analyse d'études de cas vous permet d'identifier ou de confirmer la validité des concepts théoriques relevés. Vous pouvez noter quels sont les concepts qui reviennent plus souvent que les autres comme celui des « avantages économiques futurs » lorsqu'il s'agit d'immobilisations incorporelles. Cela vous permet aussi d'examiner de quelle façon les différents concepts sont appliqués dans la résolution d'un cas. Pour des sujets qui vous occasionnent davantage de difficulté, je vous suggère de prendre en note les exemples rencontrés au fil de votre apprentissage. Un candidat se sachant maladroit lorsqu'il s'agit d'analyser des opérations conclues à l'étranger, par exemple, pourrait examiner dans un même mouvement tout ce qui s'est dit sur ce sujet dans les cas précédents. À cette fin, l'usage de mots-clés clairs et révélateurs, via le fichier « Suivi des cas simulés », est fort pratique.

IAS 16 3061 — Partie 8 p 106-

inapproprié / inadéquat	RÉUSSITE	RÉUSSITE +
→ omettre des éléments importants ou faire des erreurs.	→ analyser un nombre suffisant d'éléments importants.	→ niveau précédent bien fait + voir inadéquation de la proposition avec la mission de l'entité.

13 Bien que cette expression paraisse simple, elle est très efficace. Celui qui lit un volume ne le voit pas, mais sachez qu'un auteur peut connaître quelques difficultés à exprimer sa pensée par des mots, comme ici. J'ai cherché l'expression illustrant parfaitement ce que je voulais dire et je l'avoue, cela m'a pris du temps pour y arriver. Mon cahier de notes prérédaction le prouve par ses essais et ratures! Il existe d'autres formulations semblables, telles que « Lorsqu'on remarque/constate que…, il ne faut pas oublier de… », ou encore, « La présence de… signifie que… ».

inapproprié / inadéquat	RÉUSSITE	RÉUSSITE +
→ avoir du mal à proposer des méthodes/mesures de la qualité adaptées aux activités du client.	→ proposer un certain nombre de méthodes ou mesures de la qualité propres à la situation.	→ niveau précédent bien fait + tenir compte de l'évolution du secteur fournie par le directeur des ventes.

POINT DE VUE

Quel est le meilleur moment pour construire des Fiches-Info?

L'idéal serait de faire ressortir les concepts clés des sujets fondamentaux tout au long de vos études en comptabilité. Toutefois, la plupart des candidats prennent conscience de la nécessité de revoir les connaissances précédemment étudiées lorsqu'ils commencent à simuler des études de cas multidisciplinaires. Il est normal de préparer des Fiches-Info sur les sujets qui reviennent régulièrement dans les cas. En considérant ce qu'il est essentiel de maîtriser aux fins du programme, n'oublions pas les sujets qui sont plus complexes, qui sont de « nouvelles tendances » ou pour lesquels peu d'écrits existent à l'heure actuelle. Il est généralement reconnu que les candidats ont davantage de difficultés avec les sujets moins courants.

Le choix dépend aussi de vos forces et de vos faiblesses. Un candidat qui n'est pas à l'aise avec la fiscalité, par exemple, fera davantage de Fiches-Info sur cette matière.

La création de Fiches-Info par sujet fait partie intégrante du processus d'assimilation des connaissances, pour une rétention permanente.

Décoder les outils quantitatifs

Il m'arrive souvent de rencontrer des candidats qui se sentent démunis face à une analyse quantitative. Ils perdent parfois trop de temps à déterminer quoi faire. Quel est l'objectif? Quel outil choisir? Ils perdent aussi du temps à figurer comment le faire. Quelles sont les étapes? Comment structurer un calcul avec efficience? Et finalement, certains visent la perfection, ce qui n'est pas une bonne idée sous l'analyse coûts-avantages. Quelles sont les composantes importantes? Quels sont les chiffres nécessitant une explication? Appliquons maintenant à l'analyse quantitative les éléments vus au cours des dernières pages.

EXEMPLE DE LIEN ENTRE LA DEMANDE ET LA DÉMARCHE D'ANALYSE

Demande : « analyser les écarts entre le budget, qui tient compte du niveau d'activités de l'exercice, et le résultat réel »

item	budget initial	budget flexible	réel	écart	interprétation
...	...	...	...	...	...

Interprétation :

- être structuré! analyser un écart à la fois; faire des liens ensuite, s'il y a lieu.
- doit tenir compte des informations du cas (ex.: hausse du coût de la matière première, relation entre la publicité et les ventes, frais de garanties sous-évalués).
- ne pas seulement écrire « plus haut que » ou « plus bas que ». « *CE QUI...* »
- tenir compte du contexte (ex.: secteur d'activité, FFOM, objectifs).
- penser comparaison, s'il y a lieu (ex.: années, secteur, cible).
- peut être présentée dans le fichier *Word* ou dans le fichier *Excel*.

revoir Partie 5 p. 66

revoir Partie 1 p. 7

EXEMPLE – EXTRAIT D'UNE FICHE-INFO

Sujet : Évaluation d'une entreprise

MÉTHODE AXÉE SUR L'ACTIF (sous-entend actif net)

→ JV actifs - JV passifs → Acheteur achète tous les postes sauf l'encaisse

→ Tenir compte des actifs/passifs hors bilan (ex.: valeur d'un brevet créé à l'interne non comptabilisé à l'origine, éventualité indéterminable non comptabilisée)

→ JV dette peut être < ou > dette aux livres (ex.: JV plus petite si taux marché plus élevé)

→ Valeur minimale OU Valeur utile pour entreprise axée sur les actifs (ex.: placements)

MÉTHODE AXÉE SUR L'EXPLOITATION → PENSER À NORMALISER

→ Flux (préférable) OU Bénéfice

→ Passé (capitalisé) OU Futur (actualisé) (préférable)

→ Capitalisé : voir si facteur selon secteur fourni (ex.: 3 fois bénéfice d'exploitation) OU pondérer en donnant plus de poids au plus récent (ex.: X1→1/6; X2→2/6; X3→3/6)

→ Actualisé : prendre CMPC ou estimer taux selon financement prévu + prime de risque

X$ / taux = $ actualisé à l'infini

calcul	commentaires
bénéfice ou flux AVANT Impôts *(ôter amortissement si flux)*	# d'années en fonction des données disponibles
+/– ajustements comptables	à faire APRÈS les questions comptables
+/– éléments non récurrents	ex.: subvention, commande unique
+/– éléments anormaux	ex.: moins de publicité cette année
+/– éléments disproportionnés	ex.: salaire aux enfants du président
+/– éléments absents	ex.: salaire du nouveau directeur
bénéfice ou flux NORMALISÉ avant Impôts	un seul calcul d'Impôt pour tous
Impôts	regarder si excède 500 000 $
bénéfice ou flux NORMALISÉ après Impôts	base pour calcul de la valeur
capitalisé OU actualisé	**VALEUR D'EXPLOITATION**

VALEUR D'EXPLOITATION = PRIX « ESTIMATIF » À PAYER

AJOUTER actifs superflus si l'acheteur les achète (oui si actions; à voir si actifs achetés)

DIMINUER des dettes assumées par l'acheteur (oui si actions; à voir si actifs achetés)

→ Penser fournir un intervalle de valeur

Ex.: JV actifs nets (minimum) OU changer une hypothèse (ex.: taux) au calcul normalisé

→ Multiplier par le % d'actions que l'acheteur désire

N.B. Une action donnant le contrôle a une plus grande valeur.

→ Ne pas faire le calcul d'impôt si base utilisée est avant impôts!

→ ...

CARACTÉRISTIQUES / OBSERVATIONS

↓

FICHES-INFO

EXEMPLES D'OBSERVATIONS RESSEMBLANCES RELEVÉES D'UN CAS À L'AUTRE

Quand il y a…,	il faut penser…
une décision à court terme à prendre	– aux flux de trésorerie. – à la contribution marginale. – à l'analyse coûts-avantages.
une décision à long terme à prendre	– aux flux de trésorerie. – à la valeur actualisée nette. – au délai de récupération.
un budget de caisse à préparer	– à séparer les liquidités d'opération, d'investissement et de financement. – à tenir compte des liquidités au début. – à reporter les liquidités de la fin d'une période (ex.: mois) au début de la période suivante.

Favoriser l'apprentissage

Loin de moi l'idée de vous dire comment planifier et réaliser vos études. Chaque personne est unique, dans sa façon d'être et d'apprendre. Vous savez toutefois que votre temps est précieux, et pas seulement pendant la simulation d'un cas. Il y a beaucoup de matière au programme et, nous pouvons bien le dire, étudier en sciences comptables est exigeant. Je désire ici vous sensibiliser à viser l'efficience dans l'apprentissage. Parfois, par habitude ou tout simplement parce que l'on ne se remet pas en question, on effectue certaines tâches d'une manière sous-optimale. Prenez le temps de réévaluer vos méthodes.

La maîtrise de la matière

Il y a une différence entre connaître la matière « par cœur » – ce qui n'est pas le but – et être à l'aise avec elle. L'inscription de l'acquisition d'une immobilisation, par exemple, vous est facile. On débite l'actif correspondant et l'on crédite le(s) poste(s) qui reflète(nt) le mode de financement. L'exemple est simple, mais sert ici à illustrer ce qu'il vous faut acquérir au fil de votre apprentissage. Tout ce qui compose la base de notre domaine, ainsi que tout ce qui est régulièrement questionné dans les cas, devrait être convenablement maîtrisé comme dans cet exemple. Vous avez de la difficulté à proposer des procédures d'audit sur les stocks? Groupez les exemples rencontrés en cours de route au même endroit afin de les analyser (voir page suivante). Les mots « avantages du personnel » vous donnent des sueurs froides? Affrontez le sujet au lieu de le reporter. Vous êtes lent dans la détermination d'une formule du logiciel *Excel*? Pratiquez-vous! Ces formules doivent être rapidement appliquées, au bon moment. Faites preuve d'imagination pour trouver trucs et moyens pour mieux apprendre, puis retenir.

DÉFINIR. COMPARER.
FAIRE DES LIENS. INTÉGRER.
FAIRE RESSORTIR LES CONCEPTS CLÉS. LES APPLIQUER.
PENSER MULTIDISCIPLINAIRE.

ANALYSE DES CAS SIMULÉS
↓
BONIFICATION DES FICHES-INFO

Maîtriser les concepts techniques.

EXTRAIT D'UNE FICHE-INFO – PROCÉDURES D'AUDIT SUR LES STOCKS

Assertion d'audit (soldes de comptes en fin de période)	**Exemples de procédures d'audit sur les stocks (cas)** *« Pour s'assurer de..., il faut... »*
existence	– examiner les rapports produits par les consignataires pour déterminer si le solde des marchandises en consignation est plausible. (NIP) – obtenir les quantités achetées ainsi que les quantités consommées pour calculer le stock qui manque. (MAX)
droits et **obligations** (détient ou contrôle)	– identifier, lors du dénombrement, les articles vendus par mise de côté en contrepartie d'un acompte afin de... (IFX) – examiner les documents relatifs aux stocks en transit pour...
exhaustivité (ce qui doit être enregistré l'a été)	– dans le but d'exclure les marchandises à livrer de l'inventaire, demander toutes les factures de ce client. (SD) – passer en revue les rapports de vente produits par les consignataires pour s'assurer que les stocks vendus ont été exclus du dénombrement physique. (NIP)
évaluation et **imputation** (bons montants, correctement enregistrés)	– examiner des contrats de vente récents pour déterminer la valeur nette de réalisation. (MAX) – se renseigner auprès de la direction et des installateurs au sujet de la désuétude technique de ces pièces pour... (IFX) – examiner les dates de préemption des produits à base de lait pour confirmer que les stocks sont encore en bon état de vente. – comparer les factures d'achat aux prix de vente ultérieurs, car...

Remarque : Dans les cas simulés, l'assertion « évaluation » est celle qui est le plus souvent sollicitée.

Lorsqu'il est possible de présenter l'information de manière plus visuelle, n'hésitez surtout pas. D'une part, résumer les concepts en quelques traits ou quelques lignes exige une solide compréhension des sujets. D'autre part, **il est plus facile d'étudier ou de mémoriser un schéma, un tableau, une liste d'étapes, une équation ou un graphique**. Il est d'ailleurs plus rapide – et souvent plus efficace – de faire appel à l'image ainsi créée pendant la résolution d'un cas.

inapproprié / inadéquat	**RÉUSSITE**
→ considérer l'information lue dans ce qui est apparent sans envisager ses liens et ramifications.	→ prendre du recul et considérer le positionnement de l'information lue dans l'ensemble de ce qui est fourni.
→ ne pas tenir compte des conditions et limites de base dans l'application des règles fiscales.	→ pouvoir statuer sur les montants imposables ou déductibles, dans le respect de la *Loi de l'impôt sur le revenu*.

Faire appel aux concepts appropriés,
AU PARFAIT MOMENT,
est indispensable à la réussite.

particularités \ financement à long terme	emprunt obligataire	actions rachetables au gré du détenteur	actions ordinaires	...
caractéristiques habituelles (ex.: garantie, échéance)				
traitement comptable présentation aux états financiers				
traitement fiscal – coûts périodiques (ex.: intérêts, dividendes)				
traitement fiscal – remboursement du capital				
...				

EXEMPLES DE TABLEAUX

normes internationales d'information financière (obligation du public)	normes comptables pour les entreprises à capital fermé
...	...

À titre comparatif, on pourrait partir de la solution d'un cas simulé, par exemple sous le référentiel comptable IFRS, puis analyser ce qu'il en serait sous le référentiel comptable NCECF.

traitement comptable – d'un produit – d'une charge	incidences fiscales – Quand est-ce imposable? – Quand est-ce déductible?
...	...

mission d'audit	mission d'examen	mission de compilation
...	...	...

L'intelligence collective

Il m'apparaît bénéfique de planifier des réunions avec d'autres candidats qui ont un parcours semblable au vôtre, entre autres afin de partager vos expériences. C'est motivant, et rassurant, particulièrement lorsque le processus d'apprentissage est long. Des candidats peuvent se rencontrer, par exemple pour analyser la solution proposée et le guide d'évaluation d'un cas inhabituel ou plus complexe. Le fait de prendre connaissance d'une façon différente de voir les choses permet la confirmation et la bonification de vos observations personnelles. L'un de vos collègues peut vous expliquer pourquoi tel aspect (ou sujet) est de moindre importance, par exemple, ou répondre à toute « Question en suspens » (Partie 8, p. 107). En outre, comme mentionnée précédemment, l'évaluation commentée de votre réponse par un autre candidat permet l'obtention d'un compte rendu plus objectif de votre performance.

Échanger idées et réflexions entre collègues dynamise l'apprentissage.

POINT DE VUE

Il est certainement tentant de se simplifier la vie en obtenant, d'une manière ou d'une autre, des Fiches-Info déjà montées. Personnellement, je crois que la construction de fiches devrait être le fruit d'une réflexion individuelle. Pour les sujets importants au programme, en particulier si vous ne les maîtrisez pas bien, cela me paraît indispensable à l'apprentissage, puis la mémorisation. Quoi qu'il en soit, si vous décidez d'utiliser des documents en provenance d'autrui, ou fournis dans les volumes de référence que vous avez achetés, prenez tout de même le temps d'en assimiler le contenu à partir de vos références de base.

Partager pour bonifier? Oui!
Prendre sans s'impliquer? NON!

Je considère que les rencontres d'équipe sont particulièrement utiles lorsqu'il s'agit d'effectuer une analyse comparative des cas simulés. Faire ressortir les particularités, les ressemblances et les différences devient plus facile. Le fait de considérer différents points de vue permet l'enrichissement et la consolidation de vos acquis personnels, ce qui est particulièrement utile lorsqu'un examen officiel se pointe. Je vous suggère d'ailleurs d'échanger sur des demandes, rôles et contextes pour lesquels vous détenez peu de renseignements. La tendance consiste à s'attarder sur les situations récurrentes, mais on le sait bien, les auteurs de cas font preuve d'imagination pour vous surprendre! Il m'apparaît donc intéressant de s'imaginer des situations inhabituelles ou des scénarios inédits, puis de se questionner sur ce que cela implique. « Et si... » ou « Supposons que… ». Envisager la situation sous un angle différent, puis s'adapter!

Une situation n'ayant jamais été rencontrée auparavant
peut se trouver au cœur de la prochaine étude de cas.

EXEMPLES DE SITUATIONS INHABITUELLES OU DE SCÉNARIOS INÉDITS

- Dans la plupart des études de cas, le risque d'audit de l'exercice courant est plus élevé, rarement moyen. Comment réagir dans la situation inverse où le risque d'audit serait plus faible que l'exercice précédent?
- Votre rôle consiste à représenter l'État. Comment planifier et effectuer un mandat d'audit qui requiert de « vous assurer du bien-fondé des dépenses réclamées dans le cadre d'un programme de subvention publique (aide gouvernementale) »?
- Les créanciers d'une entité en difficultés financières viennent tout juste d'accepter une proposition concordataire. « Quelle est l'incidence sur la comptabilité, l'audit, la fiscalité et la gouvernance de l'entité? »

Le but de l'exercice est d'envisager l'existence d'autres possibilités. Certes, on ne peut pas tout prévoir, mais on peut à tout le moins apprendre à faire face à un cas qui requiert une approche différente. En d'autres termes, on peut **développer sa capacité d'adaptation**. Quand on prend le temps d'y penser, le fait que le risque d'audit soit plus faible que l'exercice précédent, par exemple, n'est pas une situation si compliquée. Plusieurs idées vont s'exprimer à l'inverse de ce qui est « habituel ». Toutefois, dans le temps limité de la résolution d'un cas, faire face à une situation inhabituelle peut être déstabilisant.

Savoir comment faire appel à ses connaissances et expériences antérieures est un atout.

inapproprié / inadéquat	RÉUSSITE
→ se sentir démuni face à un secteur d'activité jamais vu ni envisagé.	→ visualiser ce qui se passe afin de mieux considérer les particularités.

NOUVELLE SITUATION? → RÉACTION ADAPTÉE

L'organisation de l'étude[14]

Voici quelques suggestions supplémentaires à considérer dans la réévaluation de vos façons de faire :

- ***Créer un dossier de base***, à garder bien en vue sur le bureau de votre portable. L'objectif est de pouvoir rapidement accéder aux documents fréquemment utilisés. Au lieu de les chercher, à chaque fois qu'ils sont requis, on les groupe au même endroit. Ce dossier contient, par exemple,
  - des états financiers modèles (NCECF, IFRS, OSBL);
  - la terminologie équivalente NCECF et IFRS (ex.: location-exploitation = location simple);
  - les formules à connaître dans l'usage du tableur *Excel;*
  - des liens Web utiles (ex.: accès au *dictionnaire Ménard, comptabilité et gestion financière*);
  - les ratios financiers de base.

  Il est essentiel de pouvoir retracer rapidement l'information recherchée.

- ***Cumuler les informations cas par cas.*** Je suggère la création d'un dossier pour chaque cas simulé. Outre l'énoncé, ainsi que la solution proposée, j'y inclurais votre réponse avant et après sa correction, le *PowerPoint* du professeur qui en a fait la rétroaction en classe, des modèles de rédaction et le fruit de vos exercices, s'il y a lieu. Tout ce qui concerne un cas donné se trouvant au même endroit. Prenez aussi l'habitude d'identifier vos documents de manière à ce qu'ils soient listés dans un ordonnancement logique facile à retracer, d'après les caractéristiques de l'examen visé (ex.: EFC15_3-2_ALS_14-06-22). Vos fichiers « Suivi des cas simulés » et « Suivi de mes résultats aux cas simulés » étant disponibles à part (Partie 8, p. 106-).

- ***Planifier l'étude.*** Prenez le temps d'évaluer. Les sujets au programme n'exigent pas tous la même profondeur de connaissances. *Tenez-en compte dans l'horaire.* Les diverses parties d'un sujet donné ne requièrent pas toutes le même niveau d'attention. *Assurez-vous de bien maîtriser ce qui est fondamental,* de complexité faible, applicable à des situations courantes. N'en exigez pas autant des aspects plus complexes, qui s'appliquent à des situations moins courantes. Les sujets au programme ne vous sont pas tous égaux. *Travaillez davantage vos faiblesses et fiez-vous à vos forces.* Bien que cela puisse paraître un peu bizarre, certains candidats font justement le contraire! Et finalement, gardez en tête que l'apprentissage par cas est un marathon. Le rythme adopté au départ doit vous permettre de franchir la ligne d'arrivée. *Courir lentement pour courir plus vite!*

POINT DE VUE

Les fiches et tableaux que vous préparez sont d'excellentes sources d'information, régulièrement mises à jour, lues et relues. L'information colligée contient le résultat de vos analyses effectuées au fur et à mesure de vos expériences en simulation de cas. Vous avez investi votre temps.

Tout fichier contenant vos Fiches-Info est très important.
Il contient les documents que vous lirez juste avant un examen officiel.
C'est votre actif le plus précieux!

Il m'arrive couramment de constater que des candidats préparent des Fiches-Info qu'ils ne relisent pas. On peut certes dire qu'une partie de l'apprentissage se fait lors de la construction des fiches. Toutefois, relire régulièrement ses fiches est un excellent moyen de les mémoriser afin de s'y référer rapidement le moment venu. Prévoyez, par exemple, trois périodes de vingt minutes par semaine à cet effet.

Ne soyez pas dans l'attente perpétuelle du « moment idéal » pour effectuer la lecture de vos fiches!

Rentabilisez votre investissement!

14 Tiré de Deslauriers, Sylvie, *Comment réussir ses études en comptabilité*, 2016, 98 pages.

Q + R p. 146

Conclusion

Voici mes réponses (R) à diverses questions (Q) qui m'ont été posées par des candidats au fil de leur apprentissage par études de cas :

Q1 : *Puisqu'il n'est pas nécessaire d'obtenir le niveau C à toutes les occasions d'évaluation ou demandes d'un cas pour le réussir, ma stratégie est d'en choisir, disons 4 ou 5 sur 7, que je peux alors faire plus en détail.*

R1 : OH! Ta stratégie d'examen me semble dangereuse. D'une part, et je suis désolée de te le dire, on ne peut pas toujours être assuré d'obtenir le niveau Compétent, même avec plus de temps. Il arrive qu'un détail nous échappe ou que la discussion sur une problématique donnée soit mal alignée. Disons aussi que nous ne sommes pas toujours bons juges de notre propre performance.

RÉPONDRE – OU TENTER DE RÉPONDRE – À TOUTES LES DEMANDES

D'autre part, la façon de déterminer si un cas ou un groupe de cas est réussi n'est ni fixe ni connue avec précision. Il est possible que la réussite dépende d'une maîtrise minimale en Comptabilité financière, par exemple; exigence qui peut être moins élevée pour un autre domaine. On sait, par ailleurs, que nul ne peut réussir l'EFC sans satisfaire le critère minimal de chacun des domaines. De ce point de vue, « choisir » quelles compétences résoudre, cas par cas, me semble hasardeux. Personnellement, je crois que la meilleure stratégie est de répondre à toutes les demandes de l'étude de cas en visant le niveau Compétent pour les domaines clés. En certaines circonstances, l'obtention du niveau EVC peut être suffisante, ce qui m'amène à te suggérer à tout le moins de « tenter » de répondre à chacune des demandes.

Q2 : *Lorsque je prépare la structure de ma réponse, j'inscris à côté de chaque sujet le temps prévu à leur résolution (ex.: « 11h20-11h30 » ou « 10 minutes »). Est-ce que cela dérange le correcteur?*

R2 : Je vous encourage certainement à prendre le temps d'établir un plan de réponse, du moins mentalement. Il faut déterminer ce qui est essentiel et planifier comment résoudre tous les aspects (ou sujets) importants de toutes les demandes, dans le temps alloué. Je comprends que l'écriture détaillée de la répartition des minutes entre chacune des parties puisse être utile, mais cela prend du temps. Il faut s'assurer que cela VOUS est profitable. La détermination du temps disponible par demande peut généralement suffire. Coûts-avantages? Exercice mental?

Quant au correcteur, cela ne le dérange pas vraiment. Lorsqu'une idée « n'a pas de valeur », elle n'est tout simplement pas considérée. Bien que cela enlève un peu de professionnalisme à l'apparence – et non au fond – du rapport, cela ne pénalise pas ta performance.

inapproprié / inadéquat	RÉUSSITE	RÉUSSITE +
→ présenter une réponse trop courte. → dresser une liste d'éléments sans explication.	→ expliquer un certain nombre d'éléments, incluant la considération financière.	→ expliquer les éléments les plus importants, mais moins évidents, incluant les incertitudes de la situation financière.

Q3 : *J'écris plein d'idées dans mes réponses; idées que je ne retrace pas dans les solutions officielles. Comme elles sont bonnes, je les considère dans mon évaluation. Êtes-vous d'accord?*

R3 : Pas vraiment. Pas automatiquement en tout cas.

Il faut déterminer la « valeur » de ces « bonnes » idées. C'est qu'il est facile d'écrire des idées qui sont valables en soi, mais qui ne comptent pas. Le cas peut demander « une liste de contrôles internes », par exemple. Si ta réponse contient plutôt une liste de contrôles de gestion, ce n'est pas la même chose. Même si les contrôles de gestion de ta réponse sont de « bonnes » idées, cela ne répond malheureusement pas à la question. En résumé, le correcteur d'une réponse ne considère pas toutes les idées émises, mais seulement celles qui sont **pertinentes et nouvelles**.

EST-CE QUE L'IDÉE S'INSCRIT DANS LE CADRE DES PARAMÈTRES DU CAS?

Q4 : *Mes phrases sont trop longues. Je prends trop de temps pour écrire ce que je veux dire.*

R4 : Il va falloir faire des efforts afin d'arriver à exprimer des idées qui sont à la fois complètes et succinctes. L'objectif est d'écrire davantage d'idées : pertinentes et nouvelles. Prendre une réponse et y enlever ce qui est inutile est un exercice qui peut t'aider. Tu peux aussi t'exercer à rédiger de nouveau une ou deux sections particulièrement manquées d'une étude de cas.

Il est souvent possible de réduire la longueur du texte sans altérer le contenu comme suit :

- « Le 4 000 $... » *est préférable à* : « Le montant de 4 000 $... ».
- « On peut...» *est préférable à* : « Il pourrait être envisageable de... » .
- Allocation de retraite : (sous-titre)

  est préférable à : « En tout premier lieu, je vais discuter de la possibilité de verser une allocation de retraite. »
- « MOD » au lieu de « main-d'œuvre directe », « RPA » au lieu de « résultat par action », etc.

Q5 : *Je dois revoir ma façon d'aborder les calculs. Quand j'en fais, ils sont toujours trop longs!*

R5 : Il faut prendre le temps de planifier ses calculs. Quelle est l'utilité du calcul? Quelles sont les composantes importantes? Nul besoin d'un calcul parfait, mais d'un calcul raisonnable permettant de bonifier l'analyse qu'il dessert ou de justifier la conclusion. Je te suggère de fixer ton regard **sur ce qui peut faire une différence**. Lorsqu'un ajustement ou une composante fait une différence dans l'interprétation du résultat obtenu, il faut le considérer. Pour quelle composante as-tu des informations dans le cas? Quels sont les éléments clés dans le secteur d'activité? En préparant un flux de trésorerie, par exemple, commence par intégrer les éléments importants au lieu de suivre linéairement l'ordre de présentation des postes ou des informations du cas. Va à l'essentiel en premier lieu. Tiens compte du temps qui passe, puis laisse tomber ce qui est moins important. Assure-toi de terminer le calcul afin de pouvoir l'interpréter et l'utiliser.

UN CALCUL RAISONNABLE PEUT RÉPONDRE À L'OBJECTIF.

Q6 : *Certains cas présentent en annexe de la solution proposée un exemple de réponse réelle d'un candidat. Comment analyser un tel exemple?*

R6 : Lorsque les exemples sont fournis par voie officielle, suite à un examen professionnel, ces réponses atteignent habituellement le niveau supérieur Compétent avec distinction (Réussite +) dans toutes les compétences principales. Lorsqu'ils sont plutôt fournis par un professeur, ce sont habituellement des exemples de « bonne réponse » illustrant ce qu'un candidat peut « raisonnablement » faire dans le temps imparti. Ces réponses ne contiennent toutefois pas nécessairement toutes les idées valables pouvant être avancées dans la résolution des diverses demandes. Aussi, puisqu'il s'agit de la réponse d'un candidat, certaines parties peuvent être d'un niveau inférieur au seuil de réussite.

QUE FAUT-IL DÉMONTRER AU SEUIL DE RÉUSSITE?

Votre façon de lire les exemples de réponse mis à votre disposition devrait donc tenir compte de la source et, s'il y a lieu, de l'objectif poursuivi par leur remise. Je vous rappelle aussi mon opinion voulant qu'il soit préférable de viser l'atteinte raisonnable du seuil de réussite et non le niveau supérieur. Face à un exemple de réponse d'examen professionnel, que faut-il regarder? partie 7 p. 97

- ***La profondeur de l'analyse.*** Combien d'aspects (ou sujets) ont été abordés? Combien d'idées ont été émises? Comment a-t-on réparti le temps entre le qualitatif et le quantitatif?
- ***La qualité des idées.*** Quels sont les concepts théoriques de référence? Où retrouve-t-on les liens d'intégration? Quelle est la nature des recommandations ou des conclusions?
- ***La présentation des idées.*** Quel est l'ordonnancement des demandes? De quelle manière a-t-on structuré les analyses? Quelles sont les étapes?

Q7 : *Lorsque je simule un cas, il m'arrive souvent de dépasser le temps alloué à sa résolution, car je veux savoir si je peux répondre en profondeur à tout. C'est que je manque souvent de temps pour terminer un cas.*

R7 : D'emblée, il faut savoir que le temps manque à peu près toujours pour résoudre une étude de cas à notre convenance. Plus court est le cas, plus vraie semble cette remarque.

Cela est plus difficile pour certains candidats, mais il faut absolument **respecter les consignes du cas simulé**. L'évaluation de la performance obtenue dans des conditions plus « favorables » que ce qui est prévu manque assurément d'objectivité. Il n'y aura pas d'extension du temps lors d'une simulation ou d'un examen officiel! *Si vous le faites tout de même, malgré mon avis, veuillez identifier d'une quelconque façon le texte « supplémentaire », en changeant de couleur, par exemple.*

IL EST INDISPENSABLE DE DÉVELOPPER SA CAPACITÉ
DE RÉPONDRE À UNE ÉTUDE DE CAS DANS LE TEMPS ALLOUÉ.

En contrepartie, particulièrement lors des premières simulations, il arrive que des candidats terminent la rédaction d'un cas avant l'heure limite. Dans cette situation, arrêter l'exercice avant la fin n'est également pas une bonne idée. Certains candidats en profitent alors pour justifier une contre-performance comme suit : « Je n'atteins pas le seuil de réussite, mais j'ai terminé quinze minutes plus tôt. », ou encore, « Si j'avais vu ce problème, je l'aurais analysé correctement. »

IL FAUT UTILISER AU MIEUX
LE TEMPS ALLOUÉ À LA RÉSOLUTION D'UN CAS.

Chaque idée compte et, comme mentionné dans ce volume, l'écriture d'un plus grand nombre d'idées favorise la réussite. Lorsqu'un candidat dispose d'un surplus de temps pendant la résolution d'un cas, il peut chercher à bonifier sa réponse comme suit :

- ***Prendre du recul*** afin de pouvoir détecter la présence d'un problème ou enjeu « moins explicite ». Considérer les profils, les tendances, les incohérences, les partis pris, les similitudes, les irrégularités, les comportements inhabituels, le cumul d'indices de même nature, etc.
- ***Reprendre la liste des aspects (ou sujets) importants*** afin de s'assurer qu'ils ont tous été analysés avec suffisamment de profondeur. Il est souvent possible d'intercaler une ou deux idées dans le texte sans que cela modifie la finalité de l'analyse, soit la recommandation ou la conclusion. A-t-on suffisamment bien expliqué tel ou tel critère comptable? Ensuite, si le temps le permet, on peut faire une brève analyse de sujets de moindre importance.
- ***Réviser les calculs*** afin de s'assurer qu'ils comprennent les composantes importantes. Si le temps le permet, des composantes de moindre importance peuvent être ajoutées sans altérer le résultat final. On peut même parfois ajouter une courte analyse de sensibilité.

Q8 : *Est-ce une bonne idée de simuler de nouveau un cas que j'ai déjà fait auparavant?*

R8 : Rarement.

L'aspect « nouveauté » qu'apporte chaque étude de cas a disparu. L'identification de l'aspect critique d'une question ou la détermination de l'importance des sujets, par exemple, ne sont plus des défis à relever. La performance obtenue à une telle simulation de cas n'est, tout compte fait, pas représentative de ta capacité à résoudre diverses problématiques dans un scénario donné.

LA CAPACITÉ D'ADAPTATION AUX PARTICULARITÉS DU CAS
EST UNE HABILETÉ PROFESSIONNELLE À DÉVELOPPER.

Le candidat qui désire simuler une étude de cas qu'il connaît déjà doit au préalable s'interroger sur son objectif. Lorsque l'on vise l'amélioration de l'efficience dans la rédaction d'idées, cela peut se justifier. Un candidat peut ainsi vouloir s'exercer à rédiger une solution « appropriée » dans le temps alloué. Il peut aussi vouloir rédiger de nouveau une section qu'il a particulièrement manquée ou s'entraîner à générer rapidement le calcul demandé. Dans ces situations, on reprend l'une ou l'autre des parties de la simulation; pas la totalité.

Lorsque le cas n'a pas été analysé ou lorsque plusieurs mois se sont écoulés entre les deux simulations, cela réduit naturellement les inconvénients de simuler de nouveau le même cas.

Q9 : *Afin de ne pas être en panne d'idées et de mieux structurer ma réponse, j'utilise systématiquement l'approche P-I-R (Problème-Impact-Recommandation) pour la plupart des demandes.*

R9 : Je ne suis pas d'accord.

L'usage d'une telle structure implique que la partie « analyse » de chaque sujet discuté consiste à chercher quel est l'impact du problème identifié. Cela ne convient pas à toutes les situations.

TOUTE STRUCTURE D'ANALYSE, QUELLE QU'ELLE SOIT,
DOIT ÊTRE UTILISÉE AVEC DISCERNEMENT.

Afin de « traiter une question comptable », par exemple, il faut habituellement *1-* identifier l'aspect critique ou la problématique en jeu (P), *2-* analyser les concepts théoriques clés pertinents en relation simultanée avec les indices du cas et *3-* recommander le traitement comptable approprié (R). L'écriture d'ajustement, ainsi que l'impact (I), sont présentés dans la dernière partie (*3-*). Un candidat qui considère que l'impact de la transaction est le cœur de l'analyse présentera une réponse inadéquate ou incomplète. Il ira tout droit à la conclusion, incluant les calculs, sans la justifier convenablement. Dans l'analyse des structures de réponse, faites l'effort de déterminer quand utiliser et quand ne pas utiliser l'approche P-I-R.

partie 9 p. 116-117

partie 9 p. 118

EXEMPLE DE LIEN ENTRE LA DEMANDE ET LA DÉMARCHE D'ANALYSE

Demande	Structure de réponse
« déterminer si les dépenses listées en annexe sont déductibles »	Pour chaque dépense : – Dire si OUI ou NON la dépense (combien) est déductible. – Expliquer POURQUOI (référence à la *Loi de l'impôt sur le revenu*) en mentionnant les conditions et les montants limites, s'il y a lieu.

L'EXPÉRIENCE ACQUISE PAR LA CONFRONTATION DES CAS PASSÉS,
MENANT À L'ÉLABORATION DE STRUCTURES DE RÉPONSE,
DOIT FAVORISER LA RÉUSSITE DES CAS FUTURS, PAS L'ENTRAVER.

Q10 : *Pendant une simulation, j'ai beaucoup de difficultés à déterminer quelle(s) partie(s) d'une norme je dois analyser. Je pars toujours du début de la norme comptable et je n'ai pas le temps de me rendre jusqu'au point clé ou ça me prend tellement de temps que j'en manque pour les autres occasions d'évaluation.*

R10 : L'un des buts de la construction d'une Fiche-Info est de faire ressortir les grandes sections d'un sujet. Les connaître t'aide à identifier l'endroit « problématique » d'un sujet donné. Pour quel aspect de la norme as-tu des informations dans le cas? Avec le sujet des immobilisations incorporelles, prenons du recul, puis soulignons le champ d'application des grandes sections. Les connaître t'aidera à fixer l'(les) objet(s) d'analyse. Quelle est la question clé?

- Se demande-t-on s'il s'agit d'un actif incorporel?
  - Est-ce un actif incorporel acheté d'un tiers?
    - Est-ce de la survaleur (goodwill) générée en interne?
      - Est un actif incorporel généré en interne par la recherche et le développement?
        - Se demande-t-on comment amortir l'actif incorporel?
          - Y a-t-il a lieu de comptabiliser une perte de valeur?

IAS 38 3064

Pour les sujets qui t'occasionnent ce genre de difficultés, je te suggère de créer un tableau en deux colonnes : à gauche un rappel succinct de la demande et des faits du cas et à droite les concepts clés extraits de la norme. Effectuer cet exercice pour les différents cas qui incluent le sujet visé va t'aider à mieux définir ce que tu dois faire. Et, rappelle-toi qu'il n'est pas toujours nécessaire de discuter de tout ce qui précède les paragraphes critiques à l'analyse.

Je souhaite à tous une grande réussite,
et Merci d'apprécier mon travail.

ANNEXE A

Institut ALS Chang Inc.

(l'Institut ou ALS)

(80 minutes)

Institut ALS Chang Inc.

(l'Institut ou ALS) [a]

(80 minutes)

« L'épreuve du Jour 3 dure quatre heures et est formée d'une série de brèves études de cas (de 75 à 90 minutes chacune) qui visent à évaluer exclusivement les compétences liées aux modules communs. Les études de cas de l'épreuve du Jour 3 donnent des occasions supplémentaires aux candidats de démontrer la **profondeur** de leurs compétences en Information financière et en Comptabilité de gestion et l'ensemble des occasions de démontrer l'**étendue** de leurs compétences dans tous les domaines de compétences techniques. Le temps alloué pour répondre aux études de cas est limité et chacune d'elles couvre plusieurs domaines de compétences. » [c]

---

a L'abréviation « ALS » fait référence au type de cours enseignés. Utiliser cette abréviation pour désigner « l'Institut » n'est donc pas tout à fait exact – subtil en effet –, mais serait acceptable dans les circonstances.

b Il est fortement suggéré de simuler l'étude de cas ASL en 80 minutes avant de lire la présente annexe. L'énoncé du cas, ainsi que sa solution, est entre autres disponible sur le site de l'éditeur : www.ABplusPublications.com.

c Comptables professionnels agréés (CPA) du Canada, Rapport du Jury d'examen sur l'Examen final commun des CPA de septembre 2022, page 17.

ÉTUDE DE CAS (80 minutes) a

29 janvier 2016

L'Institut ALS Chang inc. (l'Institut) est une société à capital fermé qui présente son information financière selon les Normes comptables pour les entreprises à capital fermé (NCECF). Situé au centre-ville de Toronto, l'Institut propose des programmes et des cours d'anglais langue seconde (ALS) aux personnes qui souhaitent améliorer leur anglais à des fins personnelles ou professionnelles.

L'Institut est un client d'audit du cabinet comptable Aderman s.r.l. (Aderman) depuis de nombreuses années, et il fait l'objet d'un audit annuel visant à rassurer son président et actionnaire unique, Michael Chang. Nous sommes le 29 janvier 2016. Vous, CPA, avez été convoqué au bureau d'Evelyn Aderman, associée responsable de l'audit. Elle vous informe que vous dirigerez la mission d'audit de l'Institut pour l'exercice clos le 31 décembre 2015. b

2 types
- classe
- ligne

R

Evelyn vous dit : « L'Institut a eu une année chargée. En octobre, il a commencé à offrir des cours en ligne, ce qui constitue un changement important par rapport à ses cours en classe traditionnels. Voici un compte rendu de mon entretien avec Michael Chang, qui donne des renseignements sur les nouveaux cours en ligne c (Annexe I). Veuillez préparer un mémo présentant votre analyse de toutes les questions d'information financière découlant de ce changement. d Vous devez tenir compte de l'incidence de ce changement sur l'évaluation des risques, le seuil de signification et la stratégie pour l'audit de l'exercice considéré.

D1 CTB
D2 audit

point de mire → nouveaux cours en ligne

« L'Institut étant rentable depuis un certain nombre d'années, Michael envisage différents moyens de faire croître davantage l'entreprise. Il se demande si l'Institut devrait offrir plus de cours en ligne ou plus de cours en classe traditionnels. Il nous demande de faire une évaluation quantitative et qualitative des deux possibilités (Annexe II). Je me servirai de cette information pour préparer ma rencontre avec lui la semaine prochaine. e Vous devez aussi tenir compte de toutes les répercussions possibles sur le plan de la stratégie et de la gouvernance. »

D3 choix
↓
2 aspects
↙ ↘
quant qual

strat
gouv
D4

a Au fil de la lecture, les demandes du cas sont surlignées en vert alors que les informations clés sont surlignées en jaune. Les commentaires qu'un candidat pourrait écrire sur la copie papier du cas sont en bleu.
Puisque les annotations ne servent qu'au candidat, les mots et expressions sont abrégés : « D... » (Demande #), « CTB » (comptabilité), « R » (risque d'audit), « F/E » (fin d'exercice), « quant » (quantitatif), « qual » (qualitatif), « strat » (stratégie), « gouv » (gouvernance), « AV » (avantage), « INC » (inconvénient), « R+D » (recherche et développement), « FISC » (fiscalité), etc.

b Il est utile de se situer dans le temps en relevant les dates. Sommes-nous AVANT ou APRÈS la fin d'exercice?

F/E	aujourd'hui
↓	↓
31 déc 15	29 janv 16

c NOUVEAU? Cela doit attirer votre attention. Comme il s'agit d'un renouvellement de mandat, il faut essentiellement s'attarder sur ce qui a changé depuis le dernier exercice.
D'ailleurs, les trois dernières lignes du paragraphe décrivant la demande « comptabilité » et la demande « audit » font expressément référence à l'influence de ce CHANGEMENT.

d La demande précise « les questions... ». Il y en aura au moins deux, à déterminer au fil de la lecture.
Trois questions? Dans un court cas multidisciplinaire, c'est plutôt rare.

e Cette phrase vient préciser À QUI s'adresse le mémo demandé; mémo destiné à Evelyn, associée responsable de l'audit. Vous serez ainsi plus à l'aise d'exprimer votre pensée sur la légitimité du projet, ou encore, sur la façon dont Michael Chang gère ALS, advenant la pertinence de ce genre de remarques eu égard aux demandes.

ANNEXE I a

COMPTE RENDU DE L'ENTRETIEN AVEC MICHAEL CHANG, PRÉSIDENT DE L'INSTITUT

Résultats annuels

Selon les résultats préliminaires de l'exercice clos le 31 décembre 2015, les produits de l'Institut s'élèvent à 3,7 millions $, et son bénéfice avant impôts à 750 000 $. seuil

Nouveaux cours en ligne b

R → nouveaux cours en ligne

3 mois

En octobre 2015, l'Institut a lancé quatre cours en ligne. Les étudiants y accèdent par l'entremise d'un lien sur le site Web de l'Institut, lequel les redirige vers un site externe. Les cours en ligne s'appuient sur des documents écrits ainsi que des fichiers audio et vidéo. Chaque cours comporte 8 modules, qui se terminent chacun par un court test qui doit être réussi pour passer au module suivant. Une attestation de réussite est remise aux étudiants qui terminent les 8 modules.

Le contenu des cours en ligne est similaire à celui des cours pour débutants donnés en classe. Les cours en classe se donnent généralement sur 8 semaines, à raison d'un module par semaine. Les cours en ligne permettent quant à eux aux étudiants de suivre chaque module à leur propre rythme. Pour chaque cours suivi, les étudiants reçoivent un nom d'utilisateur et un mot de passe valides pour 90 jours. Les étudiants ont alors accès à tout le matériel didactique du module en cours et des modules déjà suivis, et ils peuvent demander l'aide d'un tuteur en ligne pendant toute la durée du cours. Une fois les 90 jours écoulés, ou plus tôt si le cours est terminé, les étudiants n'ont plus accès au matériel didactique, le cours étant alors considéré comme « échu ».

R → nouvelles modalités du système

Le processus d'inscription aux cours en ligne est le même que pour les cours en classe, et les droits d'inscription sont payés à l'avance sur le site Web de l'Institut.

Les étudiants peuvent s'inscrire aux cours en ligne en tout temps et ils obtiennent aussitôt leur nom d'utilisateur et mot de passe. Les droits d'inscription de 150 $ par cours en ligne ne sont plus remboursables dès que l'étudiant accède au cours une première fois.

---

a Il faut garder en tête que les demandes sont mentionnées sur la première page, mais que leur contenu reste à définir. Quelles sont les questions comptables à analyser? Quels sont les facteurs de risque d'audit? Quels sont les éléments pouvant caractériser ou distinguer les deux possibilités de croissance envisagées? Il faut donc annoter le texte des annexes avec efficience, en fonction des demandes, afin de déterminer les aspects (ou sujets) à discuter.

b Cette première page de l'Annexe I sert, entre autres à vous expliquer les deux types de formation. Bien que vous sachiez qu'il faut essentiellement s'attarder sur l'impact de l'arrivée des « cours en ligne », faire ressortir les similitudes et les différences facilite votre compréhension du contexte.

cours en classe	cours en ligne
droits d'inscription payés à l'avance	droits d'inscription payés à l'avance
suppose idem cours en ligne?	non remboursable 1er accès au cours
1 cours = 8 modules = 8 semaines	1 cours (8 modules) sur 90 jours

nouveau

Remarque : Le tableau sert pour fins d'illustration seulement; des annotations ciblées peuvent être tout aussi efficaces. L'important est de comprendre ce qui se passe de manière à favoriser la résolution adéquate des diverses demandes. *Partons d'une base solide!*

ANNEXE I (suite)

COMPTE RENDU DE L'ENTRETIEN AVEC MICHAEL CHANG, PRÉSIDENT DE L'INSTITUT

début des cours en ligne : octobre 2015 → 3 mois

CTB quand produits gagnés (D1a)

Statistiques sur les inscriptions et l'achèvement des cours

D'octobre à décembre 2015, il y a eu au total 500 inscriptions aux cours en ligne, réparties uniformément au cours de chacun des mois : 100 en octobre, 150 en novembre et 250 en décembre. Au 31 décembre, tous les étudiants inscrits avaient déjà accédé à leur cours en ligne; 5 étudiants n'avaient pas terminé leur cours à la date d'échéance. Au 31 décembre 2015, le taux d'achèvement des cours non échus était de 80 % pour les étudiants inscrits en octobre, de 30 % pour ceux inscrits en novembre et de 20 % pour ceux inscrits en décembre. [a]

les 500 ↓ NON remb

100	150	250
80%	30%	20%

$

Les états financiers de l'Institut font état de 75 000 $ en produits tirés des cours en ligne. [b]

R → erreur ctb

qual? strat?

Michael a été surpris d'apprendre que bon nombre des étudiants inscrits aux cours en ligne étaient domiciliés à Toronto. [c]

ASL est à Toronto (A3-1)

Frais de développement des cours et de la plateforme en ligne

D3

En janvier 2015, Michael a commandé une étude de marché sur la demande pour des cours d'ALS en ligne. L'étude, qui a coûté 30 000 $, a révélé qu'il y avait une demande importante pour ce type de cours; l'Institut pourrait donc élargir sa clientèle à l'extérieur de Toronto. Au tarif de 150 $ par cours, l'étude prévoyait 400 inscriptions par cours la première année, puis une augmentation annuelle de 40 % pour les années 2 et 3; [d] la demande serait stable par la suite.

AV AV — étude EXTERNE

quant $

Compte tenu des résultats de l'étude, l'Institut a élaboré un plan et un budget détaillés en vue de lancer ses cours en ligne à l'automne. Ses projections de rentabilité étaient fondées sur l'étude de marché, qui prévoyait le recouvrement des frais de développement dans un délai d'un an. Un programmeur contractuel a été engagé pour collaborer avec le concepteur pédagogique et les enseignants de l'Institut à l'élaboration du contenu des cours et au développement de la plateforme informatique connexe pour la diffusion des quatre cours en ligne. [e]

étude INTERNE

D3 à voir

INC mise à jour

---

a Les informations de ce paragraphe, utiles au calcul éventuel des produits non gagnés au 31 décembre 2015, sont présentées pour trois mois : octobre, novembre et décembre. Nul doute qu'il faudra effectuer le calcul mois par mois pour aboutir sur un solde cumulé.

b La différence entre les produits réellement gagnés au cours de l'exercice 2015 (montant à calculer) et le montant de 75 000 $ comptabilisé dans les états financiers d'ALS à titre de Produits devra faire l'objet d'une écriture d'ajustement.

c Cette information quant au domicile des étudiants inscrits aux cours en ligne n'est pertinente, ni pour l'analyse des questions comptables ni pour la planification de l'audit. Toutefois, avant de passer outre et de continuer la lecture, il faut aussi se demander si cela peut être utile à l'une ou l'autre des autres demandes, telles l'analyse des possibilités de croissance (D3) ou les répercussions sur le plan de la stratégie et de la gouvernance (D4).
On apprend d'ailleurs, juste un peu plus loin, que l'étude de marché révèle qu'ALS pourrait élargir sa clientèle à l'extérieur de Toronto, ce qui ne semble pas être le cas en ce moment. Ce genre « d'incohérence » doit être relevé, car cela permettra de rehausser la qualité de l'analyse des questions de comptabilité de gestion (D3) et de stratégie et gouvernance (D4).

d Les informations de ce paragraphe, utiles à l'évaluation des deux possibilités, sont présentées pour trois ans. Nul doute que des calculs pertinents devraient être effectués sur trois ans.

e Bien que l'on s'en doute déjà un peu, c'est au début de la page suivante que l'on peut vraiment identifier la deuxième question comptable : comptabilisation des frais de développement.

ANNEXE I (suite) 29 janvier 2016

COMPTE RENDU DE L'ENTRETIEN AVEC MICHAEL CHANG, PRÉSIDENT DE L'INSTITUT

CTB R+D (D1b)

Les coûts engagés se détaillent comme suit : a

Étude de marché	janvier 2015 (A5-4)	30 000 $
Programmation – Développement de la plateforme informatique		75 000
Imputation du salaire du concepteur pédagogique et des enseignants – Élaboration des cours		105 000
Coûts de production – Contenu des cours en ligne		35 000
Coûts de marketing		10 000
Hébergement Web et soutien informatique*	6 $ x 500	3 000
		258 000 $

D3 $

* L'hébergement Web et les services de soutien informatique pour les cours en ligne sont externalisés et coûtent 6 $ par inscription à un cours. Ces coûts continueront à être engagés en fonction du nombre total d'étudiants inscrits. récurrent

Au 31 décembre 2015, l'Institut a comptabilisé un actif de 258 000 $ relativement à ses cours en ligne et à la plateforme informatique connexe. Michael se réjouit de voir la valeur de ces cours inscrite au bilan, car il est d'avis que ceux-ci constituent un actif important et précieux. b

R → erreur ctb

FISC frais dév D5

Michael a déjà fait confirmer par l'Agence du revenu du Canada que ces coûts ne sont pas admissibles au programme de crédits d'impôt pour la recherche scientifique et le développement expérimental (RS&DE). Toutefois, il se demande si certains des frais de développement des cours en ligne et de la plateforme informatique connexe c peuvent être déduits dans la déclaration fiscale ou si une déduction pour amortissement peut être demandée. d

---

a Lorsque vous examinez la liste des coûts engagés par ASL, vous pouvez d'ores et déjà vous douter que certains coûts pourraient être capitalisables et d'autres pas.
Aussi, avec un peu d'expérience sur le sujet des frais de développement, vous apprendrez rapidement que les termes « étude de marché », « marketing » et « soutien » sont à relever. De même, le fait que ce soit un coût unique (investissement) ou récurrent (opérationnel) peut faire une différence.

b Naturellement, vous le savez déjà, le client (Michael) n'a pas toujours raison! Il faudra donc analyser si ces frais remplissent les conditions de la capitalisation. Puisque le montant de 258 000 $ est inscrit à l'actif, vous partirez de là pour effectuer l'écriture d'ajustement.

c Ce n'est pas évident à la lecture du texte – dans le temps limité alloué au cas de surcroît – de voir qu'une distinction se profile entre les frais de développement *1-* des cours en ligne et *2-* de la plateforme informatique. Quoique reliés par le contexte, il s'agit de deux actifs distincts.

d On vient de recevoir une demande en sus de ce qu'annonçait la première page du cas. Michael, votre client, pose une question fort légitime à laquelle il faudra certainement répondre. On devra vraisemblablement mentionner le traitement fiscal de chacun des coûts engagés, un à la suite de l'autre.

ANNEXE II

POSSIBILITÉS DE CROISSANCE [a]

FUTUR D3

$ choix

Michael a indiqué que l'Institut a budgété 300 000 $ [b] pour financer sa croissance et que deux possibilités sont envisagées.

Ajout de cours en ligne

Michael est très satisfait des produits tirés des quatre cours en ligne, qui ont légèrement excédé les prévisions de l'étude de marché au premier trimestre. AV

La formule « en ligne » ne convient pas à tous les cours, mais Michael croit que six autres cours de l'Institut pourraient être adaptés pour diffusion en ligne, tout en continuant d'être offerts en classe. Les frais de développement de chacun des cours seraient comparables à ceux engagés pour les cours élaborés en 2015. Michael espère que les cours ne devront être mis à jour qu'aux cinq ans.

$ prorata — « espère » AV-INC quand, $

Les droits d'inscription seraient maintenus à 150 $ par cours, et Michael croit que le nombre d'inscriptions et le taux de croissance projetés par l'étude de marché s'appliqueraient à ces nouveaux cours.

? — $ (A5-4)

Ajout de cours en classe

En 2015, l'Institut a offert 12 sessions de 40 cours en classe, pour un total de 480 cours. Chacun de ces cours s'étalait sur 8 semaines et coûtait 400 $ en droits d'inscription. Chaque salle de classe peut accueillir 20 étudiants au maximum.

impact cours ligne ↓ Toronto

Par le passé, la plupart des classes étaient remplies à 100 %. Toutefois, pour la première fois depuis des années, les taux d'inscription aux cours pour débutants se sont établis en moyenne à 80 % en novembre et en décembre; et, à ce jour, ils sont similaires en janvier. Michael s'interroge sur la cause de cette baisse du nombre d'inscriptions et se demande si le déclin se poursuivra. Si les droits d'inscription sont maintenus à leur niveau actuel, Michael croit que la demande du marché est telle que l'Institut pourrait offrir jusqu'à 80 cours de plus par année et que ces cours feraient salle comble.!!!

INC strat? (D3-D4) — INC 80% — pas sûr

$

L'ajout de cours en classe nécessiterait la location d'un local supplémentaire. Le seul local disponible dans l'édifice qui abrite actuellement l'Institut doit être loué pour trois ans, au coût de 8 500 $ par mois. Ce local permettrait la tenue de 160 cours supplémentaires par année, mais Michael ne croit pas que la demande soit suffisante pour soutenir une telle offre pour le moment. Les coûts supplémentaires de la rémunération des enseignants s'élèveraient à 2 400 $ par cours. [c]

INC 50% — AV potentiel

---

a Comme nous savons qu'il faudra faire une évaluation quantitative ET qualitative des deux projets, il faut dès la première lecture penser à faire ressortir les données financières (en nombre et en dollar) ainsi que les « AV » et les « INC » qui pourraient être soulevés dans la solution.

b Ce montant budgété de 300 000 $ pourra servir à bonifier l'analyse qualitative (D3).

c Comme ASL fournit déjà des cours en classe, l'ajout de « nouvelles classes » devra être évalué en fonction du concept de la marginalité. Rentrées de fonds supplémentaires? Sorties de fonds supplémentaires? Quel sera l'apport marginal net?

COMMENTAIRES SUR L'ÉTUDE DE CAS ALS :

– Les particularités du « contexte » du cas ALS, relevées à la lecture, servent à mieux comprendre ce qui se passe et à bonifier la rédaction de la solution. On peut signaler ces éléments par une autre couleur ou tout simplement les grouper succinctement au même endroit. Les particularités du contexte ainsi relevées sont régulièrement utiles, mais pas toujours. Il faudra utiliser ces informations à bon escient, lorsque la situation s'y prête, possiblement à plus d'un endroit dans la réponse.

POINTS CLÉS DU CONTEXTE

société fermée → NCECF NOW : 29 janv 16 – F/E : 31 déc

client d'audit → renouvellement de mandat (seuil 5 % x 750 = 38)

président et actionnaire unique : Michael Chang

→ prévisions optimistes? (ex. salle comble A7-6)

activités → cours d'anglais

→ enseignement en ligne en croissance

→ mises à jour 5 ans?

impact des cours en ligne sur les cours en classe?

revoir Partie 1 p. 7

Remarque : Il s'agit d'un court aide-mémoire ne faisant pas partie de la solution comme telle. Le contenu peut donc être davantage abrégé.

– La préparation d'un plan de réponse est fortement recommandée, mentalement ou brièvement par écrit, à votre guise. L'objectif est de prendre du recul et de planifier approximativement le temps pouvant être accordé à chaque demande. Disons tout d'abord qu'environ 20 % du temps de la simulation est alloué à la lecture, ce qui laisse environ 64-65 minutes à la rédaction de la solution. Dans l'hypothèse où les Compétences (Occasions d'évaluation) nécessiteraient un travail comparable ou seraient d'un même poids à l'évaluation, cela laisserait une moyenne de 8 minutes [(80-16)/8] à chacune d'entre elles.

– Interrogeons-nous ensuite sur le contenu des demandes afin d'identifier celles requérant « un peu » plus ou « un peu » moins de temps. Je pèse mes mots ici. Ce ne sera pas 12 minutes pour l'une et 4 minutes pour l'autre. Les questions de comptabilité financière, qui occupent une position significative dans notre programme de formation, requièrent régulièrement « un peu » plus d'attention. Il en est de même des calculs (D1 et D3) qui, en raison de leur nature, exigent un minimum de temps de réalisation. Comme « rien ne se perd, rien ne se crée », il faudra ajuster à la baisse le temps à accorder à d'autres demandes, plus rapidement répondues ou de nature qualitative.

EXEMPLE DE PLAN DE RÉPONSE – CAS ALS

		minutes	
	Lecture et plan		16
D1	Comptabilité - produits	10	
	Comptabilité - R+D	8	
D2	Audit – risques	8	
	Audit – seuil et stratégie	8	
D3	Gestion – quantitatif	10	
	Gestion – qualitatif	8	
D4	Stratégie & Gouvernance	6	
D5	Fiscalité	6	64
			80

– Et finalement, assurons-nous de traiter les diverses demandes dans un ordonnancement logique permettant une meilleure intégration. Le redressement de l'information financière précède la discussion sur le risque d'audit et le seuil de signification afin de pouvoir, respectivement, considérer les erreurs relevées en tant que facteur de risque et calculer le seuil à partir d'un chiffre ajusté. En outre, je crois qu'effectuer l'analyse quantitative d'un projet de croissance en premier lieu facilite l'identification des points clés de l'analyse qualitative.

Institut ALS Chang Inc.

(l'Institut ou ALS)

(80 minutes)

SOLUTION PROPOSÉE

(Guide de correction)

a

« Les occasions d'évaluation sont fondées sur la question suivante : « Que ferait un CPA compétent dans ces circonstances? » Pour obtenir le statut de réussite, les candidats doivent traiter les questions de l'étude de cas qui sont jugées importantes. » b

a Dans cette solution proposée, les demandes sont surlignées en vert pendant que les informations clés en provenance de l'étude de cas sont surlignées en jaune. Les concepts théoriques utilisés dans cette solution officielle sont quant à eux surlignés en orange. Les commentaires qu'un candidat ou qu'un professeur pourrait formuler au fil de l'analyse de ce guide de correction sont écrits en bleu. Les observations des correcteurs qui procéderaient à la correction de la réponse d'un candidat sont écrits en rouge.

Plusieurs abréviations sont utilisées afin d'alléger les annotations : « CONC » (conclusion), « REC » (recommandation), « ÉF » (états financiers), « DT/CT » (débit/crédit), « insc » (inscription), etc.

Toute réponse est classée dans l'une des cinq catégories suivantes pour chaque occasion d'évaluation (OÉ) (ou compétence) du guide de correction : Non traité (NT), Compétence minime (CM), En voie vers la compétence (EVC), Compétent (C) (seuil de réussite) et Compétent avec distinction (CD).

b Comptables professionnels agréés (CPA) du Canada, Rapport du Jury d'examen sur l'Examen final commun des CPA de septembre 2022, page 2.

GUIDE DE CORRECTION
INSTITUT ALS CHANG INC.
OCCASIONS D'ÉVALUATION

À : Evelyn Aderman, associée

De : CPA, chef de mission

Objet : Institut ALS Chang inc. (l'Institut)

DATE?
Personnellement, j'inscris la date afin de m'assurer de bien situer mes analyses.

Le mémo ci-joint contient mon analyse des questions d'information financière pour 2015 ainsi que de leur incidence sur la planification de l'audit de fin d'exercice de l'Institut. Vous y trouverez également mon analyse des deux possibilités envisagées pour la croissance de l'Institut.

Ce premier paragraphe est une introduction qui ne contient aucune idée pertinente ou nouvelle.

Salutations cordiales, CPA

DEMANDE : « analyse de toutes les questions d'information financière découlant de ce changement »

Occasion d'évaluation n° 1 (Profondeur)	*(1.2.2)*
Le candidat analyse les questions de comptabilisation des produits.	
Le candidat montre sa compétence en Information financière.	

L'Institut présente son information financière selon les Normes comptables pour les entreprises à capital fermé (NCECF). Le traitement comptable des nouveaux cours en ligne offerts par l'Institut en 2015 semble être erroné à certains égards. Il en est question ci-dessous. a

intro inutile

Comptabilisation des produits

Nouveaux cours en ligne

QUESTION CLÉ ↓ EXÉCUTION

L'Institut a comptabilisé en produits tous les droits découlant des inscriptions à ses cours en ligne d'octobre à décembre 2015, totalisant 75 000 $ (500 × 150 $). La question est de savoir s'il y a eu ou non exécution par l'Institut en regard des droits découlant des cours en ligne, afin de déterminer s'ils devraient être comptabilisés au 31 décembre. b

ASPECT CLÉ QUAND droits sont gagnés ↓ ajustement 31 décembre

Les produits relatifs aux cours en ligne doivent être comptabilisés conformément au paragraphe .04 du chapitre 3400 du *Manuel de CPA Canada – Comptabilité*, qui indique ce qui suit : *« Les produits provenant de la vente de biens ou de la prestation de services doivent être constatés lorsque les exigences relatives à l'exécution énoncées aux paragraphes 3400.05 et .06 sont satisfaites, pourvu qu'au moment de l'exécution le recouvrement final soit raisonnablement sûr. »* c

---

a Outre l'entête Date, À, De, Objet – dont le contenu pourrait être davantage abrégé – le texte présenté jusqu'à ce point n'est pas nécessaire à la solution. Vous le savez, la solution « officielle » d'une étude de cas est présentée en bonne et due forme. Quand la tâche consiste à résoudre un cas dans un temps limité, on doit aller plus directement au but.

b L'aspect clé à analyser est clairement ressorti au départ, ce qui favorise l'analyse directe de la problématique soulevée. Ce paragraphe est un peu long. Je le rappelle, il faut minimiser les répétitions du cas. Toutefois, bien comprendre ce qui se passe actuellement chez ALS, avant tout ajustement aux états financiers, est indispensable.

c Ce paragraphe est d'une utilité limitée, tout simplement parce que le point critique ou l'aspect clé à analyser ne s'y trouve pas. Dans le cas ALS, le critère « recouvrement sûr » est définitivement rempli, car les droits d'inscription sont payés à l'avance. Certes, un candidat pourrait le mentionner dans sa réponse et ce ne serait pas mauvais en soi. Il faut toutefois comprendre que le « cœur » de la problématique n'est pas sur cet aspect-là.

Toujours selon le *Manuel* :

3400.06 « Dans le cas de la prestation de services et des contrats à long terme, on doit utiliser soit la méthode de l'avancement des travaux, soit la méthode de l'achèvement des travaux, selon celle qui traduit le mieux la relation entre les produits et le travail accompli. L'exécution doit être considérée comme achevée lorsque la mesure de la contrepartie découlant de la prestation des services ou de l'exécution du contrat à long terme est raisonnablement sûre. » a

CONCEPT relation entre les produits gagnés ET le travail accompli

3400.07 « L'exécution est considérée comme achevée au sens des paragraphes 3400.05 et .06 lorsque tous les critères suivants sont réunis :

a) il y a des preuves convaincantes de l'existence d'un accord;

b) la livraison a eu lieu ou les services ont été rendus;

c) le prix que l'acheteur doit payer au vendeur est déterminé ou déterminable. » b

immédiatement?

Comme l'Institut a comptabilisé en produits les droits relatifs à la totalité des inscriptions, la direction estime probablement que l'exécution est achevée même si les élèves n'ont pas tous achevé leurs cours. c

CONCEPT exécution achevée

lien théorie et cas

On pourrait en effet faire valoir que l'exécution est achevée, car la mesure de la contrepartie découlant de la prestation des cours en ligne sur une durée maximale de 90 jours est raisonnablement sûre, ce qui répond aux exigences du paragraphe 3400.06. En particulier, l'Institut pourrait faire valoir que le coût de la prestation réside essentiellement dans l'élaboration du cours et dans sa mise à la disposition des élèves, ce qui est déjà fait pour tous ceux qui ont eu accès aux cours. c

CONCEPT rattachement des charges aux produits

→ Pour que notre analyse soit complète, nous devons tenir compte des critères relatifs à l'achèvement de l'exécution énoncés au paragraphe 3400.07 des NCECF :

phrase inutile

OUI *a) il y a des preuves convaincantes de l'existence d'un accord*; ce critère semble respecté du fait de l'inscription de l'élève, les documents d'inscription en ligne constituant des preuves convaincantes de l'existence d'un accord.

OUI *c) le prix que l'acheteur doit payer au vendeur est déterminé ou déterminable*; ce critère semble également respecté, étant donné que le prix est fixé à 150 $ par cours, somme qui cesse d'être remboursable dès que l'élève accède au cours. d

À VOIR C'est le critère *b) la livraison a eu lieu ou les services ont été rendus* qui peut prêter à interprétation et qui doit être examiné plus attentivement. e

jugement

---

a Bien qu'il me semble plus approprié d'utiliser 3400.07, une analyse selon 3400.06 concernant les méthodes avancement/achèvement des travaux (prestation de services) est également acceptable.

b Vous le savez déjà, les extraits du *Manuel de CPA Canada* ne sont pas évalués comme tels. Ils vous permettent d'avoir sous les yeux les différents aspects à discuter, mais l'action de « copier-coller » le *Manuel* ne fait pas partie de l'évaluation.

Savoir intégrer les « concepts clés » du *Manuel* aux indices du cas

Vous remarquerez d'ailleurs que c'est ce que fait la solution un peu plus loin.

c Il se peut fort bien que l'on ne retienne pas cette méthode qui comptabilise les produits dès la réception des droits d'inscription. Toutefois, puisqu'il s'agit d'une méthode envisagée par le client, et qu'elle puisse se justifier dans les circonstances, il est pertinent d'en discuter.

d L'application des critères théoriques *a)* et *c)* au cas, en simultané, est un exemple de rédaction à suivre. Le texte de la solution reprend, avec pertinence, les mots-clés des concepts à appliquer. Remarquons également la position claire indiquant que le critère est rempli, ou non, et pourquoi.

e L'analyse du critère *b)* est importante. Pourquoi? Parce qu'il est nécessaire d'exercer son jugement. La profondeur de l'analyse (nombre d'idées émises) sera en conséquence. Les critères précédents (*a)* et *c)*) sont corrects, mais faciles à régler. La réponse est évidente et plus courte.

L'Institut est obligé de garder le cours accessible aux élèves jusqu'à ce qu'ils l'aient terminé, à concurrence d'un maximum de 90 jours. L'Institut offre également un service de tuteur en ligne, qu'il est obligé de fournir pendant toute la durée du cours. Il en résulte des coûts supplémentaires, pour les services du tuteur, mais aussi pour l'hébergement Web et le soutien externalisés. En outre, il se peut que d'autres interventions soient requises de la part de l'Institut, par exemple pour régler des problèmes administratifs, répondre à des demandes de renseignements des élèves et délivrer les attestations de réussite du cours. a

CONCEPT obligations à remplir

à l'achèvement?

Compte tenu des obligations de l'Institut, il serait difficile de soutenir que le service a été entièrement rendu, c'est-à-dire jusqu'à ce que l'élève ait terminé son cours ou jusqu'à ce que le délai de 90 jours soit écoulé. b

avancement?

CONC

Le recours à la méthode de l'avancement des travaux conformément au paragraphe 3400.06 des NCECF permet un meilleur rattachement des produits comptabilisés aux travaux réalisés ou, en l'occurrence, aux obligations à remplir par l'Institut. Dès lors, les droits devraient plutôt être reportés lors de l'inscription et comptabilisés uniformément sur la période de 90 jours durant laquelle le cours est accessible à l'élève. c Toutefois, si l'élève termine le cours plus tôt, comme c'est souvent le cas, le montant total des produits reportés doit être alors comptabilisé, car l'Institut n'a plus d'obligation future à respecter.

CONCEPT rattachement des produits aux travaux

CONCEPT obligations à remplir

phrase inutile

En conséquence, il est nécessaire d'apporter aux produits comptabilisés par l'Institut un redressement qu'on détermine de la façon suivante :

	Octobre	Novembre	Décembre	Total
N^bre d'inscriptions	100	150	250	500
N^bre de cours arrivés à expiration	(5)	0	0	(5)
N^bre de cours non expirés	95	150	250	495
N^bre de cours terminés (80 %, 30 %, 20 %)	(76)	(45)	(50)	(171)
N^bre de cours qui se poursuivent	**19**	**105**	**200**	**324**

Comme l'utilité du calcul est d'obtenir le nombre de cours par mois, la colonne Total n'est pas utile.

Du fait que les inscriptions sont réparties uniformément au cours d'un mois et que chaque mois compte une trentaine de jours, j'ai utilisé le 15e jour du mois comme estimation de la date d'inscription. d

(Remarque : L'Institut devrait déterminer la date d'inscription exacte.)

a Les trois exemples énoncés dans cette dernière phrase ne sont pas mentionnés directement dans le cas. Toutefois, le candidat qui s'adapte au contexte particulier d'ALS pourra visualiser ce qui se passe dans une entreprise qui offre des cours en ligne. ***Faire preuve de sens pratique.***

b On rejette d'emblée la méthode de l'achèvement des travaux, qui ne refléterait pas adéquatement la manière dont les services sont rendus. *Ce serait un excès de prudence!* Pourrait-on envisager de comptabiliser les produits à la réception des droits comme l'a fait ALS (A11-3 et 4)? Non, la comptabilité d'exercice est un fondement de base. *Ce serait un excès de zèle!*

c À mon avis, l'inscription des produits selon le rythme des modules suivis (pour chacun des cours) serait également, et même davantage acceptable. Une fois la période de 90 jours écoulée, tout solde encore reporté – relié aux cours non suivis – serait alors viré aux produits.

d Il s'agit d'une hypothèse de travail raisonnable, facile à travailler et brièvement justifiée. Au tableau de la page A13, d'un mois à l'autre, on ajoute tout simplement 30 jours dans l'estimation du nombre de jours restants. Il serait également adéquat d'utiliser le chiffre exact, soit 31, 30 et 31 jours, respectivement pour les mois d'octobre, de novembre et de décembre. Retenons que c'est la logique du calcul qui compte et non la détermination du nombre exact de jours.

objectif du calcul

Les produits qui devraient demeurer reportés au 31 décembre 2015 s'établissent comme suit : a

+ 30 jours

	Octobre	Novembre	Décembre	Total
Nbre de cours qui se poursuivent	19	105	200	324
Estimation du nombre de jours restants	15 sur 90 (16,67 %)	45 sur 90 (50 %)	75 sur 90 (83,33 %)	
Coût par cours	150 $	150 $	150 $	
Solde reporté	(19 × 15/90 × 150 $) = 475 $	(105 × 45/90 × 150 $) = 7 875 $	(200 × 75/90 × 150 $) = 25 000 $	33 350 $

Le calcul des % de jours restants est redondant puisqu'il est repris juste après dans le calcul du Solde reporté.

(19 x 15/90) = 16,67 %

A12

produits inscrits en fonction du nombre de jours écoulés

CONC/REC

Ainsi, il faudrait reporter 33 350 $ de droits relatifs aux cours en ligne et comptabiliser le solde de 41 650 $ (75 000 $ - 33 350 $) en produits au 31 décembre 2015. b

c

19 x 15/90 x 150 = 475
105 x 45/90 x 150 = 7 875
200 x 75/90 x 150 = 25 000
33 350

a Il est important de préciser le but du calcul. Ici, on peut calculer les produits reportés (non gagnés) de 33 350 $ ou les produits gagnés de 41 650 $. L'écriture d'ajustement sera la même :

Produits (Droits d'inscription des cours en ligne)	33 350		(75 000 $ - 41 650 $)
Produits reportés		33 350	

Pour ceux qui ont de la difficulté avec les chiffres ou pour ceux qui ne comprennent pas très bien la solution proposée, il est parfois utile de réconcilier les résultats obtenus d'une autre manière, en effectuant un calcul alternatif. Voici le calcul des produits gagnés :

5 cours arrivés à expiration + 171 cours terminés = 176 cours x 150 $ =	26 400 $
Octobre : 19 cours qui se poursuivent x 75/90 jours passés x 150 $ =	2 375
Novembre: 105 cours qui se poursuivent x 45/90 jours passés x 150 $ =	7 875
Décembre : 200 cours qui se poursuivent x 15/90 jours passés x 150 $ =	5 000
Produits gagnés au 31 décembre 2015	**41 650 $**

b La conclusion est claire et présente l'impact, soit l'ajustement aux états financiers : le poste débiteur, le poste créditeur ainsi que le montant.

c Les calculs de la solution proposée sont bien présentés, en bonne et due forme. Voici un exemple de calcul des produits reportés regroupant l'ensemble des deux tableaux :

	A	B	C	D	E	F	G	H	I
1		insc	cours terminés		cours non terminés (B-C)	# jours restants	solde reporté		...
2	oct	100	81	=5+(0,80*95)	19	15/90	475	=E2*F2*150	
3	nov	150	45	=0,30*150	105	45/90	7 875	=E3*F3*150	
4	déc	200	50	=0,20*250	200	75/90	25 000	=E4*F4*150	
5							**33 350**		
...									
			1er tableau (A12)		2e tableau (A13)				

POINTS CLÉS À RETENIR DE L'ANALYSE DE L'OÉ N[0] 1

- Lorsque les chiffres sont fournis, il est indispensable de les utiliser afin d'appuyer ses propos et « ajuster » les postes concernés.
- Lorsqu'il y a plusieurs données financières à considérer pour un calcul, il est utile de prendre du recul pour les structurer avec efficience. Un temps alloué d'environ 10 minutes, ça passe vite!
- Pour mieux diriger les calculs, spécifier dès le départ le poste que l'on vise à ajuster, celui du bilan? ou celui de l'état des résultats?
- Les critères ou les conditions qui sont définitivement satisfaits (*a)* et *b)*) – ou non – nécessitent moins de discussion. C'est lorsque la réponse n'est pas aussi claire, tel le critère du service rendu (*b)*) (critère de performance), qu'il faut analyser la situation avec plus de profondeur en utilisant plus d'un indice du cas.
- Il est souvent utile d'analyser les calculs de la solution proposée afin de les refaire d'une manière plus succincte, pour un même résultat. Il faut constamment chercher à minimiser les pertes de temps.

	En ce qui concerne l'occasion d'évaluation n[0] 1, le candidat doit être classé dans l'une des cinq catégories suivantes :	%	
	Non traité – Le candidat ne traite pas de cette occasion d'évaluation.	0,7 %	
	Compétence minime – Le candidat ne satisfait pas à la norme En voie vers la compétence.	2,8 %	
tentative ↓	**En voie vers la compétence** – Le candidat tente d'analyser les questions de comptabilisation des produits en appliquant les critères de constatation.	18,4 %	pas de calcul ↓
analyse ↓	**Compétent** – Le candidat analyse les questions de comptabilisation des produits et tente de calculer les redressements nécessaires.	76,2 %	tente calcul ↓
C + profondeur	**Compétent avec distinction** – Le candidat analyse les questions de comptabilisation des produits et calcule avec exactitude les redressements nécessaires.	1,9 %	calcul exact

JUGEMENT PROFESSIONNEL

EXEMPLE DE GRILLE DE CORRECTION ABRÉGÉE – OÉ N[0] 1 [a]

En voie vers la compétence	Compétent	Compétent avec distinction
– application erronée ou incomplète des critères donnant lieu à une conclusion inappropriée OU analyse raisonnable sans calcul ou sans conclusion OU conclusion adéquate et tentative de calcul sans analyse	– application de la théorie au cas pour au moins deux critères INCLUANT celui de l'exécution (performance) – conclusion qu'une partie du 75 000 $ n'est pas gagnée – tentative de calculer le redressement (80-30-20 correct pour les cours terminés) – impact (DT/CT, $)	C bien fait + – application de la théorie au cas pour au moins trois critères ET aborde la méthode de l'avancement des travaux – calcul raisonnable incluant les cours terminés ET non terminés (peu d'erreurs)

a Inspirée des Commentaires du Jury d'examen et de l'analyse de la solution proposée, cette grille de correction abrégée est un court aide-mémoire pouvant guider tout correcteur assigné à la correction du cas l'Institut (ALS). La grille complète est disponible sur le site de l'éditeur.

– *Analyser* : « Examiner une situation en dégageant chacun de ses éléments constitutifs et en étudiant les interrelations entre ces derniers, de manière à en relever les caractéristiques essentielles. » a Il faut donc chercher à faire ressortir les points clés requérant davantage l'exercice du jugement dans l'analyse.

– ***« Comment tenir compte des calculs à effectuer dans l'évaluation de cette OÉ? »*** Il faut se rappeler que l'objectif premier de cette OÉ est l'analyse d'une question comptable. Certes, le calcul des produits non gagnés qui seront reportés au-delà du 31 décembre 2015 est à faire pour appuyer les propos, mais il n'a pas à être parfait.

Au niveau C, il faut « tenter de », ce qui signifie que ce niveau reconnaît les calculs incomplets. Par exemple, un calcul se limitant aux cours non terminés (1er tableau, A12), qui utilise les nombres de 19, 105 et 200 cours, respectivement pour les trois mois à l'étude, et les multiplient par 150 $ l'unité (cumulatif 48 600 $), serait une tentative raisonnable. Il ne me paraît pas nécessaire d'avoir tenu compte des 5 cours arrivés à expiration (cumulatif 48 750 $, voir exemple A16).

Remarque : Il est plus important de montrer sa compréhension du concept des droits d'inscription/produits gagnés (ou non) que d'effectuer un calcul exact.

– ***« Comment expliquer que seulement 1,9 % des candidats soient au niveau CD? »*** Mentionnons tout d'abord que l'obtention du niveau C est généralement visée. Fort souvent, les efforts nécessaires pour obtenir le niveau CD n'en valent pas la peine, en référence à l'analyse coûts-avantages. Ceci étant dit, le niveau CD exige un calcul exact, ce qui requiert du temps. Il faut aussi admettre que les calculs concernant les cours non terminés (2e tableau, A13) ne sont pas si faciles à réaliser. voir Partie 7 p. 97

Et finalement, le niveau CD requiert habituellement une analyse plus approfondie que le niveau C. Lorsqu'il s'agit d'une question comptable, cela signifie bien souvent que davantage de critères doivent être analysés. Bien que le candidat soit apte à le faire, il doit tenir compte du temps alloué à cette OÉ et s'assurer d'accorder à toutes les OÉ qui suivent un temps minimum approprié.

– ***« J'ai utilisé les normes IFRS au lieu des NCECF, suis-je pénalisé? ».*** Je comprends que l'analyse avec l'un ou l'autre de ces référentiels puisse se ressembler et aboutir aux mêmes constats. Toutefois, cela ne répond pas tout à fait à la demande. Dans une telle situation, le niveau d'évaluation n'excède généralement pas EVC.

– ***« Un exemple de réponse au niveau EVC? »***

- Le candidat a conclu que les produits sont gagnés parce que les droits reçus à l'inscription ne sont pas remboursables dès que l'étudiant accède au cours une première fois. Cette conclusion est simpliste. On le sait déjà, un produit encaissé n'est pas nécessairement gagné. Dans la présente situation, la meilleure conclusion – et la plus logique – consiste à reporter une partie des produits.
- Le candidat saute directement à la conclusion de reporter les produits non gagnés sans dire pourquoi. Il faut ANALYSER, même si le traitement comptable approprié paraît évident. Le calcul soutient la conclusion, mais il ne remplace pas la démonstration de l'application des concepts théoriques clés au cas. voir Q9 p. 146
- Le candidat présente une liste des critères qu'il commente trop peu. Écrire « oui », « ok » ou « non » ne suffit pas. Il faut justifier ce genre de conclusion en utilisant les indices du cas.
- Le candidat n'utilise pas les chiffres mis à sa disposition. Il ne peut donc pas terminer son analyse par une écriture d'ajustement appropriée (impact DT/CT).

---

a CPA Canada, Grille de compétences des comptables professionnels agréés, 2020, page 172.

RÉPONSE COMMENTÉE D'UN CANDIDAT – OÉ N° 1

Information financière – Constatation des produits

Réponse d'un candidat – OÉ n° 1

Suggestion : mieux distinguer les extraits du *Manuel* de ton texte. OK plus bas.

Comptabilisation des produits : NCECF 3400

aspect critique bien identifié

Problème : D'octobre à décembre 2015, l'entreprise a offert des cours en ligne offert sur 8 modules et nous devons valider la comptabilisation de ces produits pour déterminer si adéquate.

Constatation : 04 Les produits provenant de la vente de biens ou de la prestation de services doivent être constatés lorsque les exigences relatives à l'exécution énoncées aux paragraphes 3400.05 et .06 sont satisfaites, pourvu qu'au moment de l'exécution le recouvrement final soit raisonnablement sûr. Les cours sont payés avant le commencement donc, déjà recouvert.

Bien. Tu pourrais répéter le concept clé « recouvrement sûr ».

Critère *a)* mal compris. Avoir un accord, c'est détenir une entente entre les parties concernant les services à fournir par ALS et les engagements de paiement du client. Ici, c'est le document d'inscription complété (et payé) qui constitue l'accord.

07 L'exécution est considérée comme achevée au sens des paragraphes 3400.05 et .06 lorsque tous les critères suivants sont réunis :

a) *il y a des preuves convaincantes de l'existence d'un accord; OUI. Les étudiants s'engagent à terminer leur cours en 90 jours.*

b) *la livraison a eu lieu ou les services ont été rendus; La livraison a lieu au fur et à mesure que les services (cours) sont rendus aux étudiants. ICI, le taux d'achèvement des cours non échus était de 80% des étudiants (oct), 30% (nov) et 20% (déc). Le service des cours en ligne n'est pas rendu pour l'ensemble des étudiants.*

c) *le prix que l'acheteur doit payer au vendeur est déterminé ou déterminable. OUI. 150$ par cours payé lors de l'inscription au cours par l'étudiant.* OK

Critère *b)* Performance excellent. Davantage développé que les autres, car c'est le plus critique.

16 Les produits résultant de la prestation de services et de contrats à long terme sont habituellement comptabilisés au fur et à mesure que les services sont rendus ou que les activités prévues au contrat sont menées à terme. Ils le sont soit selon la méthode de l'avancement des travaux, soit selon la méthode de l'achèvement des travaux. Comme l'exécution de la prestation des cours ne réside pas dans un seul acte mais bien par des modules ayant lieu une fois par semaine, on utilise la méthode de l'avancement des travaux pour comptabiliser les produits.

bon lien « théorie » et « cas »

Conclusion exacte et clairement ressortie

DONC, les produits des classes seront constatés au fur et à mesure que les modules sont offerts aux étudiants. Comme on retrouve 500 inscriptions réparties d'octobre à décembre, les produits devront être comptabilisés selon leur % d'achèvement des cours et la différence sera comptabilisée en tant que produits perçus d'avance car le service n'a pas encore été rendu à l'étudiant.

oct : 100*150$*0.80 = 12,000$ en produits et 3,000$ en produits perçus d'avance.

nov : 150*150$*30% = 6750$ en produits et 15,750$ en produits perçus d'avance.

déc : 250*150$*0.20 = 7500$ en produits et 30,000$ en produits perçus d'avance.

TENTATIVE de calcul
– # de jours?
– 5 pas terminés?
↓
OK au niveau C

Conclusion adéquate

Conclusion : Actuellement 75K ont été comptabilisés en produits ICI, on constate qu'on doit retrouver 26,250$ en produits et 48,750$ en produits perçus d'avance.

Produit 48,750
@ Produits perçus d'avance 48,750

Évaluation finale OÉ n° 1 : C (connaissances suffisamment démontrées)

CD? NON. Le critère *a) est* mal appliqué et les calculs sont incomplets.

DEMANDE : « analyse de toutes les questions d'information financière découlant de ce changement »

Occasion d'évaluation n° 2 (Profondeur)	*(1.2.2)*
Le candidat voit et analyse les questions relatives à l'actif incorporel.	
Le candidat montre sa compétence en Information financière.	

ASPECT CLÉ coûts capitalisables? ↓ ajustement 31 décembre

Comptabilisation des cours en ligne à titre d'actif incorporel

Au 31 décembre, l'Institut a comptabilisé dans son bilan un montant de 258 000 $ au titre de ses cours en ligne. Le montant se détaille comme suit :

répétition inutile du cas

Étude de marché	30 000 $	frais de recherche
Programmation – Développement de la plateforme informatique	75 000	frais de développement
Imputation des salaires	105 000	frais de développement
Coûts de production	35 000	frais de développement
Coûts de marketing	10 000	charges
Coûts de soutien mensuel (500 x 6 $)	3 000	charges
	258 000 $ a	

CONCEPT récurrence des frais

CONC

Manifestement, les cours en ligne procurent un avantage futur à l'Institut. La question qui se pose toutefois consiste à déterminer si ces coûts devraient être comptabilisés et évalués dans les états financiers de l'Institut. Michael a indiqué que ces coûts sont actuellement comptabilisés à l'actif. Toutefois, nous n'avons pas établi à quel type d'actif ils pourraient correspondre. b

CONCEPT avantage futur

1er aspect : stocks ou immobilisations?

Les cours en ligne ne répondent pas à la définition des stocks énoncée dans le chapitre 3031, « Stocks », des NCECF, car ils ne sont pas détenus pour être vendus « dans le cours normal de l'activité », ne sont pas en cours de production pour une telle vente et ne revêtent pas la forme de matières ou de fournitures devant être consommées au cours du processus de prestation des services.

CONC

2e aspect : actif incorporel?

Ces éléments devraient plutôt être considérés comme des actifs incorporels dans le bilan de l'Institut, étant donné qu'ils correspondent à un actif non monétaire identifiable (parce qu'ils sont séparables; en effet, ils pourraient très bien être vendus à une autre école) sans substance physique (les cours constituent un bien intellectuel, et non un bien matériel), conformément à la définition énoncée dans le chapitre 3064, « Écarts d'acquisition et actifs incorporels », des NCECF.

CONC

CONCEPT nature du bien

---

a Une fois le titre écrit et la question clairement posée, il est possible de commencer immédiatement la résolution de la problématique en jeu sans rappeler tout le détail du montant de 258 000 $. Le récipient de la solution – en l'occurrence le correcteur – connaît le contenu du cas.
Avant de débuter la solution de la présente question comptable, il faut voir s'il y a lieu de séparer les informations fournies en catégories. Il est fort probable que le traitement comptable des différents coûts présentés ne soit pas le même pour tous. Vous êtes en train de résoudre un cas! Il faut ainsi séparer la période de la recherche (pré-développement), la période du développement et la période de la commercialisation (post-développement).

b La solution présente l'analyse de quatre aspects :
- *1er aspect* : S'agit-il de stocks (3031) ou d'immobilisations (3061/3064)?
- *2e aspect* : S'agit-il d'immobilisations corporelles (3061) ou incorporelles (3064)?
- *3e aspect* : Est-ce que les frais de développement peuvent être capitalisés (3064)?
- *4e aspect* : Doit-on amortir?

Il faut comprendre que le « cœur » de la problématique concerne essentiellement le 3e aspect; un peu moins le 2e aspect. S'interroger sur les 1er et 4e aspects est de moindre importance.

CONC

Par conséquent, les critères de comptabilisation et d'évaluation du chapitre 3064 doivent être appliqués.

3e aspect : actif au bilan?

Selon le paragraphe 3064.21 des NCECF, *« [u]n actif incorporel doit être comptabilisé si, et seulement si :*

a) il est probable que les avantages économiques futurs attribuables à l'actif iront à l'entité; et

b) le coût de cet actif peut être évalué de façon fiable. »

Avant d'entreprendre l'élaboration du cours, l'Institut avait commandé une étude de marché sur la demande de cours en ligne et les tarifs. Les résultats de cette recherche montraient que l'Institut avait raison de penser que ces cours seraient rentables, et justifient par ailleurs la comptabilisation d'un actif incorporel dans le bilan. En outre, l'Institut a élaboré un budget pour la préparation des cours et en a assuré le suivi des coûts séparément.

« demande importante pour ce type de cours » A5-4

CONCEPT nature des frais R? ou D?

Étant donné que les cours sont créés à l'interne, plutôt qu'achetés, d'autres critères de comptabilisation doivent être pris en compte. Le paragraphe 3064.35 des NCECF exige que l'Institut distingue dans la création de ces actifs une phase de recherche et une phase de développement.

Phase de recherche

CONCEPT existence d'avantages futurs

De par leur nature, il est évident que les coûts de 30 000 $ relatifs à l'étude de marché sur les cours en ligne s'apparentent à de la recherche. En conséquence, ces coûts de 30 000 $ doivent être passés en charges, conformément au paragraphe 3400.37 des NCECF. Ces coûts ont été incorrectement comptabilisés par l'Institut et un correctif s'impose. [a]

CONC

En charges OU Capitaliser
↓
Est-ce capitalisable?

Phase de développement

Par ailleurs, l'Institut a le choix de passer en charges les dépenses engagées au cours de la phase de développement, ou de les inscrire à l'actif à titre d'incorporel. Bien que Michael privilégie l'inscription à l'actif des coûts relatifs aux cours en ligne et à la plateforme informatique connexe, ces coûts ne peuvent être inscrits à l'actif que si l'Institut est en mesure de prouver qu'il satisfait aux exigences suivantes du paragraphe 3064.41 des NCECF : [b]

lien préférence client A6-3

OUI *a) faisabilité technique de l'achèvement de l'actif incorporel en vue de sa mise en service ou de sa vente;* l'achèvement du cours est faisable sur le plan technique, car l'Institut a à son service un concepteur pédagogique ainsi qu'un enseignant d'ALS ayant le savoir-faire nécessaire pour adapter le contenu à un enseignement en ligne. Même si l'Institut ne compte pas de programmeur dans son personnel, il doit y avoir à Toronto de nombreux programmeurs contractuels disponibles. [c]

Faire preuve de sens pratique.

OUI *b) intention d'achever l'actif incorporel et de l'utiliser ou de le vendre;* l'intention de l'Institut a toujours été d'offrir le cours en ligne, comme le montre la commande d'une étude de marché et la préparation d'un plan et d'un budget détaillés.

---

a Il est généralement reconnu que le coût des « études de marché » doit être inscrit en charges lorsqu'il est engagé. Personnellement, comme dans la solution proposée, j'analyserais tous les coûts avant de présenter l'écriture d'ajustement (impact DT/CT).

b Il faut regarder si OUI ou NON chacun des critères est respecté en utilisant les faits du cas. Par la suite, une conclusion définitive concernant le traitement comptable sera présentée.

c Il s'agit d'une adaptation réaliste au contexte des activités d'ALS. Le cas mentionne d'ailleurs ceci : « Un programmeur contractuel a été engagé… » (A5-5).

OUI c) *capacité à utiliser ou à vendre l'actif incorporel*; l'Institut existe depuis bon nombre d'années, et il a déjà élaboré un plan de lancement des cours en ligne et développé la plateforme connexe, se donnant ainsi la capacité de vendre ces cours en ligne.

OUI d) *disponibilité de ressources techniques, financières et autres, appropriées pour achever le développement et utiliser ou vendre l'actif incorporel*; l'Institut dispose, comme ressources techniques, d'un concepteur pédagogique et d'un enseignant, et il a été en mesure d'embaucher un programmeur externe pour développer la plateforme informatique et adapter le contenu du cours à une diffusion en ligne. Il dispose également de ressources financières sous la forme des bénéfices non répartis. [a]

concepteur pédagogique

programmeur

OUI e) *capacité à évaluer de façon fiable les dépenses attribuables à l'actif incorporel au cours de son développement*; l'Institut assure un suivi de toutes les dépenses attribuables à la conversion du cours et au développement de la plateforme informatique, y compris l'imputation du temps à l'interne et le coût du personnel contractuel.

OUI f) *façon dont l'actif incorporel générera les avantages économiques futurs probables*; la génération d'avantages économiques futurs a été démontrée par les projections contenues dans l'étude de marché externe, qui indiquent le nombre d'inscriptions par cours en fonction de tarifs déterminés. Ces projections peuvent être combinées aux projections de rentabilité de l'Institut, qui montraient le recouvrement des coûts de développement dans un délai de un an à compter du lancement. [b]

externe

interne

CONC

Dans l'ensemble, l'Institut devrait pouvoir démontrer qu'il répond aux critères requis pour comptabiliser à l'actif les coûts engagés au cours de la phase de développement des cours en ligne et de la plateforme informatique connexe. Les éléments qui composent ces coûts devraient cependant être examinés plus attentivement.

conclusion globale

Du montant de 258 000 $, les seuls coûts admissibles sont ceux qui sont directement attribuables à la création des cours en ligne et de la plateforme informatique connexe, conformément au paragraphe 3064.50 des NCECF. Il est probable que les coûts de programmation de 75 000 $ et les coûts de production de 35 000 $ se rattachent directement aux cours en ligne. Tant que l'imputation de 105 000 $ des salaires du concepteur pédagogique et des enseignants se rattache au temps consacré au développement du contenu en ligne, y compris des documents écrits, des tests et des vidéos, ces éléments pourraient également satisfaire aux critères de comptabilisation à l'actif.

CONCEPT rattachement direct

CONCEPT coûts admissibles

75 + 105 + 35 = 215

CONC

Cependant, les coûts mensuels de 3 000 $ comptabilisés en ce qui a trait à l'hébergement Web et au soutien informatique pour garder le site en ligne ainsi que les coûts de marketing de 10 000 $ ne peuvent être attribués à la préparation des cours. Ils se rattachent plutôt à l'exploitation courante. En conséquence, ces montants doivent être passés en charges.

CONCEPT récurrence

CONC/REC

En gros, l'Institut ne devrait pouvoir comptabiliser à l'actif que 215 000 $ relativement aux cours en ligne. Le montant résiduel de 43 000 $ (258 000 $ - 215 000 $) doit être passé en charges.

---

a Je ne suis personnellement pas très à l'aise avec cette remarque concernant les Bénéfices non répartis qui ne sont assurément pas synonymes de liquidités. J'aurais préféré un commentaire concernant la solidité financière, par exemple, puisqu'ALS existe depuis plusieurs années.

b Ce n'est peut-être pas si évident à la lecture du cas, et vous devrez peut-être y retourner pour confirmer (A5-4 et A5-5), mais il y a deux sources d'information quant aux avantages futurs probables. Naturellement, la source externe est une preuve ou un élément probant plus fiable.

4e aspect : amortir? a

CONCEPT répartition durée de vie

aspect secondaire

L'Institut doit également déterminer la durée de vie utile des cours, notamment si elle est définie ou indéfinie. Si la durée de vie utile des cours est définie, l'actif incorporel devra alors être amorti sur cette durée. Si l'estimation de Michael selon laquelle les cours doivent être mis à jour tous les cinq ans est juste, ces coûts devraient être amortis sur cinq ans. Il faudrait toutefois pousser l'analyse pour s'en assurer. A7-3

POINTS CLÉS À RETENIR DE L'ANALYSE DE L'OÉ N0 2

- *Quand il y a* plusieurs types de coûts, *il faut penser à* considérer leur nature individuelle, pour une analyse complète.
- La solution proposée rapporte tout d'abord chacun des six critères (*a*) à *f*)) à satisfaire pour fins d'inscription à l'actif des frais de développement. Le texte reprend par la suite les mots-clés de chacun d'eux, dans un appariement simultané aux indices de l'étude de cas. Cette façon adéquate de rédiger l'analyse est clairement ressortie par le surlignement en orange et en jaune.
- Pour terminer l'analyse : Ajustement requis (montant et poste(s) DT/CT), en lien aux utilisateurs des états financiers ou à l'un ou l'autre des points clés du contexte, s'il y a lieu. Bien que les NCECF laissent le choix entre passer les dépenses en charges ou porter les dépenses au bilan, on retient cette dernière possibilité puisque Michael est d'avis qu'il s'agit d'un « actif important et précieux » (A6-3).

	En ce qui concerne l'occasion d'évaluation n0 2, le candidat doit être classé dans l'une des cinq catégories suivantes :	**%**	
	Non traité – Le candidat ne traite pas de cette occasion d'évaluation.	1,0 %	
	Compétence minime – Le candidat ne satisfait pas à la norme En voie vers la compétence.	3,8 %	
tente OU calcule ↓	**En voie vers la compétence** – Le candidat prend en considération la NCECF relative à la comptabilisation des actifs incorporels ou détermine le montant à comptabiliser à titre d'actif incorporel.	29,5 %	
analyse ET calcule ↓	**Compétent** – Le candidat analyse et applique la NCECF relative à la comptabilisation des actifs incorporels et il détermine un montant raisonnable et étayé à comptabiliser, en s'appuyant sur les paragraphes 3064.35 à .41 du *Manuel*.	60,0 %	3064.35- ↓ actifs générés en interne
C + profondeur; 1er ou 4e aspect (Note b, A17)	**Compétent avec distinction** – Le candidat analyse et applique la NCECF relative à la comptabilisation des actifs incorporels et il détermine un montant raisonnable et étayé à comptabiliser, en s'appuyant sur les paragraphes 3064.35 à .41 du *Manuel*. Le candidat prend également en considération la question de la durée de vie utile de l'actif incorporel ou le fait que les cours en ligne ne répondent pas aux critères de comptabilisation dans les stocks.	5,7 %	

a Au fil de la solution, on remarque une conclusion justifiée à chacun des aspects (1er, 2e, 3e et 4e) ainsi qu'une conclusion sur la comptabilisation ou non de chacun des coûts à l'actif. Et finalement, une conclusion définitive est présentée. Au cumulatif, l'écriture d'ajustement est la suivante :

Frais de recherche	30 000	
Frais de marketing	10 000	
Hébergement et Soutien	3 000	
Frais de développement (actif)		43 000

Solde de l'actif après ajustement : 215 000 $ (258 000 $ - 43 000 $); solde qui sera repris à l'OÉ n0 5.

JUGEMENT PROFESSIONNEL

EXEMPLE DE GRILLE DE CORRECTION ABRÉGÉE – OÉ N° 2 [a]

En voie vers la compétence	Compétent	Compétent avec distinction
– analyse seulement les coûts à inscrire en charges OU application erronée ou usage des mêmes faits du cas pour plus d'un critère d'inscription à l'actif OU conclusion justifiée sur les coûts dans leur ensemble sans tenir compte des composantes	– application adéquate d'au moins 3-4 critères d'inscription à l'actif des frais OU application adéquate de 2 critères généraux ET de 2 critères d'inscription à l'actif des frais – conclusion adéquate – impact (DT/CT, $)	– application adéquate d'au moins 3-4 critères d'inscription à l'actif des frais – application adéquate de 2 critères généraux – s'interroge sur la durée de vie OU comprend qu'il ne s'agit pas de stocks

POINT DE VUE

- ***Analyser*** : Revoir la définition fournie en A15-1.
- ***« Comment déterminer les critères clés à analyser? »*** Lorsque la question comptable concerne les immobilisations incorporelles, le choix des critères à analyser n'est pas si évident. Dans la norme 3064 du *Manuel de CPA Canada*, comme dans plusieurs autres, on y présente d'abord des définitions, suivies d'un certain nombre de sections traitant de différents aspects, tels l'actif acheté d'un tiers ou l'actif généré en interne. Dans la présente situation, on n'a pas automatiquement à discuter de tout ce qui précède le paragraphe de référence clé, soit 3064.41 (phase de développement). voir Q10 p. 146
- Le cas ALS présente une liste de coûts qui ne sont pas tous de même nature. Ce ne sont pas tous des actifs incorporels, pas tous des frais de recherche, et pas tous des frais de développement. Il faut donc utiliser une approche de rédaction qui reflète cette situation en effectuant une analyse des coûts selon leur nature.
- ***« J'ai utilisé les critères de comptabilisation à l'actif pour analyser les frais de 258 000 $ globalement. Je n'ai pas vu que certains de ces frais devaient être passés en charges. Puis-je tout de même obtenir le niveau C? »***. Non. Comme le traitement comptable varie d'une composante à une autre, il m'apparaît important de le réaliser au niveau C.

Présentation par composantes → Analyse par composantes

- ***« Un exemple de réponse au niveau EVC? »***
  - Le candidat « tente » l'application des six critères de comptabilisation. Les liens au cas ne sont peut-être pas suffisamment expliqués ou le même fait du cas sert plusieurs critères, par exemple. Ou encore, et cela survient régulièrement, le candidat ne comprend peut-être pas ce que le critère individuel signifie.

    Ex.: « *capacité à utiliser ou à vendre l'actif incorporel*; L'étude de marché a révélé qu'il y avait une demande importante pour ce type de cours. »

    Remarque : Le lien au cas concerne plutôt le critère *f)* portant sur les avantages futurs. La « capacité à » (*c)*) consiste à établir si ALS peut réussir à se rendre jusqu'à la mise en vente à l'aide de son expérience, de sa capacité d'exploitation ou de ses processus. De plus, le candidat ne dit pas si oui ou non le critère est satisfait.
  - Le candidat traite essentiellement de la définition des actifs incorporels, sans considérer les critères propres à la capitalisation d'actifs générés en interne.

a Inspirée des Commentaires du Jury d'examen et de l'analyse de la solution proposée, cette grille de correction abrégée est un court aide-mémoire pouvant guider tout correcteur assigné à la correction du cas l'Institut (ALS). La grille complète est disponible sur le site de l'éditeur.

Comprendre les concepts techniques.

EXTRAIT COMMENTÉ DE LA RÉPONSE D'UNE CANDIDATE – OÉ Nº 2
(évaluation des liens entre les concepts théoriques et les indices du cas)

Extraits de la réponse	Commentaires du correcteur
Capitalisation des frais de développement 41 *Un actif incorporel résultant du développement (ou de la phase de développement d'un projet interne) est comptabilisé si, et seulement si, une entité peut démontrer tout ce qui suit :*	– La structure de rédaction est adéquate puisque ce qui provient du *Manuel de CPA Canada* est distingué des idées du candidat. – Le candidat exprime clairement si OUI ou NON chacun des critères est satisfait.
a) la faisabilité technique de l'achèvement de l'actif incorporel en vue de sa mise en service ou de sa vente; OUI, IL S'AGIT DE FRAIS ENGAGÉS POUR L'ÉLABORATION DES COURS EN LIGNE.	Le lien « théorie » et « cas » est erroné, car avoir engagé des frais ne signifie pas que la faisabilité technique (aspect fonctionnel des cours en ligne) existe. Il faudrait plutôt mentionner un argument sur la possibilité d'aboutir à la mise en ligne.
b) son intention d'achever l'actif incorporel et de l'utiliser ou de le vendre; OUI, L'INTENTION EST ÉVIDENTE PUISQU'ALS OFFRE DÉJÀ LES COURS EN LIGNE.	**Bon lien** « théorie » et « cas ». Le fait de reprendre le concept « intention de » dans la formulation du commentaire est une façon adéquate de rédiger. L'extrait du *Manuel de CPA Canada* sert d'aide-mémoire pendant la rédaction et non de réponse comme telle.
c) sa capacité à utiliser ou à vendre l'actif incorporel; OUI, CAR LA PLATEFORME POUR RENDRE LES COURS EN LIGNE DISPONIBLE EST DÉJÀ EN MARCHE.	**Bon lien** « théorie » et « cas ». Bonne compréhension de ce critère.
d) la disponibilité de ressources techniques, financières et autres, appropriées pour achever le développement et utiliser ou vendre l'actif incorporel; OUI, RIEN N'INDIQUE QU'ALS N'AVAIT PAS LES RESSOURCES POUR MENER À BIEN CE SERVICE.	L'explication est générale parce qu'elle ne s'appuie pas sur les faits du cas. Les services de soutien informatique sont disponibles, ainsi qu'un concepteur pédagogique et des enseignants. On peut faire référence aux gens impliqués.
e) sa capacité à évaluer de façon fiable les dépenses attribuables à l'actif incorporel au cours de son développement; OUI, NOUS SOMMES CAPABLES DE DISTINGUER LES FRAIS DE RECHERCHE DES FRAIS DE DÉVELOPPEMENT.	Le lien « théorie » et « cas » est erroné, car le critère concerne la capacité de pouvoir cumuler avec fiabilité le total des coûts encourus pour le projet. La distinction entre R+D consiste plutôt à déterminer la nature des frais. En soi, cela ne permet pas de s'assurer de leur exhaustivité.
f) la façon dont l'actif incorporel générera les avantages économiques futurs probables; OUI, LES COURS EN LIGNE GÉNÉRERONT DES AVANTAGES ÉCONOMIQUES FUTURS À LA HAUTEUR DE 150 $ PAR COURS.	**Lien +/- complet** « théorie » et « cas ». L'idéal serait de commenter les avantages futurs dans leur ensemble. Un commentaire quant à « la demande importante pour ce type de cours » (A5-4) serait davantage approprié.
Conclusion : Comme expliqué et calculé à l'Annexe B, un montant de 43 000 $ devra être passé en charges et diminué des actifs. La balance des coûts de 215 000 $ restera à l'actif car répond aux six conditions.	– En définitive, il y a 2 bons liens et 1 lien incomplet, sur une possibilité de 6, entre la « théorie » et le « cas ». L'application des concepts théoriques n'est donc pas suffisamment démontrée pour permettre au candidat d'obtenir le niveau C pour cette partie de la réponse.

DEMANDE : « tenir compte de ce changement sur l'évaluation des risques »

Occasion d'évaluation n° 3 (Étendue)	*(4.3.1)*
Le candidat voit l'incidence des questions comptables sur la planification de l'audit.	
Le candidat montre sa compétence en Certification.	

ASPECT CLÉ risques d'anomalies significatives (RAS)

Évaluation du risque

Dans le cadre de la planification de l'audit, nous devons évaluer le risque que les états financiers de l'Institut comportent des anomalies significatives. Ce sont les paragraphes A34 à A41 de la NCA 200 et la NCA 315 qui définissent les exigences et donnent des indications relativement à l'identification et à l'évaluation des risques d'anomalies significatives aux niveaux des états financiers et des assertions.

Bien que l'Institut soit un client actuel que nous connaissons bien, il y a un certain nombre de nouveaux facteurs [a] susceptibles d'influer sur l'environnement d'exploitation et de contrôle. Les risques d'anomalies significatives suivants au niveau des états financiers pris dans leur ensemble ont été identifiés :

- Nouveaux cours en ligne : Comme les cours en ligne ont été lancés en 2015, il est possible que les méthodes de comptabilisation des produits et d'inscription à l'actif des éléments incorporels n'aient pas été pleinement prises en considération. En conséquence, le risque d'erreur est accru. [b] CONC
- Possibilité d'erreurs : Le fait d'avoir déjà trouvé certains redressements à apporter à la comptabilisation des produits et des frais de développement des cours en ligne indique que des erreurs existent dans l'application des méthodes comptables et que d'autres erreurs sont donc possibles. Le risque d'erreur se trouve donc accru. [c]

INTÉGRATION OÉ n° 1 – OÉ n° 2

- Système non testé : Le flux de rentrées relatif aux cours en ligne est fortement dépendant des inscriptions aux cours, y compris des dates d'achèvement et des dates d'expiration. Bien que le système d'inscription ait pu faire l'objet de tests dans le passé (concernant les inscriptions aux cours en classe), rien n'indique que les éléments d'information supplémentaires devenus importants (comme les dates) ont fait l'objet de tests. [d] De plus, nous ne savons pas si et, le cas échéant, comment la propriété intellectuelle (contenu des cours) est protégée. Le risque d'erreur se trouve donc accru, ce qui devra être pris en compte lors de l'élaboration de nos procédures d'audit. Les contrôles relatifs aux dates et à la protection de la propriété intellectuelle (accès au contenu, etc.) devraient faire l'objet de tests. L'acceptation des paiements en ligne pourrait ne pas poser problème puisque cette fonction du système a peut-être déjà été utilisée pour les inscriptions aux cours lors des années précédentes. [e]

CHANGEMENTS?

CONC

aspect clé de la constatation des produits
↓
dates
↓
tests

a L'analyse des risques doit essentiellement se concentrer sur les « nouveaux facteurs » de l'exercice courant. Qu'est-ce qui a changé? Qu'est-ce qui ne va pas? Il faut s'attarder à ce qui est différent dans le fonctionnement d'ALS afin de bien évaluer l'impact sur la mission de certification.

b Pour ce facteur de risque, ainsi que pour les suivants, il faudra s'assurer qu'ils sont reliés au « changement », c'est-à-dire à l'arrivée de l'offre de cours en ligne pour la première fois en 2015.

c Qui dit nouvelles activités, dit aussi nouveau type d'opérations à comptabiliser. Dans le contexte d'un renouvellement de mandat, cela augmente le risque d'audit (1er point). De plus, si des erreurs de comptabilisation sont remarquées, cela peut signifier qu'il y en a d'autres (2e point).

d Dans un cas, ce qui n'est pas dit/écrit n'est pas fait.

e Il faut bien comprendre ce qui change avec l'arrivée des cours en ligne. Le paiement des cours, en classe ou en ligne, est effectué de la même manière. Ce n'est donc pas nouveau et, comme mentionné à la fin du paragraphe, on peut supposer que tout va bien de ce côté-là. (Note b, A4). Dans le contexte du renouvellement de ce mandat, il faut s'attarder sur les éléments des cours en ligne **n'ayant jamais été testés** (suivi des cours terminés, protection du contenu des cours).

- Protection des renseignements personnels : De même, il y a un risque que l'Institut ne respecte pas les lois sur la protection des renseignements personnels en conservant des informations confidentielles chez un tiers (puisque les étudiants sont redirigés vers un site Web externe après avoir accédé aux cours en ligne). Nous devrons évaluer ce risque de façon plus poussée quand nous aurons plus de renseignements sur le fonctionnement de cette fonction de redirection et sur les contrôles que le tiers a mis en place.

CONCEPT protection renseignements personnels ↓ tiers ↓ contrôles ↓ tests

conclusion globale

Compte tenu des facteurs susmentionnés, le risque d'anomalies significatives au niveau des états financiers pris dans leur ensemble s'est accru par rapport à l'année précédente. [a]

De plus, il importe de noter que l'exécution de travaux de consultation [b] pour un client des services de certification pourrait compromettre l'indépendance de notre cabinet. Cependant, tous ces services ont été demandés par le même utilisateur (Michael) et il n'y a aucun utilisateur externe qui s'appuie sur ces travaux. Nous devrons nous assurer que notre lettre de mission traite de cette question et que Michael indique son accord. [c]

POINTS CLÉS À RETENIR DE L'ANALYSE DE L'OÉ Nº 3

- Ce ne sont pas tous les facteurs de risque qui sont pertinents, ce sont ceux reliés au changement (arrivée des cours en ligne) qui le sont, comme demandé. ALS est un client d'audit depuis de nombreuses années et le système décrit dans le cas n'est donc pas entièrement nouveau.
- Les impacts de la présence d'un site externe (A4-2), dont la fonction est de fournir les cours en ligne, doivent être analysés, car c'est la première fois qu'ALS y a recours. Ce n'était pas nécessaire pour les cours en classe.
- ***Quand il y a*** des facteurs de risque à discuter, ***il faut penser à*** l'impact sur le risque d'anomalies significatives (RAS) aux états financiers.

JUGEMENT PROFESSIONNEL

EXEMPLE DE GRILLE DE CORRECTION ABRÉGÉE – OÉ Nº 3 [d]

En voie vers la compétence	Compétent	Compétent avec distinction
– 1 seul facteur de risque justifié OU 2 facteurs de risque non/mal justifiés OU conclusion ne fait pas référence à l'année précédente	– 2 facteurs de risque justifiés – conclusion que le risque est « plus élevé » que les années précédentes	C bien fait + – démonstration d'une compréhension des particularités liées aux nouvelles activités

a On remarque tout d'abord qu'un lien avec le risque d'erreur aux états financiers est présenté pour chaque facteur de risque. La solution proposée se termine ensuite par une conclusion définitive sur le risque d'audit. Comme il s'agit d'un renouvellement de mandat, la mention « s'est accru » est cruciale puisqu'elle démontre la capacité du candidat à bien jouer son rôle.

b La question se pose puisque Michael a demandé au cabinet comptable effectuant la certification de se pencher aussi sur des questions en comptabilité de gestion et en fiscalité.

c Le fait qu'il n'y ait pas d'utilisateurs externes mentionnés dans le cas – et cela ne sert à rien d'en inventer – diminue effectivement l'impact du manque d'indépendance à fournir des services en sus de la certification. Il y a tout de même apparence de... ce qui doit être évalué. Outre la clarification dans la lettre de mission, il serait également possible de suggérer la réalisation du travail par une autre équipe du cabinet.

d Inspirée des Commentaires du Jury d'examen et de l'analyse de la solution proposée, cette grille de correction abrégée est un court aide-mémoire pouvant guider tout correcteur assigné à la correction du cas l'Institut (ALS). La grille complète est disponible sur le site de l'éditeur.

En ce qui concerne l'occasion d'évaluation n⁰ 3, le candidat doit être classé dans l'une des cinq catégories suivantes :	%
Non traité – Le candidat ne traite pas de cette occasion d'évaluation.	0,7 %
Compétence minime – Le candidat ne satisfait pas à la norme En voie vers la compétence.	9,3 %
En voie vers la compétence – Le candidat traite d'une des questions liées à la prise en charge de la mission ou du projet.	49,8 %
Compétent – Le candidat traite des questions importantes liées à la prise en charge de la mission ou du projet et il tente d'évaluer le risque d'anomalies significatives.	37,7 %
Compétent avec distinction – Le candidat traite des questions importantes liées à la prise en charge de la mission ou du projet et il évalue le risque d'anomalies significatives.	2,5 %

tente d'évaluer ↓ évalue

une question ↓ questions

POINT DE VUE

- ***Évaluer*** : « Examiner soigneusement quelque chose pour en juger la valeur, l'importance ou les caractéristiques, et tirer des conclusions ». a
- ***« Comment expliquer qu'il y ait davantage de candidats au niveau EVC qu'au niveau C? »*** *A priori*, disons que l'évaluation du risque d'audit est considérée comme étant un sujet fondamental à maîtriser. C'est une demande que l'on doit régulièrement satisfaire dans les études de cas. Non sans surprise, la qualité de l'analyse exigée au niveau C est habituellement assez élevée.

  Au niveau EVC on peut remarquer que :

  ... les candidats discutent de risques d'affaires plutôt que de risques d'audit. Constater une baisse d'inscriptions, par exemple, n'est pas en soi un risque d'audit. Pour que cela en soit un, il faudrait qu'il y ait un « risque d'anomalies significatives au niveau des états financiers » découlant de cette raison-là.

  ... les facteurs de risque ne sont pas assez expliqués. Écrire que « l'arrivée des cours en ligne augmente le risque » n'est pas suffisant. Pourquoi en serait-il ainsi?

  ... les facteurs de risque avancés ne sont pas NOUVEAUX pour l'exercice courant. Les droits d'inscription payés sur le site Web? Cela se faisait de la même manière pour les cours en classe (A4-3).

  ... les candidats oublient de faire le lien avec les erreurs comptables relevées.
- ***« J'ai mentionné que le risque de la mission de certification est élevé, mais pas qu'il est plus élevé que l'an dernier, suis-je pénalisé? »***. L'évaluation sera probablement au niveau EVC. Il faut montrer que tu t'ajustes au contexte du cas!
- ***« J'ai oublié de conclure sur le niveau de risque, mais... »***. Je t'arrête tout de suite. Pas de conclusion sur le Risque d'audit? EVC!
- ***« J'ai mentionné le biais de Michael à montrer des résultats positifs en tant que risque d'audit. Je ne le vois pas dans la solution, est-un un bon facteur de risque? »*** Non. Il faut s'adapter au scénario de l'étude de cas. Michael est l'unique actionnaire et le cas ne mentionne aucun besoin particulier ou autre utilisateur des états financiers. Un créancier? Un potentiel associé? Il n'y a aucun indice à ce sujet. Avec des produits de 3,7 millions $ et un bénéfice avant impôts de 750 000 $ (A4-1), ALS ne semble pas manquer de liquidités. Aussi, le cas ALS ne contient pas d'indices voulant que Michael « manipule » volontairement les états financiers en sa faveur. D'ailleurs, pourquoi ferait-il cela?

a CPA Canada, Grille de compétences des comptables professionnels agréés, 2020, page 173.

SUPPLÉMENT AU CAS ALS

DANS L'HYPOTHÈSE où le cas ALS demanderait des Procédures d'audit, voici quelques exemples de procédures émises par des candidats concernant les Produits :

niveau CM

Exemple n⁰ 1 :

« Envoyer des confirmations aux étudiants pour leur demander de confirmer le nombre de cours qu'ils ont suivi au cours de l'exercice. »

Commentaire : Cette procédure est clairement inadéquate. Compte tenu de la nature même des activités d'ALS, l'envoi de confirmations est mal avisé. Il n'y a pas de comptes Clients en suspens. Il faut plutôt se servir des inscriptions en ligne, source initiant les opérations de vente, pour ensuite prendre en compte les accès des usagers aux cours offerts.

niveau EVC

Exemple n⁰ 2 :

« Prendre les factures des cours en ligne et regarder si elles s'appliquent à l'exercice 2015 ou 2016 pour une bonne séparation des périodes. »

Commentaire : Cette procédure est incomplète. D'une part, elle manque de réalisme, car l'auditeur ne regardera pas « toutes » les factures, ce que le texte écrit implique. D'autre part, regarder la facture (ou plutôt l'inscription en ligne) est une idée de départ insuffisamment expliquée. Que regarde-t-on? et S'assure-t-on que le Produit est inscrit dans la bonne période? Le POURQUOI et le COMMENT de cette procédure sont des tentatives de...

niveau C

Exemple n⁰ 3 :

« R : Risque que les produits des cours en ligne soient inscrits en totalité lorsque les sommes sont reçues.

A : Réalité

P : Obtenir la liste des étudiants inscrits au cours des 3 derniers mois. À partir d'un échantillon d'étudiants inscrits au cours des 3 derniers mois, vérifier le nombre de cours terminés sur les 8. Calculer les % d'achèvement pour les 3 derniers mois et appliquer les taux aux produits reçus. Vérifier ce qui a été comptabilisé. »

Commentaire : Cette procédure est adéquate. La structure de réponse adoptée facilite la rédaction d'une procédure complète. L'idée de prendre un échantillon au lieu de la population entière des inscriptions aux cours en ligne est à retenir lorsqu'il s'agit de produits ou de charges. On y trouve le POURQUOI et le COMMENT, parties nécessaires à la rédaction d'une procédure adéquate.

CD? Non. Le mot « vérifier », utilisé à deux reprises dans le texte, pourrait être précisé. Aussi, il faudrait écrire « avancement » au lieu de « achèvement ». *Disons C+.*

niveau CD

Exemple n⁰ 4 :

« Puisque les droits d'inscription aux cours en ligne sont payés à l'avance, il y a un risque de surévaluation des Produits aux résultats. Pour s'assurer de l'exactitude et de la réalité, choisir un échantillon d'inscriptions (journal des encaissements), relever la date, puis valider l'inscription de la partie « gagnée » inscrite aux produits (journal des ventes) en fonction du nombre de jours écoulés. »

Commentaire : Cette procédure est excellente. On y trouve le POURQUOI et le COMMENT, parties nécessaires à la rédaction d'une procédure complète. Le texte est bien relié aux particularités du cas, en lien avec la comptabilisation des produits selon le nombre de jours écoulés, ce qui est une méthode acceptable. Le candidat fait adéquatement référence aux documents comptables. Il n'y a pas de termes erronés ou flous.

DEMANDE : « tenir compte de ce changement sur le seuil de signification et la stratégie d'audit »

Occasion d'évaluation n° 4 (Étendue)	*(4.3.4)*
Le candidat évalue le seuil de signification et la stratégie d'audit dans le cadre de la planification de la mission.	
Le candidat montre sa compétence en Certification.	

CONCEPT impact utilisateurs des ÉF

Seuil de signification

La NCA 320 donne des indications sur l'établissement du seuil de signification pour les états financiers pris dans leur ensemble et du seuil de signification pour les travaux. Ce seuil de signification devrait être fondé sur les utilisateurs des états financiers, qui comprennent Michael Chang ainsi que tout prêteur et investisseur potentiels futurs. Il n'y a aucune indication de l'existence de nouveaux utilisateurs cette année. [a] Seuil de signification? Penser aux utilisateurs

NCA 320.A8

AVANT et APRÈS

Le seuil de signification préliminaire établi en fonction de 5 % du bénéfice net avant impôts (ou une autre base suffisamment bien étayée) devrait être corrigé pour tenir compte des redressements que j'ai indiqués auparavant.

SEUIL
- utilisateurs
- base
- %
- calcul

Savoir intégrer.

Bénéfice net non redressé avant impôts :	750 000 $	
Redressements : [b]		
Pour reporter des droits relatifs aux cours en ligne	(33 350)	OÉ n° 1
Pour passer en charges les frais de recherche	(43 000)	OÉ n° 2
	673 650 $	

CONC

Si nous utilisons 5 %, le seuil de signification global proposé serait de 33 000 $. Nous pourrions établir le seuil de signification pour les travaux à 75 % du seuil de signification global [c] (25 000 $), mais ce montant pourrait également être réduit aux fins des travaux sur les produits tirés des cours en ligne.

1- global ÉF
2- travaux
3- catégories d'opérations

Stratégie

En ce qui a trait aux produits des cours en ligne, nous devrons porter une appréciation sur leur enregistrement au grand livre, mais également sur l'ensemble du système des inscriptions. Comme il s'agit du même système d'inscription que pour les cours en classe, nous pouvons adopter la même stratégie qu'antérieurement, mais nous devrons tenir compte des changements apportés au système depuis l'année dernière. Il nous faudra vraisemblablement examiner plus attentivement les dates utilisées dans le système (inscription, accès aux cours, achèvement des divers modules, etc.), car il faudra s'appuyer davantage sur ces dates pour la comptabilisation des produits.

ASPECT CRITIQUE → dates → QUAND constater les produits

OÉ n° 1 ASPECT CLÉ → produits des cours en ligne

point de mire → nouveaux cours en ligne

De même, nous devrons contrôler par sondages les coûts et les hypothèses

a Il n'y a effectivement aucune mention d'un quelconque autre utilisateur des états financiers, ce qui nous amène à utiliser la base « standard » de 5 % du bénéfice avant impôts. On pourrait aussi se demander pourquoi Michael désire « être rassuré » (A3-2) par une mission de certification des états financiers d'ALS. Ce serait toutefois en dehors du mandat actuel.

b Il m'apparaît indispensable de calculer le seuil de signification global en tenant compte des ajustements comptables précédemment effectués. Faites attention aux signes des ajustements!

c Le seuil de signification des travaux se situe généralement entre 60 % et 75 %. Dans la présente situation, étant donné la connaissance du client depuis de nombreuses années par le cabinet, ainsi que la présence d'un seul utilisateur, le choix d'utiliser le chiffre maximum de 75 % se justifie.

OÉ n⁰ 2 ASPECT CRITIQUE → inscription à l'actif → durée de vie

adoptées pour déterminer le montant des éléments incorporels qui ont été inscrits à l'actif, ainsi que leur durée de vie utile.

Nous devrons également évaluer le système quant au mode d'enregistrement des produits (c'est-à-dire quant à savoir s'il existe une interface avec le système d'inscriptions ou s'il s'agit d'une écriture manuelle). *informatisé ou manuel*

Il serait avantageux que la stratégie d'audit soit axée sur les contrôles, compte tenu du nombre élevé d'opérations courantes traitées pour les inscriptions en ligne, mais il se pourrait que cela ne soit pas possible. En particulier, puisque nous sommes maintenant en janvier, nous pourrions ne pas pouvoir nous fier à certains contrôles liés à l'inscription aux cours en ligne, étant donné que nous ne les avons pas testés pendant l'année pertinente. [a] *Faire preuve de sens pratique.*

POINTS CLÉS À RETENIR DE L'ANALYSE DE L'OÉ N⁰ 4

- Se garder des idées préconçues face à certains types d'entreprises. Une société fermée, même de petite taille, peut disposer de contrôles adéquats.
- Il est préférable de calculer le seuil de signification sur une base redressée des ajustements comptables, pour une réponse intégrée.
- L'impact sur la stratégie n'est pas évident à analyser? Il faut tout de même « tenter » une réponse. C'est demandé!
- Renouvellement de mandat? Analyser ce qui est NOUVEAU!
- Procédures? Non demandé, donc inutile d'en écrire. (*A26? PVI seulement*)

SEUIL	En ce qui concerne l'occasion d'évaluation n⁰ 4, le candidat doit être classé dans l'une des cinq catégories suivantes :	%	STRATÉGIE
	Non traité – Le candidat ne traite pas de cette occasion d'évaluation.	0,6 %	
	Compétence minime – Le candidat ne satisfait pas à la norme En voie vers la compétence.	10,6 %	
tentative calcul ↓	**En voie vers la compétence** – Le candidat tente de calculer le seuil de signification en fonction des chiffres préliminaires fournis, mais ne donne pas vraiment d'explications ou de justifications, et il effleure la stratégie générale d'audit.	43,3 %	effleure ↓
tente de redresser ↓	**Compétent** – Le candidat calcule le seuil de signification en fonction des chiffres préliminaires fournis et il tente de redresser les chiffres préliminaires pour tenir compte des erreurs comptables relevées (lien à faire avec l'analyse des questions comptables). Le candidat tente d'expliquer que la stratégie d'audit relative aux produits sera influencée par le fait que les cours en ligne génèrent de nouveaux produits ou par la nécessité de prévoir des tests complémentaires du système d'inscription.	42,6 %	tente d'expliquer ↓
redresse	**Compétent avec distinction** – Le candidat calcule le seuil de signification en s'appuyant sur les chiffres préliminaires fournis, qu'il redresse pour tenir compte des erreurs comptables relevées (lien à faire avec l'analyse comptable). Le fondement du seuil de signification utilisé est expliqué ou étayé. Le candidat explique également que la stratégie d'audit relative aux produits sera influencée par le fait que les cours en ligne génèrent de nouveaux produits et par la nécessité de prévoir des tests complémentaires du système d'inscription.	3,0 %	explique

a La considération de la date actuelle en fonction de celle de la fin d'exercice permet l'écriture d'un commentaire adapté au contexte. Notons qu'ALS offre des cours en ligne depuis 3 mois (A4-2).

JUGEMENT PROFESSIONNEL

EXEMPLE DE GRILLE DE CORRECTION ABRÉGÉE – OÉ Nº 4 [a]

En voie vers la compétence	Compétent	Compétent avec distinction
– bref commentaire sur le seuil OU calcul du seuil sur base NON redressée – bref énoncé sur la stratégie	– justification de la base choisie – calcul du seuil AVEC au moins un redressement – tentative d'analyse de la stratégie (en lien avec l'arrivée des cours en ligne)	– justification de la base choisie – calcul du seuil AVEC au moins un redressement – seuil pour les travaux – analyse de la stratégie (en lien avec l'arrivée des cours en ligne)

POINT DE VUE

– ***« Comme je n'étais pas certaine d'avoir fait les bons ajustements aux deux premières OÉ, je n'ai pas redressé le bénéfice pour calculer le seuil. »*** *OH!* Ce n'est pas une bonne idée. Il faut toujours utiliser les chiffres les plus précis possibles. Le bénéfice (ou la base) change suite à tes recommandations? Il faut en tenir compte!

Advenant une erreur dans l'ajustement d'une question comptable, celle-ci aura été pénalisée au sein même de l'OÉ à laquelle elle se rapporte, s'il y a lieu. Tu ne seras pas pénalisée une deuxième fois si tu reportes/utilises ce même chiffre dans un autre contexte.

– ***« Comment discuter de la stratégie d'audit quand il y a peu d'indices sur le contrôle interne dans le cas? »*** Il faut visualiser ce qui se passe dans l'entreprise en insistant sur ce qui est nouveau/différent, susceptible d'aider l'auditeur à déterminer s'il peut se fier sur les systèmes en place. Il faut donc évaluer en quoi l'arrivée des cours en ligne affecte la capacité d'obtenir de l'information fiable.

Qu'est-ce qui est comme avant? Le cas mentionne que « Le processus d'inscription aux cours en ligne est le même que pour les cours en classe... ». (A4-4) Comme il s'agit d'un renouvellement de mandat, il faut donc tenir pour acquis que les contrôles reliés à l'encaissement des sommes reçues ont été évalués par le passé.

Qu'est-ce qui est différent? Quels sont les changements? La constatation des produits est différente pour les cours en ligne, étant donné l'accès non planifié des élèves aux cours et la période maximale de 90 jours. Les produits ne sont pas « gagnés » aussi régulièrement que pour les cours en classe où l'on peut dire que 1/8 des droits d'inscription est « gagné » à chaque semaine. L'auditeur devra donc se questionner sur les fonctions reliées à **l'accès aux cours** afin de déterminer s'il peut s'y appuyer. Advenant que le résultat des tests de contrôle soit satisfaisant, il pourra alors utiliser une stratégie axée sur les contrôles pour le poste Produits.

– ***« Stratégie axée sur les contrôles, Stratégie mixte ou Stratégie de corroboration? »*** Il faut faire preuve de réalisme. Rares sont les situations requérant une pleine stratégie de corroboration, particulièrement lorsqu'il y aurait un bon nombre d'opérations à examiner. Comme les encaissements des cours en ligne de 2015 s'élèvent à 75 000 $ (500 inscriptions x 150 $), une approche strictement corroborative où l'on examinerait chacune des 500 inscriptions ne serait pas appropriée. Visons une stratégie axée sur les contrôles ou une stratégie mixte.

Dans une discussion sur la stratégie, il est utile et plus facile d'analyser différents systèmes ou différentes parties d'un système (ex.: système d'inscription, système d'accès aux cours) plutôt que de discuter de l'ensemble, comme étant un tout. Notons finalement, que le fait de trouver des erreurs comptables n'invalide pas nécessairement l'entièreté du système d'information comptable.

a Inspirée des Commentaires du Jury d'examen et de l'analyse de la solution proposée, cette grille de correction abrégée est un court aide-mémoire pouvant guider tout correcteur assigné à la correction du cas l'Institut (ALS). La grille complète est disponible sur le site de l'éditeur.

RÉPONSE COMMENTÉE D'UN CANDIDAT – OÉ N° 4

Réponse d'un candidat – OÉ n° 4

Seuil

Puisque des erreurs comptables ont été décelées ci-haut, selon les nouveaux faits lors de la rencontre avec M. Chang, le calcul du seuil devra être ajusté et recalculé sur les soldes redressés.

bon lien utilisateur et besoin

Étant donné que M. Chang est l'unique actionnaire et qu'il est l'utilisateur principal des états financiers, il s'intéresse à la rentabilité de son entreprise. Il est pertinent de calculer le seuil sur le bénéfice avant impôts au taux de 5 %.

abréviation BAI peut être utilisée

Bénéfice avant impôts	750 000 $		
Produits - cours en ligne	(48 750) $		
Site web - charges	(43 000) $		
BAI redressé	658 250 $	5%	32 913 $

calcul pertinent : conforme à OÉ n° 1 / n° 2

% de référence plutôt entre 60 % et 75 %

Le seuil de signification des travaux devra être établi selon une fourchette entre 50 % et 70 %. Il est recommandé d'utiliser 70 % puisque l'Institut est un client du cabinet depuis de nombreuses années et que le risque d'erreurs et d'anomalies non détectées est faible.

bon lien au cas

Stratégie

Nous utiliserons la même stratégie que l'an dernier puisque nous connaissons bien les habitudes du client.

Incomplet! À relier aux événements nouveaux de l'exercice pour plus de pertinence!

- **Seuil :** Excellente adaptation au contexte particulier du cas où Michael est le seul utilisateur des états financiers d'ALS. L'absence DE NOUVEAUX utilisateurs est une situation rare, mais tu as su t'adapter en prenant le % cible de 5 % du BAI (NCA 320.A8), et non le plus bas % d'un intervalle donné, tout simplement par habitude. **Niveau C.**
- **Stratégie :** Faible analyse de la stratégie, qui manque assurément de profondeur et de lien aux particularités du cas. **Niveau CM.** Tu « effleures » la stratégie sans tenter de l'expliquer. (voir barème A28-A29)

Évaluation finale OÉ N° 4 : EVC+

(Le niveau EVC de cette réponse n'est pas la moyenne du résultat des deux parties.)

AIDE-MÉMOIRE – ANALYSE SEUIL DE SIGNIFICATION

Nouveaux utilisateurs → Besoins

↓

Besoins → Base de calcul pour Seuil (SS)

NCA 320 9-10-11 A11-A13

JUGEMENT PROFESSIONNEL

BASE (sans/avec ajustements) X % = SS

Pour ramener à un niveau suffisamment faible la probabilité que le total des anomalies non corrigées et non détectées dans les états financiers excède le seuil :

Travaux → 60 % – 75 % → % choisi X SS = SST

voir aussi Partie 7 p. 92

Si nécessaire, compte tenu des particularités du cas, abaisser le seuil pour :

catégories d'opérations, solde de comptes, informations à fournir

DEMANDE : « faire une évaluation quantitative des deux possibilités »

Occasion d'évaluation n° 5 (Profondeur) *(3.3.2, 3.5.1, 3.5.2)*

Le candidat analyse les deux possibilités de croissance d'un point de vue quantitatif.

Le candidat montre sa compétence en Comptabilité de gestion.

a

CONCEPT rentrées et sorties de fonds

A7

ANALYSE QUANTITATIVE DES PROJETS D'EXPANSION			b	
	EXPANSION — COURS EN CLASSE			
	A		**B**	
	Pleine capacité		**80 % de la capacité**	
Rentrées de fonds annuelles				
Nbre de cours offerts	80		80	
Nbre d'élèves par cours offert x	20		16	
Nbre d'inscriptions	1 600		1 280	
Droits d'inscription x	400	$	400	$
Produits totaux annuels	640 000	$	512 000	$
Dépenses annuelles				
Salles de classe (12 mois × 8 500 $)	102 000		102 000	
Enseignants (80 cours × 2 400 $)	192 000		192 000	
	294 000		294 000	
Rentrées de fonds découlant de l'exploitation	**346 000**	**$**	**218 000**	**$**
A	On suppose 100 % de la capacité			
B	On suppose 80 % de la capacité			

Il est inutile de présenter les formules utilisées lorsqu'il s'agit de calculs de base.

cumul 3 ans 782 000 $ (346 + 218 + 218) ↓ base comparable A32

Inutile d'expliquer A et B ici, car c'est clair dans l'entête des colonnes.

b c d

a Lorsqu'il s'agit d'une décision de gestion, l'analyse des liquidités ou des flux de trésorerie, soit les rentrées moins les sorties de fonds, est généralement l'outil approprié. Le cas mentionne que « Par le passé, la plupart des classes étaient remplies à 100 % » (A7-6), d'où la première colonne. Le cas mentionne aussi « Toutefois, pour la première fois depuis des années, les taux d'inscription aux cours pour débutants se sont établis en moyenne à 80 % en novembre et en décembre; et, à ce jour, ils sont similaires en janvier. » (A7-6), d'où la deuxième colonne. Lorsque les informations sont différentes ou contradictoires, c'est alors une bonne idée de présenter une analyse de sensibilité ou d'offrir le calcul de deux scénarios différents.

b Les calculs liés aux cours en classe sont plus faciles; les données étant essentiellement fournies dans la même Annexe (A7).

c Pour une meilleure analyse, et nous le verrons dans le calcul des cours en ligne, il faut distinguer ce qui est récurrent, faisant partie de l'exploitation courante, de ce qui ne l'est pas, comme les investissements initiaux et sporadiques.

L'objectif est de présenter des résultats quantitatifs comparables.

Il est inutile de tenir compte de l'impôt sur les revenus d'exploitation puisque ce serait faire une comparaison sur de plus petits montants sans que cela change la conclusion.

d Pour fins de publication, les tableaux d'une solution proposée sont présentés en bonne et due forme. Il est certainement possible, avec plus de rapidité pour un même résultat, d'abréger certains mots des rubriques descriptives. Par exemple, on peut écrire « Droits » pour « Droits d'inscription », ou encore, « Marketing » ou « MARK » pour « Coûts de marketing ».

L'analyse quantitative précédente est fondée sur un certain nombre d'hypothèses, y compris des estimations provenant de l'étude de marché et de Michael Chang.

Inutile. On pourra y revenir dans l'analyse qualitative.

CONCEPT rentrées et sorties de fonds

			EXPANSION – COURS EN LIGNE						a
	Rentrées de fonds annuelles		**Année 1**		**Année 2**		**Année 3**		
A5	Nbre d'inscriptions par cours	C	400		560		784		
A7	Nbre de cours	x	6		6		6		
	Nbre d'inscriptions		2 400		3 360		4 704		
A7	Droits d'inscription	x	150	$	150	$	150	$	
	Produits totaux annuels		360 000	$	504 000	$	705 600	$	
	Dépenses annuelles								
A6	Soutien (6 x nbre d'inscriptions)	D	14 400		20 160		28 224		
	Coûts de marketing	E	10 000		10 000		10 000		
			24 400		30 160		38 224		
	Rentrées de fonds découlant de l'exploitation		335 600	$	473 840	$	667 376	$	
	Développement du contenu	F	322 500	$	-		-		b
	Rentrées de fonds nettes		**13 100**	**$**	**473 840**	**$**	**667 376**	**$**	
		C	Fondé sur une étude de marché donnant 400 (augmentation annuelle de 40 %)						
		D	6 $ x nombre d'inscriptions, fourni						
		E	On suppose qu'il faut engager des coûts de marketing supplémentaires (qui pourraient être linéaires)						c
		F	Estimé à 215 000 $/4 cours x 6						

Comme l'augmentation du nombre d'inscriptions de 40 % par année est un calcul simple, il n'est pas nécessaire de l'expliquer dans la cellule d'à-côté.

cumul 3 ans 1 154 316 $ → base comparable A31

Inutile d'expliquer C et D ici, car il s'agit d'informations provenant directement du cas, sans transformation.

Info du cas pour 3 ans → Calculs sur 3 ans

a b c

Faire preuve de sens pratique!

a Les calculs liés aux cours en ligne sont plus complexes; les données étant éparpillées dans les deux annexes du cas (A5 et A7). Compte tenu de ce qui se passe sur le marché, il est logique de constater que les rentrées de fonds découlant de l'exploitation des cours en ligne surpassent celles des cours en classe. Vos calculs montrent l'inverse? Prenez du recul et cherchez l'erreur!

b La présentation à part des investissements à envisager est une idée à retenir. Comme le cas mentionne que l'on « ...prévoyait le recouvrement des frais de développement dans un délai d'un an » (A5-5), cette présentation fait ressortir le surplus calculé dès l'année 1.

c Dans sa description de l'ajout des cours en ligne (A5 et A7), le cas ne mentionne pas d'informations concernant ces coûts de marketing. On sait toutefois que la liste des coûts engagés en 2015 comprend des coûts de marketing de 10 000 $ (A6). Ce chiffre est arbitraire, mais il s'agit du meilleur estimé de ces coûts annuels (récurrents) que l'on puisse faire dans les circonstances.

Flux de trésorerie nets

Les deux possibilités sont comparées sur le même nombre d'années, soit 3 ans.

conclusion cours en classe

Les rentrées de fonds nettes avant impôts susceptibles d'être générées par suite de l'augmentation du nombre de classes vont de 218 000 $ à 346 000 $, si on suppose une utilisation variant entre 80 % et 100 % de la capacité des 80 classes additionnelles (par rapport au nombre actuel de 480). Étant supposé que le nombre de classes offertes serait le même au cours des trois prochaines années, les rentrées de fonds annuelles avant impôts seraient constantes. [a]

conclusion cours en ligne

En revanche, les rentrées de fonds avant impôts associées au fait d'augmenter de six le nombre de cours en ligne vont de 335 600 $ dans l'année 1 à 667 376 $ dans l'année 3 (et par la suite), si les projections d'inscriptions sont exactes. Les flux de trésorerie nets de l'année 1 ne seraient toutefois que de 13 100 $ (335 600 $ - frais de développement de 322 500 $) [b], en raison du coût de l'élaboration des six nouveaux cours. [c]

CONCEPT comparaison des possibilités

conclusion finale

Dans l'ensemble, à compter de l'année 2, les cours en ligne génèrent plus de rentrées de fonds que les cours en classe. [d]

Importantes dépenses initiales requises

CONCEPT dépenses non récurrentes

lien OÉ n⁰2, A19

Le coût le plus important lié à l'offre de cours en ligne, d'un point de vue quantitatif, est de toute évidence le montant des sorties de fonds associés à l'investissement initial que requièrent les cours en ligne. Compte non tenu des coûts de l'étude de marché, le développement des quatre cours en ligne a coûté 215 000 $. Si on suppose que les coûts par cours seront semblables, un investissement supplémentaire de 322 500 $ (215 000 $ ÷ 4 × 6) sera nécessaire afin que l'Institut génère ces rentrées de fonds. [e]

POINTS CLÉS À RETENIR DE L'ANALYSE DE L'OÉ N⁰ 5

voir Q5 p. 144

- Avant d'exécuter un calcul, il est préférable de prendre le temps d'en déterminer l'objectif, ainsi que sa structure. Quel est le but de l'analyse? Comment justifier quantitativement le choix à retenir?
- Faire attention aux erreurs et omissions qui déséquilibrent le calcul et l'éloignent trop du résultat approximatif « attendu ». Prendre quelques secondes pour évaluer la plausibilité des chiffres (Partie 5, p. 65).
- Dans un court cas où le temps d'une simulation est particulièrement serré, la présence d'une analyse de sensibilité est assez rare (100 % ou 80 %). Elle doit avoir été évaluée comme étant utile et rapide à faire.

---

a Ce paragraphe, et le suivant, résument ce qui peut être observé des tableaux de calculs, respectivement pour les cours en classe et les cours en ligne. On y discute des rentrées de fonds découlant de « l'exploitation ». On y compare les données sur une base annuelle.

b Le cas mentionne que « Les frais de développement de chacun des cours seraient comparables à ceux engagés pour les cours élaborés en 2015. » (A7-3) Ainsi, à partir des frais de développement capitalisés (OÉ n⁰ 2, A19) de 215 000 $ pour 4 cours – ou autre montant conforme à votre analyse –, on peut calculer le prorata pour 6 cours de 322 500 $.
On pourrait probablement passer outre l'erreur de prendre le montant total des coûts engagés de 258 000 $ (A6) au lieu des coûts de développement seulement. Toutefois, puisque ce montant inclut déjà les coûts de marketing de 10 000 $, il ne faudrait pas les inclure deux fois!

c Notons aussi que l'on prévoyait le recouvrement des frais de développement dans un délai d'un an (A5-5), ce qui est le cas, et que le montant de 322 500 $ dépasse le budget de 300 000 $. (A7-1)

d La solution proposée présente des conclusions aux calculs effectués. Il n'y a pas de recommandation comme telle où l'une des deux possibilités est suggérée à Michael. Il faudra attendre l'analyse qualitative avant de se prononcer, à partir du portrait global de la situation.

e La réalisation des calculs, ainsi que leur interprétation, sépare l'aspect « exploitation » de l'aspect « investissement ». Il va sans dire que tous les coûts, qu'ils soient récurrents ou non, doivent au bout de la ligne être récupérés.

tenter deux options ↓ analyse appropriée ↓ C + sortie fonds initiale

En ce qui concerne l'occasion d'évaluation n° 5, le candidat doit être classé dans l'une des cinq catégories suivantes :	%
Non traité – Le candidat ne traite pas de cette occasion d'évaluation.	2,1 %
Compétence minime – Le candidat ne satisfait pas à la norme En voie vers la compétence.	7,1 %
En voie vers la compétence – Le candidat tente de produire une analyse quantitative des deux options. Les calculs peuvent comporter quelques erreurs.	31,2 %
Compétent – Le candidat tient compte des facteurs quantitatifs associés aux deux options en effectuant une analyse appropriée des flux de trésorerie annuels OU du bénéfice associé à chacune.	44,9 %
Compétent avec distinction – Le candidat tient compte des facteurs quantitatifs associés aux deux options en effectuant une analyse appropriée des flux de trésorerie annuels OU du bénéfice associé à chacune. Le candidat voit que le projet d'augmentation du nombre de cours en ligne comporte une sortie de fonds initiale importante.	14,7 %

quelques erreurs ↓ peu d'erreurs ↓ pas d'erreurs

JUGEMENT PROFESSIONNEL

EXEMPLE DE GRILLE DE CORRECTION ABRÉGÉE – OÉ N° 5 [a]

En voie vers la compétence	Compétent	Compétent avec distinction
– tente d'effectuer un calcul pour les 2 options (quelques erreurs ou omissions)	– calcul raisonnable des flux annuels des deux 2 options (produits ET 1 à 2 dépenses à chacune)	C bien fait + – considération adéquate de la sortie de fonds initiale (prorata x 6/4) pour cours en ligne OU analyse de sensibilité (100 % / 80 %) pour cours en classe

PRÉSENTATION ALTERNATIVE CALCUL EXPANSION – COURS EN LIGNE

	A	B	C	D	E	F	G
1	droits	150					...
2	soutien (FV)	6					
3	CM	144					
4							
5			An 1	An 2	An 3		
6	Inscriptions	=400*6	2400	3360	4704	+40% par année	
7	CM totale	=B3*C6	345600	483840	677376		
8	FF Marketing		-10000	-10000	-10000		
9			335600	473840	667376	1476816	
10		=215000*6/4	322500			322500	
11			13100			1154316	
...							

FV = frais variables; CM = contribution marginale; FF = frais fixes

a Inspirée des Commentaires du Jury d'examen et de l'analyse de la solution proposée, cette grille de correction abrégée est un court aide-mémoire pouvant guider tout correcteur assigné à la correction du cas l'Institut (ALS). La grille complète est disponible sur le site de l'éditeur.

POINT DE VUE

– *« **Pour gagner du temps, j'ai fait seulement un calcul avec les produits marginaux et les coûts marginaux de l'ajout des cours en ligne aux activités actuelles, est-ce adéquat?** »* Pas vraiment, non. Cette réponse est très incomplète et n'aidera pas beaucoup Michael. Premièrement, il est utile d'obtenir un résultat individuel pour chaque option, résultat, qui vient dire si oui ou non les rentrées nettes futures sont positives pour chacune d'elles. Deuxièmement, dans la présente situation, faire ressortir les éléments marginaux est assez difficile. Calculer le nombre d'étudiants « de plus » n'est pas si simple, et c'est seulement le premier chiffre. Troisièmement, tu te trouves à comparer un seul projet (ajout de cours en ligne) à la situation actuelle. Qu'en est-il de l'ajout des cours en classe? Cette question fait également partie de la demande. Avec l'approche marginale, tu n'y répondras pas.

Lorsqu'il y a plus d'une option,
il faut s'assurer d'effectuer un calcul COMPARABLE.

Il arrive que le calcul marginal d'une option par rapport à une autre soit une stratégie efficiente de rédaction. Il faut cependant prendre le temps de jauger si le calcul s'y prête, à savoir si l'on s'interroge sur le bien-fondé d'un changement ou d'un ajout à la situation actuelle. Dans l'étude de cas ALS, l'objectif de l'analyse quantitative est différent, car on se demande si l'une et l'autre des deux possibilités génèrent des rentrées de fonds nettes positives. Dans cet optique-là, il faut retenir l'approche totale individuelle, pour une meilleure décision.

– *« **J'ai effectué un calcul sur les cours en classe qui correspond parfaitement à la solution. Je n'ai toutefois pas eu le temps de faire le calcul des cours en ligne. Ai-je le niveau EVC?** »* Non. Le niveau EVC exige une tentative sur les deux calculs. *« **Et si j'avais fait celui des cours en ligne au lieu des cours en classe?** »* Même réponse.

Il vaut généralement mieux une réponse incomplète sur deux options
qu'une réponse parfaite sur une seule des deux.

– *« **J'ai fait une erreur en calculant le prorata des frais de développement. J'ai pris 215 000 $ que j'ai multiplié par 4/6 au lieu de 6/4. Puis-je obtenir le niveau CD quand même?** »* *A priori* non, car c'est une erreur de compréhension du concept de la règle de trois. Ce n'est pas simplement une erreur de calcul. Disons C+.

– *« **J'ai fait quelques erreurs dans mes calculs. J'hésite entre le niveau EVC et le niveau C. Est-ce que les erreurs sont tolérées?** »* Jusqu'à un certain point, oui, mais c'est une question de jugement professionnel. Personnellement, je considère qu'il y a des erreurs pires que d'autres. Les produits prévus, point central des calculs, devraient être exacts. Disons ensuite que les dépenses annuelles de loyer et d'enseignants (en classe), et les dépenses d'hébergement et de soutien (en ligne) me paraissent indispensables. Toutefois, l'omission de multiplier le loyer par 12 mois ou l'action de considérer les coûts de marketing deux fois n'invalide pas tout.

Sans lire la solution d'un candidat, il est difficile de statuer sur la tolérance aux erreurs. Comme les calculs du cas ALS sont assez simples, on s'attendra à un plus haut niveau d'exactitude. Les calculs sont-ils utiles au récipient du rapport?

– *« **J'ai actualisé les flux de trésorerie des deux options et la solution ne le fait pas. Pourquoi?** »* Ce n'est pas une mauvaise réponse d'avoir actualisé puisqu'il y a, pour l'option des cours en ligne, un investissement nécessaire dans le développement du contenu. Toutefois, puisque cet investissement se fait au tout début du projet, la meilleure option AVANT l'actualisation sera vraisemblablement la meilleure option APRÈS l'actualisation. On constate aisément que chacune des options est viable du point de vue des liquidités, avant et après l'actualisation.

DEMANDE : « faire une évaluation qualitative des deux possibilités »

Occasion d'évaluation nº 6 (Profondeur) *(3.5.2)*

Le candidat analyse les deux possibilités de croissance d'un point de vue qualitatif.

Le candidat montre sa compétence en Comptabilité de gestion.

Analyse qualitative [a]

CONCEPT nature incertaine des estimations

CONCEPT appui sur le passé

Il importe de noter que les deux analyses quantitatives reposent sur un certain nombre d'estimations. Les résultats réels pourraient varier considérablement dans chaque cas si ces estimations ne sont pas raisonnables. Compte tenu du fait que l'Institut a plus d'expérience dans les cours en classe, on peut davantage s'appuyer sur le passé pour justifier les estimations dans le cas de ce type de cours. Par ailleurs, dans le cas des cours en ligne, les résultats réels ont jusqu'à présent dépassé les prévisions de l'étude de marché. Il reste que l'incertitude associée à chacun des deux volets devrait être prise en considération.

réel 500 (A5-1) > estimé 400 (A5-4)

CONCEPT rendement sur investissement

CONCEPT coût d'opportunité

De plus, Michael devrait se demander comment il investirait ses 300 000 $ et quel rendement il en tirerait s'il ne procédait pas au décaissement initial exigé pour les cours en ligne. [b]

Il y a également un certain nombre de facteurs dont il faut tenir compte au sujet des deux possibilités de croissance :

intro inutile

Savoir intégrer.

- Les estimations de produits tirés des cours en classe pourraient ne pas se concrétiser; en effet, Michael a constaté que les classes n'étaient pas remplies à 100 % depuis plusieurs mois en raison de la baisse du nombre d'inscriptions.

CONCEPT capacité de croissance

80/160 cours

- La location d'un local supplémentaire (qui ne serait utilisé qu'à moitié selon les projections actuelles) donnera une capacité de croissance supérieure à la projection initiale de 80 cours offerts (jusqu'à 160). En outre, d'autres possibilités, par exemple la sous-location (si cela est permis) de l'espace non utilisé, pourraient être envisagées afin de compenser les coûts de location supplémentaires. [c]

CONCEPT récurrent ou non

CONCEPT coûts fixes

CONCEPT échéancier

- La location d'un local supplémentaire comporte un coût fixe important lié au loyer annuel de 102 000 $, que l'Institut serait obligé de payer pendant la durée du bail de trois ans; l'ajout de cours en ligne nécessite un important décaissement initial non récurrent, dans l'année où les cours sont élaborés. Ces questions d'échéanciers devraient être prises en considération.

CONCEPT expérience

- L'approche traditionnelle, soit offrir des cours en classe, pourrait être plus avantageuse, l'Institut ayant acquis de l'expérience et obtenu du succès avec ce modèle.

---

a Comme il s'agit a priori d'options concurrentielles (revoir Partie 9, p. 121), il faut essentiellement insister sur les différences. Chaque point de la solution proposée aborde un concept différent. On pourrait aussi envisager de structurer la solution en listant les « avantages » et les « inconvénients » de chacune des possibilités (voir A40). Cette approche est valable quoiqu'il faille faire attention à ne pas perdre de temps à répéter la même idée dans l'autre sens. Une même idée répétée deux fois, même en sens inverse, ne compte qu'une seule fois!

b En effet, cette somme pourrait être investie ailleurs, ne serait-ce que dans un placement à capital garanti.

c La location du local supplémentaire permettant la tenue de 160 cours par année, alors que les prévisions sont de 80, comporte à la fois un avantage, soit de permettre une croissance éventuelle, et un inconvénient, soit d'exiger le paiement régulier de coûts fixes plus élevés que nécessaire.

CONCEPT capacité de croissance

CONCEPT marketing ↓ produits

- Les cours en ligne permettent de mieux élargir la clientèle (inscription d'élèves d'ailleurs au pays et de l'étranger). Bien que les estimations de produits et d'inscriptions soient fondées sur l'étude de marché, il est possible que les chiffres en question augmentent considérablement si, par exemple, des fonds étaient affectés au marketing des cours. Michael devrait par ailleurs tenir compte du fait que les cours en classe ne se prêtent peut-être pas tous à une conversion en cours en ligne, ce qui pourrait réduire les estimations de croissance. [a]

CONCEPT autres coûts

- Du temps ou des ressources supplémentaires non prises en compte dans l'analyse quantitative pourraient être nécessaires pour assurer la gestion des cours en ligne (c'est-à-dire répondre aux questions ou appels des élèves). [a]

lien OÉ n⁰ 4

CONCEPT respect budget

CONCEPT prorata

- L'investissement prévu de 322 500 $ pour l'élaboration de six nouveaux cours en ligne est supérieur au montant de 300 000 $ dont l'Institut dispose pour investir. Toutefois, le simple fait d'offrir moins de cours en ligne cette année permettrait de réduire l'investissement nécessaire.

quand et combien

- Il pourrait falloir mettre à jour ou élaborer des cours en ligne plus souvent qu'aux cinq ans (estimation initiale de Michael), [a] ce qui entraînerait des sorties de fonds plus importantes et rapides que prévu au départ.

CONCEPT mise à niveau

- Le système informatique de l'Institut pourrait devoir être mis à niveau si la popularité des cours en ligne continue de croître, étant donné que le trafic Web lié aux inscriptions, aux modules suivis, etc. pourrait dépasser les capacités du matériel actuel. [a]

[b]

Considérations générales

CONCEPT crédibilité des hypothèses

Michael devra examiner attentivement à la fois les facteurs quantitatifs et les facteurs qualitatifs de chaque possibilité. Je recommande d'attirer l'attention de Michael sur les deux volets, en insistant sur l'importance des hypothèses clés sur lesquelles ils s'appuient, afin qu'il puisse prendre une décision plus éclairée. [c]

solution de compromis

Chacune des deux possibilités de croissance présentées à Michael comporte des avantages et des inconvénients particuliers. Compte tenu du fait qu'un décaissement initial important est exigé pour l'ajout de cours en ligne seulement, l'Institut pourrait également envisager l'augmentation simultanée du nombre de cours en ligne (jusqu'à concurrence de l'investissement de 300 000 $ prévu au début) et de cours en classe. [d]

---

a Il s'agit d'un commentaire réaliste, tenant adéquatement compte de la nature des activités d'ALS.

b Ce genre d'analyse offre la possibilité de démontrer sa capacité d'intégration aux particularités du contexte. Les coûts supplémentaires à prévoir pour répondre aux questions des élèves ou la mise à jour des contenus de cours en ligne sont des aspects qui ne devraient pas vous surprendre.

Faire preuve de sens pratique.

c Personnellement, j'aurais recommandé l'une des options au client. Certes, Michael, président d'ALS, est celui qui aura le dernier mot. Il a toutefois demandé une évaluation des deux options; évaluation qui se termine habituellement par une recommandation/conclusion.
Je recommanderais l'ajout de cours en ligne. D'une part, le cumul des rentrées de fonds nettes est supérieur (1 154 316 $ comparé à 782 000 $). Certes, les arguments avancés dans l'analyse qualitative doivent être considérés, mais je crois qu'il serait très difficile de justifier auprès du client la rétention de l'option des cours en classe puisqu'elle rapporte 372 316 $ de moins. D'autre part, lorsqu'on considère le type d'activités d'ALS et la situation actuelle de l'enseignement sur le marché, il semble logique de croire que l'option des cours en ligne offre le meilleur potentiel.
Suite à l'analyse quantitative, on présente une Conclusion.
Suite à l'analyse quantitative ET l'analyse qualitative, on présente une Recommandation.

Savoir prendre une décision.

d La solution propose à Michael d'envisager de développer simultanément la possibilité Ajout de cours en classe et la possibilité Ajout de cours en ligne. Comme il y a de l'incertitude quant aux estimations, cette recommandation est prudente.

RÉSUMÉ DES DIFFÉRENCES ENTRE LES DEUX POSSIBILITÉS

cours en classe	cours en ligne
• droits d'inscription de 150 $ – revenus gagnés sur 8 semaines (8 modules horaire fixe)	• droits d'inscription de 400 $ – revenus gagnés sur 90 jours (8 modules horaire variable)
• estimations plus raisonnables, car domaine connu	• estimations plus incertaines
• expérience et succès	• peu d'expérience à date
• aucun investissement au départ	• investissement prévu de 322 500 $ (ou autre montant calculé selon OÉ n° 5), qui excède le montant disponible de 300 000 $
• clientèle au centre-ville de Toronto	• clientèle élargie (pas de frontière) Remarque : clientèle peut également habiter Toronto
• temps et ressources nécessaires connus	• besoin potentiel de ressources supplémentaires • besoin potentiel d'une mise à jour du système informatique

POINTS CLÉS À RETENIR DE L'ANALYSE DE L'OÉ N° 6

Partie 9 p. 121

- Deux alternatives ou options? Penser à diversifier la solution avec des facteurs qualitatifs pour chacune d'entre elles.
- Analyse qualitative? Il faut regarder les deux côtés, soit les avantages ET les inconvénients, dans un « certain équilibre ».
- Les idées émises doivent être justifiées, expliquées et réfléchies. Il faut aller au-delà de la simple liste des faits du cas.

CE QUI... DONC...

- La solution proposée met régulièrement de l'avant l'impact financier ($$$) de tel ou tel facteur qualitatif.

  Impact sur les produits? Impact sur les coûts? Impact sur le rendement? Impact sur les flux? Impact sur un ratio ou une cible? Impact sur la part de marché? Impact sur les prévisions? Impact sur les ressources?

En ce qui concerne l'occasion d'évaluation n° 6, le candidat doit être classé dans l'une des cinq catégories suivantes :	%
Non traité – Le candidat ne traite pas de cette occasion d'évaluation.	0,9 %
Compétence minime – Le candidat ne satisfait pas à la norme En voie vers la compétence.	4,3 %
En voie vers la compétence – Le candidat prend en considération un facteur qualitatif associé aux possibilités.	15,9 %
Compétent – Le candidat prend en considération au moins deux facteurs qualitatifs associés aux possibilités.	48,7 %
Compétent avec distinction – Le candidat prend en considération plus de deux facteurs qualitatifs associés aux possibilités et il formule une recommandation.	30,2 %

un ↓ deux ↓ > deux ET recommande

JUGEMENT PROFESSIONNEL

EXEMPLE DE GRILLE DE CORRECTION ABRÉGÉE – OÉ Nº 6 [a]

En voie vers la compétence	Compétent	Compétent avec distinction
– évalue un facteur	– évalue deux facteurs	– évalue plus de deux facteurs (au moins un par option) – recommande l'une des options

POINT DE VUE

- ***Évaluer*** : Revoir la définition fournie en A25-1.
- ***« J'ai obtenu EVC à cette OÉ alors que j'ai listé plusieurs facteurs mentionnés dans la solution. Pourquoi? »*** Il m'est très difficile de répondre à cette question sans avoir lu ta réponse. Voici tout de même quelques pistes d'explications :
  - Tu mentionnes avoir « listé » des facteurs. Lister sans expliquer est insuffisant. Il vaut mieux quelques facteurs expliqués que plusieurs facteurs non expliqués.
  - Tes facteurs sont peut-être des avantages ou des inconvénients pour les étudiants. Par exemple, écrire, que « Les cours en ligne offrent plus de flexibilité à l'étudiant, car il n'a pas à se déplacer. » n'est pas à proprement parler un avantage pour ALS. C'est une idée non pertinente, à moins que l'on puisse y ajouter un lien ralliant le point de vue d'ALS, ton client.
  - Tu répètes peut-être le même facteur à l'inverse. Un avantage pour les cours en ligne, par exemple, peut être un inconvénient pour les cours en classe, et *vice versa*. Ou encore, tu répètes peut-être le même facteur en d'autres mots.

    Répétition du même facteur à l'inverse = Une seule et même idée
    Répétition du même facteur en d'autres mots = Une seule et même idée

  - Tu émets peut-être des points de nature « quantitative » en pensant que ce sont des facteurs « qualitatifs ». Dire en mots ce que les calculs prennent en considération ne répond pas à la définition d'une analyse qualitative. Mentionner, par exemple, que « Le coût de 322 500 $ pour développer le contenu des cours en ligne devra être déboursé. » n'est pas un facteur qualitatif puisque l'analyse quantitative en tient compte. À la rigueur, « ne pas avoir les liquidités nécessaires pour financer cet investissement de 322 500 $ » pourrait l'être, car cela ajoute une dimension qualitative au chiffre utilisé dans le calcul.
- ***« J'ai oublié de discuter des estimations et de leur caractère incertain, est-ce que cela me pénalise? »*** Non, je ne crois pas, car il y a plusieurs autres points valables qu'il t'est possible d'avancer. C'est tout de même un aspect à considérer puisque l'incertitude est une caractéristique inhérente à toute prévision ou projection de données financières. On voit fréquemment cette idée dans les solutions proposées.
- ***« Je ne vois pas pourquoi la solution mentionne que l'on puisse davantage s'appuyer sur les estimations des cours en classe, car l'Institut a plus d'expérience sur ceux-ci (A36-1). Michael s'est trompé en pensant que les classes seraient remplies à 100 % alors que le réel est plutôt de 80 %. (A7-6) ».*** Nonobstant la prévision des produits, je crois qu'il faut lire ce commentaire en relation avec les coûts et les investissements reliés aux cours en ligne. Puisque ce marché est nouveau, il est plus difficile – par manque de données passées sur lesquelles s'appuyer – de prévoir les coûts, tels les coûts administratifs ou les coûts du soutien à l'enseignement. En plus de ces charges opérationnelles, disons aussi que le moment des mises à jour des cours en ligne, ainsi que l'investissement qui sera alors nécessaire, sont, à l'heure actuelle, incertains. Lorsqu'il s'agit de prévoir les coûts des cours en classe, nul doute que Michael, ainsi qu'ALS, ont plus d'expérience!

---

[a] Inspirée des Commentaires du Jury d'examen et de l'analyse de la solution proposée, cette grille de correction abrégée est un court aide-mémoire pouvant guider tout correcteur assigné à la correction du cas l'Institut (ALS). La grille complète est disponible sur le site de l'éditeur.

EXEMPLE D'UNE GRILLE DE CORRECTION – OÉ N° 6

Facteurs à considérer au sujet des possibilités de croissance

(solution proposée, présentée selon les avantages et inconvénients des options)

	ID	ANALYSE
Facteurs – Cours en classe		
Avantages :		
– Capacité de croissance local supplémentaire 80/160 cours / sous-location	_____	_________
– Expérience et Succès avec ce modèle	_____	_________
Inconvénients :		
– Estimations cours en classe pourraient ne pas se concrétiser / pas remplies à 100 %	_____	_________
– Location local supplémentaire est un coût fixe	_____	_________
Autre(s)	_____	_________
Facteurs – Cours en ligne		
Avantages :		
– Élargissement de la clientèle / ailleurs et à l'étranger	_____	_________
– Inscriptions réelles pourraient être supérieures aux estimations / prévisions ont dépassé l'étude de marché	_____	_________
Inconvénients :		
– Important décaissement initial non récurrent	_____	_________
– Cours en classe ne se prêtent peut-être pas tous à une conversion / réduction des produits	_____	_________
– Ressources nécessaires non prises en compte / questions et appels d'élèves	_____	_________
– Investissement prévu de 322 500 $ excède le budget de 300 000 $	_____	_________
– Mise à jour et élaboration des cours pourraient être plus souvent qu'aux 5 ans / sorties fonds importantes et plus rapides	_____	_________
– Système informatique peut devoir être mis à niveau si popularité continue de croître / capacité du site	_____	_________
Autre(s)	_____	_________

Commentaires :

- Pour fins de correction, le critère ID (Identification) sera « rempli » lorsque le candidat soulèvera le facteur. Le critère ANALYSE sera « rempli » lorsque le candidat expliquera « EN QUOI ou POURQUOI » c'est un avantage ou un inconvénient, dans le cadre des particularités du cas. Pris isolément, le critère « ID » a peu de valeur dans l'évaluation.
- Certains facteurs sont plus importants que d'autres quant à leur impact sur le projet de croissance. Il ne faut donc pas, par exemple, rejeter d'emblée l'option des Cours en ligne sous prétexte que l'on dénombre six inconvénients contre deux avantages.
- Il existe un espace pour récompenser un « autre » facteur que ceux mentionnés dans la liste. Notons toutefois que les grilles de correction n'offrent pas toujours cette possibilité ou les groupent tous sous un même toit.

voir Q3 p. 143

DEMANDE : « tenir compte de toutes les répercussions possibles sur le plan de la stratégie et de la gouvernance »

Occasion d'évaluation n° 7 (Étendue) *(2.3.2)*

Le candidat voit que les produits des cours en ligne peuvent faire diminuer les produits des cours en classe.

Le candidat montre sa compétence en Stratégie et gouvernance.

a point de mire → arrivée des nouveaux cours en ligne

CONCEPT cannibalisation

problème

Il se pourrait que les nouveaux cours en ligne cannibalisent les cours en classe, c'est-à-dire que des élèves qui se seraient par ailleurs inscrits aux cours donnés en classe à Toronto s'inscriraient maintenant aux cours en ligne. Cette hypothèse est étayée par la baisse inexpliquée des inscriptions en classe constatée peu après le lancement des cours en ligne. De plus, bon nombre des élèves inscrits à ces cours en ligne habitent à Toronto, et ils auraient pu s'inscrire aux cours en classe. b

A7-6

A5-3

impact

CONCEPT extrapolation

Si seulement quatre cours en ligne, qui ne sont offerts que depuis un mois, ont déjà entraîné une diminution des produits des cours en classe, on peut craindre une diminution plus importante à mesure que les cours en ligne offerts actuellement gagnent en popularité (comme le prévoit l'étude de marché). En outre, si de nouveaux cours en ligne sont offerts, le phénomène pourrait s'amplifier de façon encore plus spectaculaire.

recommandations solutions ↓

CONCEPT recherche / investigation

Toutefois, avant d'arriver à une telle conclusion, l'Institut devrait examiner les facteurs à l'appui de cette hypothèse. Les causes de la diminution des inscriptions aux cours en classe en novembre, qui représentent seulement 80 % de la capacité des cours en classe, doivent faire l'objet de recherches plus poussées. En particulier, est-ce que ce sont les cours d'introduction qui sont également offerts en ligne qui ont donné lieu à des baisses importantes du nombre d'inscriptions? D'autres facteurs peuvent-ils expliquer la diminution, par exemple l'arrivée de nouveaux concurrents offrant des cours en classe, des changements dans la conjoncture économique ou dans la stratégie marketing, une réorientation de l'ensemble du secteur vers les cours en ligne? Quoi qu'il en soit, qu'il s'agisse d'un changement temporaire ou permanent, l'Institut devrait investiguer plus en profondeur. La question des inscriptions futures, tant aux cours en ligne qu'aux cours en classe, devra être examinée attentivement.

Quels cours sont visés par la baisse?

Y a-t-il de nouveaux concurrents?

réorientation du secteur?

CONCEPT efforts de marketing ↓ inscriptions ↓ revenus

Il faudrait également prêter attention au nombre d'élèves inscrits aux cours en ligne qui vivent à Toronto. Tout particulièrement, l'Institut pourrait vouloir se pencher sur ses efforts de marketing (s'ils étaient concentrés sur Toronto ou non) et leur incidence sur le nombre d'inscriptions. Enfin, il faudrait envisager la possibilité d'éliminer ou de réduire l'écart entre les droits d'inscription pour les cours en ligne et pour les

---

a Il faut bien saisir cette dernière demande de la page 1, car elle s'inscrit dans le contexte où Michael « se demande si l'Institut devrait offrir plus de cours en ligne ou plus de cours de classe traditionnels. » On cherche donc les **répercussions possibles (impact) de ces deux possibilités sur le plan de la stratégie et de la gouvernance**, ce qui rétrécit le champ d'action. On remarquera d'ailleurs que la solution ne contient pas de discussion sur des éléments plus généraux telles l'embauche d'un contrôleur ou l'implantation de contrôles d'accès.

b La cannibalisation survient lorsqu'un produit concurrence ou rivalise un autre produit de la même entreprise. C'est probablement le cas chez ALS puisque « Michael s'interroge sur la cause de cette baisse du nombre d'inscriptions et se demande si le déclin se poursuivra. » (A7-6). Il se questionne, car des classes par le passé remplies à 100 % sont maintenant en moyenne remplies à 80 %. Et, cette baisse des inscriptions survient au même moment que le lancement des cours en ligne, ce qui ne semble pas être le fruit du hasard. Des étudiants du centre-ville de Toronto ont choisi de suivre leurs cours en ligne!
Il s'agit d'un problème ou enjeu « moins explicite », qui se situe dans le cadre des paramètres du cas, et qui résulte de la confrontation de plus d'un indice.
À mon avis, cet aspect, fort important dans le cas ALS, pouvait également faire partie de l'évaluation qualitative des deux possibilités (OÉ n° 6).

revoir Partie 1 p. 8-9

150 $ ou 400 $ pour le même cours?

cours en classe. Si le contenu des cours est semblable, il se peut que les élèves préfèrent les cours en ligne en raison de leur prix plus faible (150 $) que celui des cours en classe (400 $). a

CONCEPT mission stratégie ↓ au-delà du court terme

CONC

En gros, il est nécessaire d'effectuer une analyse plus poussée, dont l'Institut devrait examiner les résultats à la lumière de sa mission et de sa stratégie à long terme. L'Institut devrait réaliser cette analyse et bien prendre en considération l'incidence des constatations qui en découleront avant d'entreprendre d'autres projets d'expansion.

POINTS CLÉS À RETENIR DE L'ANALYSE DE L'OÉ Nº 7

- Prendre du recul et examiner la situation dans son ensemble. C'est le propre d'une STRATÉGIE gagnante et d'une bonne GOUVERNANCE.
- Porter attention aux coïncidences! Faire ressortir les liens de cause à effet! Tenir compte des commentaires du client (Michael a été surpris... (A5-3)).
- Penser à mentionner l'impact de toute problématique relevée.
- Les idées génériques de gouvernance, sans relations aux indices du cas, ne sont pas pertinentes.

En ce qui concerne l'occasion d'évaluation nº 7, le candidat doit être classé dans l'une des cinq catégories suivantes :	**%**
Non traité – Le candidat ne traite pas de cette occasion d'évaluation.	25,8 %
Compétence minime – Le candidat ne satisfait pas à la norme En voie vers la compétence.	16,3 %
En voie vers la compétence – Le candidat voit qu'il est possible que les cours en ligne cannibalisent les cours en classe.	26,0 %
Compétent – Le candidat voit qu'il est possible que les cours en ligne cannibalisent les cours en classe et que cela devrait influer sur la décision de l'Institut quant à ses projets d'expansion.	16,6 %
Compétent avec distinction – Le candidat voit qu'il est possible que les cours en ligne cannibalisent les cours en classe et que cela devrait influer sur la décision de l'Institut quant à ses projets d'expansion, et il recommande une analyse plus poussée au regard de la mission et de la stratégie à long terme de l'Institut.	15,3 %

42,1 %

voit ↓ voit et influence décision ↓ C + mission stratégie

JUGEMENT PROFESSIONNEL

GRILLE DE CORRECTION ABRÉGÉE – OÉ Nº 7 b

En voie vers la compétence	Compétent	Compétent avec distinction
– voit cannibalisation	– voit cannibalisation – discute de l'influence sur la décision, sur l'avenir (1 élément)	C bien fait + – lien avec mission / stratégie à long terme OU propose une solution

a Ce paragraphe contient des solutions concrètes et pratiques : consacrer les efforts de marketing en dehors de Toronto ou diminuer l'écart des droits de scolarité. Pour la résolution adéquate d'un cas, il est préférable de ne pas laisser un problème non résolu, d'où ces suggestions.

b Inspirée des Commentaires du Jury d'examen et de l'analyse de la solution proposée, cette grille de correction abrégée est un court aide-mémoire pouvant guider tout correcteur assigné à la correction du cas l'Institut (ALS). La grille complète est disponible sur le site de l'éditeur.

POINT DE VUE

– ***« Comment expliquer que 42,1 % des candidats soient au niveau NT ou CM? »***

... parce que l'effet « cannibalisation » n'a pas été vu.

... peut-être aussi parce que certains candidats, lisant un peu trop vite, ont automatiquement adopté une approche P-I-R (revoir p. 118) et mentionné des éléments généraux sans véritable utilité pour ALS. Comité d'audit? Conseil d'administration? Ce n'est pas obligatoire pour une entreprise fermée. Besoin d'aide pour une entreprise en croissance? Il n'y a aucun indice dans le cas nous amenant à penser que Michael désire recevoir des avis extérieurs. Et, je le rappelle, la demande concerne essentiellement les deux possibilités envisagées.

Pas d'indices dans le cas? → Réponse générale

– ***« Je n'ai pas vu l'aspect cannibalisation, qu'est-ce que j'ai manqué? »*** Il y a toujours des indices! Ils sont parfois dispersés ou placés vers la fin de l'étude de cas, mais ils sont là! Je te suggère de relire le cas et de relever la liste des indices pouvant te mener à la reconnaissance de cette problématique. Rappelle-toi que toute solution aux diverses demandes doit être intégrée aux informations fournies.

– ***« Je n'ai pas vu l'aspect cannibalisation, mais j'ai donné d'autres points concernant la stratégie et la gouvernance, puis-je obtenir le niveau EVC ou C? »*** Non. « Voir » la situation de cannibalisation est un prérequis au niveau EVC. Pour cette OÉ – ce qui est inhabituel – « tenter » de répondre à la demande sans traiter de cannibalisation n'était pas suffisant. La problématique de la cannibalisation, et ses effets à court, moyen et long terme, sont l'élément indispensable et central.

– ***« J'ai eu peur d'écrire des choses fausses ou inutiles alors je n'ai pas répondu à cette demande. »*** Je crois que tu sais déjà ce que j'en pense. Il faut tout de même « tenter » une réponse. Pour bien des OÉ, le niveau EVC n'est pas si difficile à atteindre, et c'est au moins ça!

voir Q1 p. 143

EXEMPLES D'IDÉES NON PERTINENTES – OÉ N° 7

« Ne pas oublier de bien gérer les données confidentielles (cartes de crédit) comme il faut. L'impact si pertes de données pourrait être désastreux sur la réputation et les revenus de l'entreprise à long terme. Je recommande de poser des questions. »

Le cas mentionne ceci : « Le processus d'inscription aux cours en ligne est le même que pour les cours en classe, et les droits d'inscription sont payés à l'avance sur le site Web de l'Institut. » (A4-4). Il n'y a donc pas de changements depuis l'an dernier sur cet aspect-là.

Et, ce n'est pas pertinent eu égard à la demande.

– *« Les répercussions sur la stratégie et la gouvernance sont que l'auditeur devra effectuer une étude et une évaluation des contrôles internes reliés aux cours en ligne pour voir s'il peut s'appuyer dessus. »*

Il faut bien comprendre la demande. Elle ne fait pas référence à la stratégie « d'audit », mais à la stratégie « d'affaires ». Il arrive malheureusement un peu trop souvent que les dernières OÉ d'un court cas soient manquées. Nervosité, manque de temps ou lecture trop rapide?

– *« Michael devrait se trouver un partenaire d'affaires dès que possible, car avec ces développements, il n'aura pas le temps de tout bien gérer. »*

Ai-je besoin de commenter?

DEMANDE : « se demande si certains des frais de développement des cours en ligne et de la plateforme informatique connexe peuvent être déduits dans la déclaration fiscale ou si une déduction pour amortissement peut être demandée. » (A6)
↓
déductible? ou catégorie?

Occasion d'évaluation nº 8 (Étendue) *(6.1.2)*

Le candidat évalue l'incidence fiscale des frais de développement.

Le candidat montre sa compétence en Fiscalité.

a

Michael estime à tort que l'Institut pourrait se prévaloir, dans sa déclaration fiscale, de la déduction pour amortissement (DPA) à l'égard des frais de développement des cours en ligne inscrits à l'actif comme il pourrait le faire pour d'autres biens en immobilisation. b Le traitement fiscal des frais de développement des cours en ligne est différent de leur traitement comptable. Michael a déjà confirmé que ces frais ne répondaient pas aux conditions pour pouvoir être traités comme des frais de recherche scientifique et de développement expérimental. c

CONCEPT comptable versus fiscal

Aux fins de la présentation de l'information financière, il est permis d'inscrire à l'actif les frais de développement et de les amortir sur un certain nombre d'années afin de refléter le fait qu'ils sont engagés pour générer des produits en les incluant dans le calcul du bénéfice net au cours de ces années. d

CTB +/- utile

Aux fins de l'impôt, il n'est permis de déduire la DPA qu'à l'égard de biens amortissables. e Cela s'appliquerait, par exemple, à l'acquisition ou au développement de logiciels, comme la plateforme informatique des cours en ligne. De la même façon que du point de vue comptable, les coûts ajoutés à la catégorie de DPA comprendraient les coûts engagés pour permettre d'utiliser l'actif; il serait possible d'inclure les coûts de programmation (75 000 $) et les salaires imputés directement attribuables à l'élaboration de la composante logicielle du système. Les logiciels d'application comme dans la présente situation sont compris dans la catégorie 12, et la règle de la demi-année s'applique dans l'année d'acquisition.

salaires 105 000 $
production 35 000 $
↓
engagés pour utiliser l'actif
↓
cat 12

programmation 75 000 $
↓
cat 12

a Cette demande n'apparaît pas sur la première page du cas, mais vers la fin de l'Annexe I. Il faut tout de même y répondre, car il s'agit d'une question directe du client.

b Il faut comprendre que Michael fait référence aux frais de développement qu'ALS a comptabilisé à l'actif (A6). D'emblée, il est pertinent de mentionner à Michael qu'il ne peut traiter les biens incorporels de la même manière que les autres immobilisations.

c Comme le cas mentionne clairement que Michael a reçu cette confirmation d'une source fiable (A6-4), il serait inutile et non pertinent de remettre en question cet aspect dans la réponse.

d Vous le savez, le traitement fiscal peut certainement différer du traitement comptable. L'utilité de rappeler la comptabilisation des opérations serait de favoriser l'analyse des différences avec le traitement fiscal. En soi, ce rappel n'est pas pertinent eu égard à la présente OÉ.

e Naturellement, il ne faudrait pas présumer que la durée de vie utile comptable, probablement de cinq ans compte tenu de la mise à jour présumée de Michael (A7-3), sera la même au fiscal.

Voici un extrait du Tableau de référence fourni en annexe de l'EFC de CPA Canada :

6. TAUX MAXIMUM D'AMORTISSEMENT FISCAL DE CERTAINES CATÉGORIES DE BIENS

...		
Catégorie 8	20 %	
Catégorie 10	30 %	
Catégorie 10.1	30 %	
Catégorie 12	100 %	
Catégorie 13	S. O.	amortissement linéaire sur la durée initiale du bail plus une période de renouvellement (minimum 5 ans et maximum 40 ans)
Catégorie 14	S. O.	amortissement linéaire sur la durée de vie du bien
Catégorie 14.1	5 %	pour les biens acquis après le 31 décembre 2016
Catégorie 17	8 %	
...		

Source : Comptables professionnels agréés (CPA) du Canada, Rapport du Jury d'examen sur l'Examen final commun des CPA de septembre 2022, page 382.

salaires 105 000 $ production 35 000 $ → engagés pour produire revenus → déductibles

a b

Capital OU Revenu

Bien que, du point de vue comptable, les coûts de production (35 000 $) et les salaires du concepteur et des enseignants (105 000 $) affectés à l'élaboration du contenu des nouveaux cours soient engagés pour la création d'un actif incorporel, du point de vue fiscal, on pourrait faire valoir que ces coûts sont déductibles dans l'année courante parce qu'ils sont engagés pour produire des revenus, comme d'autres éléments passés en charges aux fins de la comptabilité, l'élaboration de cours faisant partie des activités normales de l'entreprise. c

CONCEPT activités normales → récurrence → déductible

CONCEPT actif juridique

Seule la création d'un actif juridique par l'enregistrement d'une marque de commerce ou d'un droit d'auteur peut justifier la capitalisation de ces coûts aux fins de l'impôt. Dans ce cas, ces derniers pourraient être considérés comme des dépenses en capital admissibles. Cependant, même si l'Institut enregistre une marque de commerce ou un droit d'auteur sur le matériel didactique, le bulletin IT143-R3 *(Sens de l'expression dépense en capital admissible)* précise ce qui suit : *« Les dépenses engagées pour enregistrer une marque de commerce en vue de protéger une appellation commerciale [générée à l'interne], un plan ou un produit commercial sont déductibles dans le calcul du revenu.* ***Ces dépenses comprennent les frais de conception****, les frais juridiques et les frais d'enregistrement, ainsi que tout paiement fait à une personne quelconque pour qu'elle s'abstienne de contester l'enregistrement. »* Je recommande malgré tout d'inscrire ces coûts dans les dépenses. d

CONCEPT conception

CONC

Toutes les dépenses de recherche de nature courante (c'est-à-dire ne correspondant pas à un bien en immobilisation) peuvent être déduites dans l'année où elles sont engagées. Ces coûts répondent au critère général de déductibilité de l'alinéa 18(1) *a)* de la *Loi de l'impôt sur le revenu* du fait qu'il s'agit de dépenses *« engagées ou effectuées par le contribuable en vue de tirer un revenu de l'entreprise ou du bien »* (dans le cas présent, l'entreprise). Ces coûts ont été engagés pour aider l'Institut à tirer un revenu de ses cours en ligne et ils doivent donc être considérés comme déductibles au cours de l'année d'imposition courante.

CONCEPT engagé en vue de tirer un revenu

étude marché hébergement marketing → déductible

CONC

a Certains candidats pourraient plutôt opter pour la catégorie 14 qui comprend les brevets, ce qui serait, à mon avis, une réponse acceptable. C'est que la situation n'est pas tout à fait claire, car on ne sait pas si Michael a fait breveter ce qui a été développé. Notons toutefois que la liste des coûts engagés de l'Annexe I du cas ne contient ni frais d'enregistrement ni frais légaux. Pour fins d'apprentissage, voici les principales différences entre la catégorie 12 et la catégorie 14.

catégorie 12	100 %	• logiciels (autres que les logiciels de système) • soumis à la règle de la demi-année Remarque : Inscrire le coût dans une catégorie au taux de 100 % n'est pas le synonyme de déduire à 100 %.
catégorie 14	durée de la vie du bien	• brevets, franchises, concessions, permis de durée limitée • incitatif à l'investissement accéléré : 150 % du taux habituellement applicable à la catégorie

Source : Revenu Canada Impôt

b On remarque que la solution discute du traitement fiscal de chacun des coûts engagés, l'un après l'autre, tout comme la solution de la partie Comptabilité (A17 à A20). Lorsque le cas présente une « liste de » coûts, il faut analyser chacun d'eux individuellement. Vous pouvez toutefois grouper les éléments similaires, comme les coûts de marketing et l'hébergement Web qui sont déductibles dans l'année. Quoi qu'il en soit, prendre l'ensemble des coûts engagés de 258 000 $ et les traiter comme un tout sera à coup sûr inadéquat. On ne vous donne pas ces détails pour rien!

c Il semble y avoir un choix au niveau fiscal concernant les salaires imputés de 105 000 $ et les coûts de production de 35 000 $. Ils peuvent être inscrits dans la catégorie 12 (A44) ou pleinement déduits (A45) dans l'exercice. L'argumentation avancée pour l'un et l'autre mérite d'être étudiée.

d Pour être parfaitement honnête, le contenu de ce paragraphe me paraît trop complexe et trop spécialisé pour fins de la résolution de cette question fiscale.

RÉSUMÉ DE LA SOLUTION PROPOSÉE – OÉ N° 2 et OÉ N° 8 a

coûts engagés (A6)		traitement comptable	traitement fiscal
Étude de marché	30 000 $	en charges	déductible dans l'année
Programmation	75 000 $	à l'actif	catégorie 12 – 100 %
Salaires imputés	105 000 $	à l'actif	catégorie 12 – 100 % (A44) OU déductible dans l'année (A45)
Coûts de production	35 000 $	à l'actif	
Coûts de marketing	10 000 $	en charges	déductible dans l'année
Hébergement Web	3 000 $	en charges	déductible dans l'année

En ce qui concerne l'occasion d'évaluation n° 8, le candidat doit être classé dans l'une des cinq catégories suivantes :	%
Non traité – Le candidat ne traite pas de cette occasion d'évaluation.	11,3 %
Compétence minime – Le candidat ne satisfait pas à la norme En voie vers la compétence.	31,8 %
En voie vers la compétence – Le candidat voit le traitement fiscal à appliquer aux frais de développement de la plateforme informatique ou du contenu des cours en ligne : il explique le traitement soit pour la partie capital, soit pour la partie revenu, OU il voit qu'il y a deux parties, mais il n'explique pas clairement le traitement.	35,9 %
Compétent – Le candidat explique le traitement fiscal des frais de développement de la plateforme informatique et du contenu des cours en ligne, ayant vu que le traitement est différent pour la partie capital et la partie revenu.	17,1 %
Compétent avec distinction – Le candidat explique en profondeur le traitement fiscal des frais de développement de la plateforme informatique et du contenu des cours en ligne, pour la partie capital et la partie revenu.	3,9 %

43,1 %

explique Capital OU Revenu ↓ explique Capital ET Revenu ↓ C + profondeur

JUGEMENT PROFESSIONNEL

EXEMPLE DE GRILLE DE CORRECTION ABRÉGÉE – OÉ N° 8 b

En voie vers la compétence	Compétent	Compétent avec distinction
– explique traitement fiscal pour partie Capital OU partie Revenu OU tente d'expliquer traitement fiscal pour partie Capital ET partie Revenu	– explique traitement fiscal pour partie Capital ET partie Revenu (1 élément à chacun)	C bien fait + – inclusion de la partie Capital dans une catégorie appropriée (ex.: 12)

a Comme il s'agit d'un sujet assez complexe, prendre le temps d'en faire ressortir les grandes lignes facilite la compréhension de la solution proposée.
On remarque ainsi plus facilement la séparation des coûts engagés en deux parties : Capital et Revenu, un peu comme la partie comptabilité d'ailleurs. C'est la partie Capital qui est plus difficile, car il faut savoir dans quelle catégorie s'inscrivent les actifs. Cela fera une différence au niveau CD.
Il y a deux types de frais de développement : ceux reliés à la plateforme informatique (75 000 $) et ceux reliés aux cours en ligne (105 000 $ + 35 000 $). Le traitement fiscal paraît clair quant au premier type, où les coûts sont inscrits dans la catégorie 12. Quant au deuxième type, les coûts peuvent être inscrits dans la catégorie 12 ou déductibles à 100 % selon l'argumentaire de la solution.

b Inspirée des Commentaires du Jury d'examen et de l'analyse de la solution proposée, cette grille de correction abrégée est un court aide-mémoire pouvant guider tout correcteur assigné à la correction du cas l'Institut (ALS). La grille complète est disponible sur le site de l'éditeur.

POINTS CLÉS À RETENIR DE L'ANALYSE DE L'OÉ Nº 8

- En fiscalité, ***Quand il y a*** plusieurs types de coûts, ***il faut penser à*** séparer les dépenses en capital (inscrites dans une catégorie et soumises à la dépréciation pour amortissement) ET les dépenses déductibles.
- Il ne faut pas seulement écrire « Ceci est déductible. » ou « Cela fait partie d'une catégorie fiscale. » Il faut aussi expliquer ou justifier le traitement proposé en s'interrogeant sur la nature des coûts. La réponse doit être techniquement correcte.
- Traitement comptable ≠ Traitement fiscal
  Durée de vie comptable ≠ Durée de la dépréciation fiscale
- Il faut porter attention aux termes utilisés en fiscalité.
  On déduit la dépense... on ne l'inscrit pas en charges.
  On inscrit le coût dans une catégorie fiscale...
  on ne capitalise pas en fonction des avantages futurs.
  On déduit des coûts engagés pour produire des revenus...
  on ne rattache pas les charges aux produits.

POINT DE VUE

- ***Expliquer*** : « Énoncer le sens ou le motif de quelque chose ». [a] Dès le niveau EVC, il faut donc justifier le traitement fiscal proposé.

  POURQUOI?

- « ***Comment interpréter que 43,1 % des candidats soient au niveau NT ou CM?*** »

  ... peut-être une mauvaise planification du temps. Il s'agit de la dernière OÉ!

  ... peut-être aussi parce que cette demande est surprenante et complexe.

  Vous le savez, il faut TENTER de répondre à chaque demande. Lorsqu'une demande est difficile ou surprenante, comme cette question fiscale assez spécialisée, elle l'est pour tous! Les exigences pour l'atteinte de chaque niveau sont alors ajustées en fonction de la complexité du travail à faire. Il faut à tout le moins constamment viser le niveau EVC, qui, bien souvent, requiert une « tentative de ».

  Rappelez-vous que le niveau EVC a une certaine valeur dans l'évaluation d'un cas ou d'un groupe de cas alors que le niveau CM n'en a pas (Partie 8, p. 113-114).

- « ***Qu'obtient le candidat qui discute de l'ensemble de tous les coûts engagés (258 000 $) sans distinguer la partie Capital de la partie Revenu?*** »

  Probablement CM.

- « ***Dans ma solution, je n'ai pas fait référence au traitement comptable, est-ce que cela me pénalise?*** » Non. Cette OÉ évalue l'application des règles fiscales. Parler du traitement comptable pourrait VOUS aider à mieux discuter du traitement fiscal, mais ce n'est pas nécessaire de passer par là.
- « ***Je n'ai pas parlé de partie Capital et de partie Revenu comme dans la solution, est-ce que cela me pénalise?*** » Pas nécessairement. L'idée est de faire la différence, sur le plan fiscal, entre un actif à inscrire dans une catégorie sujette à la déduction pour amortissement et les dépenses courantes qui sont déductibles dans l'année. Un candidat qui traite adéquatement des deux parties sans mentionner les mots Capital et Revenu peut tout de même obtenir un bon résultat.

---

a CPA Canada, Grille de compétences des comptables professionnels agréés, 2020 page 177.

RÉPONSE COMMENTÉE D'UN CANDIDAT – OÉ N° 8

(exemple d'une solution adéquate d'une OÉ complexe)

	Réponse d'un candidat	Commentaires du correcteur
	Analyse fiscale des frais de développement Les frais de développement qui ont été encourus ne se qualifient pas de frais de RS&DE. Ainsi, aucun crédit d'impôt relatif aux dépenses de RS&DE n'est admissible.	– Le fait que tout soit en jaune veut tout dire. Il s'agit d'une répétition des faits du cas. Vous le savez déjà, seules les idées pertinentes et nouvelles sont considérées dans l'évaluation. Toutefois, lorsque le fait de « situer » ce qui se passe au début de la rédaction sert le candidat dans sa compréhension de la situation, cela peut s'avérer utile. – En outre, lorsque le cas mentionne ce genre d'informations – confirmé par l'Agence du revenu du Canada de surcroît – il faut la considérer comme exacte et ne pas la remettre en question.
1-	Pour les frais d'études de marché (30 000 $), de marketing (10 000 $) et d'hébergement web (3 000 $), ceux-ci sont déductibles pour l'année fiscale 2015 puisqu'ils ont été encourus pour générer un revenu d'entreprise (les produits tirés des cours en ligne).	– Traitement fiscal adéquat. Raison avancée « encourus pour générer un revenu d'entreprise » est adéquate. – Bonne idée de grouper ensemble les trois coûts exigeant le même traitement fiscal. – L'usage de parenthèses facilite l'intégration des faits du cas à la discussion.
2-	Pour les frais d'imputation de salaires (105 000 $) et les coûts de production (35 000 $), ceux-ci sont déductibles pour l'année fiscale 2015 puisqu'ils ont été encourus pour générer un revenu d'entreprise (les produits tirés des cours en ligne).	– Traitement fiscal adéquat. Raison avancée adéquate. – Le candidat a clairement « copié-collé » le paragraphe d'avant en changeant tout simplement le nom des frais. C'est une stratégie efficiente de rédaction en autant que le texte copié soit convenablement ajusté.
3-	Pour la programmation du développement de la plateforme informatique (75 000 $), ce frais est admissible à la DPA dans la catégorie 12 des logiciels qui ne sont pas des logiciels de système.	– Traitement fiscal adéquat. Raison avancée est adéquate.

Évaluation finale OÉ N° 8 : CD

Commentaires :

– Cette solution structure le développement en trois parties : 1- dépenses de nature courante (études de marché, marketing, hébergement Web) **toujours déductibles**, 2- dépenses de nature capitalisable (point de vue comptable) qui **peuvent être inscrites dans une catégorie fiscale pour DPA OU déductibles**, et 3- dépenses de nature capitalisable à inscrire dans une **catégorie fiscale pour DPA**.

Face à une « liste de... »

prendre du recul afin d'identifier si des groupements peuvent être faits.

– Cette solution mentionne le traitement fiscal et LE JUSTIFIE. POURQUOI?

– C'est mineur, mais quelques mots – qui proviennent de l'étude de cas – pourraient être abrégés. Par exemple, « Web » pour « hébergement Web » et « programmation » pour « programmation du développement de la plateforme informatique ».

www.ingramcontent.com/pod-product-compliance
Lightning Source LLC
LaVergne TN
LVHW070906051026
849558LV00046B/586
9781928067191